启真馆 出品

启真讲堂

Edward W. Said

论萨义德

单德兴 著

ZHEJIANG UNIVERSITY PRESS
浙江大学出版社

图书在版编目（CIP）数据

论萨义德／单德兴著．——杭州：浙江大学出版社，2013.2

ISBN 978-7-308-11203-1

Ⅰ.①论… Ⅱ.①单… Ⅲ.①萨义德，E.W.（1935～2003）－哲学思想－研究 Ⅳ.①B712.6

中国版本图书馆CIP数据核字（2013）第029436号

本书中文简体版由作者授权

浙江省版权局著作权合同登记图字：11-2013-8

论萨义德

单德兴 著

责任编辑 王志毅
文字编辑 王　雪
营销编辑 刘　佳
装帧设计 罗　洪
出版发行 浙江大学出版社
（杭州天目山路148号　邮政编码310007）
（网址：http:// www.zjupress.com）
制　　作 北京百川东汇文化传播有限公司
印　　刷 北京中科印刷有限公司
开　　本 635mm×965mm　1/16
印　　张 22.75
字　　数 315千
版 印 次 2013年5月第1版　2013年5月第1次印刷
书　　号 ISBN 978-7-308-11203-1
定　　价 48.00元

浙江大学出版社发行部邮购电话（0571）88925591

萨义德与单德兴于研究室合影 1997

萨义德 2001

萨义德 1998

麥田人文95

權力、政治與文化
薩依德訪談集

POWER, POLITICS, AND CULTURE Interviews with

EDWARD W. SAID

to Te-hsing —
learned friend, remarkable
translator, comrade —
Edward Said

薇思瓦納珊 編
GAURI VISWANATHAN
單德興 譯

萨义德 2001 年的签字复制于 2005 年该书中译本

巴勒斯坦民族诗人达维希 1984 © Jean Mohr / Musée de l’Elysée, Lausanne

观看相簿的两妇人 1984 © Jean Mohr / Musée de l'Elysée, Lausanne

温和坚强的难民 1984 © Jean Mohr / Musée de l'Elysée, Lausanne

饱含忧思的老妪 1979 © Jean Mohr / Musée de l’Elysée, Lausanne

由里向外窥探的幼童 1983 © Jean Mohr / Musée de l’Elysée, Lausanne

萨义德的旧识法拉吉太太 1984 © Jean Mohr / Musée de l’Elysée, Lausanne

行经断垣残壁的女子 1983 © Jean Mohr / Musée de l'Elysée, Lausanne

春天、孩童与战废品 1983 © Jean Mohr / Musée de l’Elysée, Lausanne

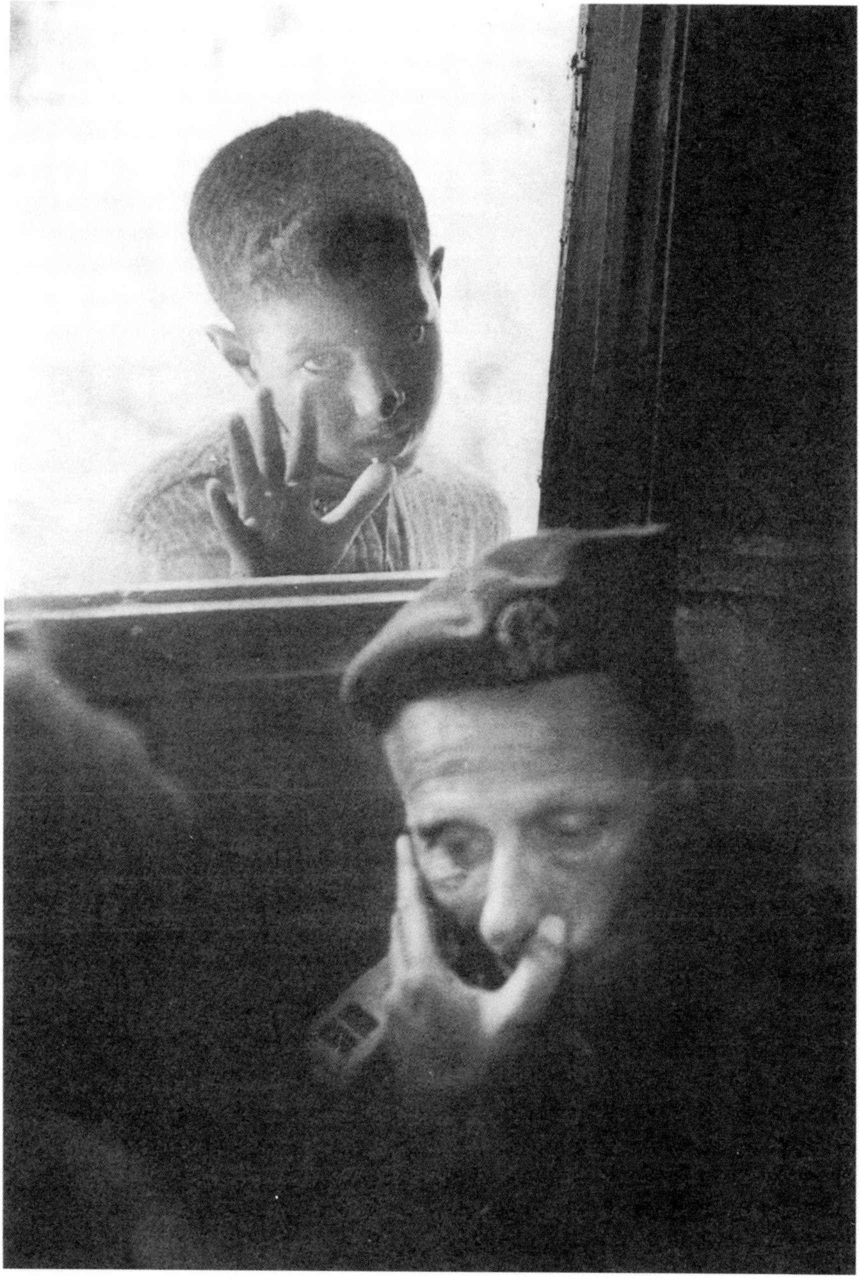

男孩与军官 1967 © Jean Mohr / *After the Last Sky* 42

两位老妇与黎巴嫩官员 1983 © Jean Mohr/*After the Last Sky* 41

战废品的战废品？ 1979 © Jean Mohr / Musée de l’Elysée, Lausanne

丢掷石块的男童 1979 © Jean Mohr / Musée de l’Elysée, Lausanne

反拍摄影师的小小摄影师 1979 © Jean Mohr / Musée de l'Elysée, Lausanne

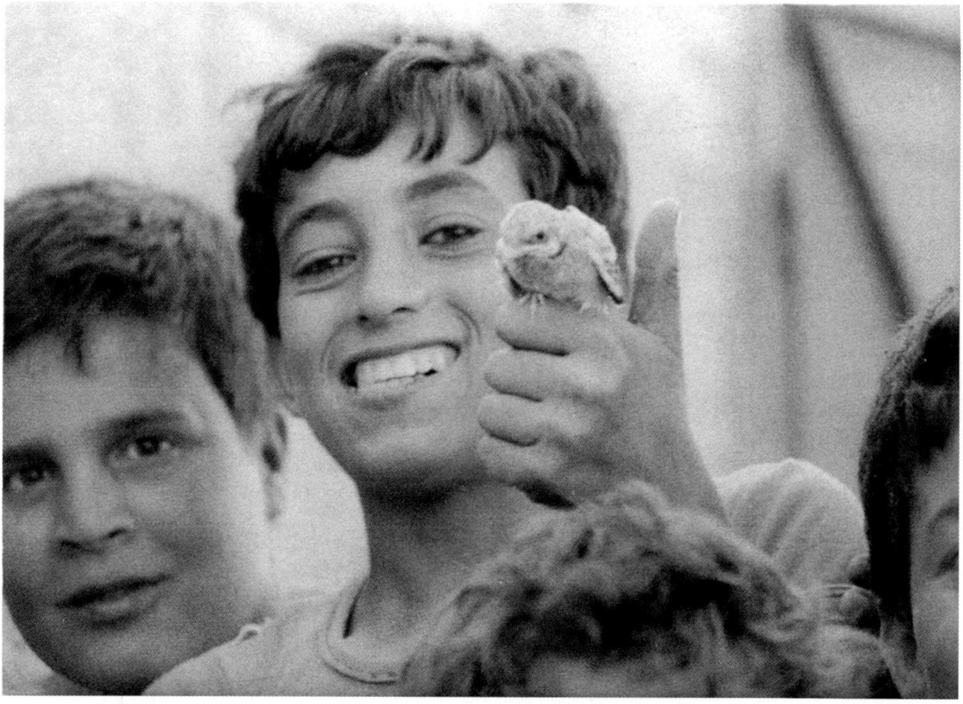
手托小鸟的男孩 1979 © Jean Mohr / Musée de l'Elysée, Lausanne

目录

访谈萨义德

附　录

绪论：以中文再现萨义德

萨义德（Edward W.Said）[1]于1935年11月1日出生在三大一神教（犹太教、基督教和伊斯兰教）的发源地——耶路撒冷。身世传奇的父亲是中东著名的文具商，精明强悍，母亲则雅好文学、音乐与艺术。身为独子的萨义德（底下有四个妹妹）接受双亲的严格调教，先后被送到开罗的吉西拉预备学校（1941），开罗的美国子弟学校（1946），耶路撒冷的圣乔治学校（1947），与其他的菁英子弟一块接受殖民式教育。1948年5月以色列建国，中东情势益发不稳。1949年萨义德就读开罗的维多利亚学院，后因违抗校规遭到退学，于1951年被送往美国麻州著名的赫蒙山寄宿学校就读，尔后陆续获得常春藤大学的学位（普林斯顿大学学士[1957]、哈佛大学硕士[1960]、哈佛大学博士[1964]，并自1963年起任教于纽约的哥伦比亚大学，凡40年）。

在学术上，萨义德是著作等身，迭有创见的杰出学者，集学术研究与政治关怀于一身，在人文科学的领域中产生了典范转移的效应，公认是后殖民论述的重要祭奠者之一。在公共领域中，他是美国当代少数深具批判意识的著名公共知识分子，也是巴勒斯坦，甚至中东在西方的主要代言人，每当巴勒斯坦或中东发生重大事件，西方媒体和大众都亟欲知道他的见解，俨然成为中东局势的意见领袖，而有“巴勒斯坦之音”的称号。萨义德不但关心知识分子的议题，而且积极结合学术研究与政治关怀，付诸具

[1] 台湾地区一般译为“萨依德”。本书中所涉及的萨义德作品一般采用台湾译法或作者译法。——编者注

体行动，数十年如一日。虽然他在1991年健康检查时发现罹患慢性淋巴性白血病（俗称“血癌”），并自1994年起屡屡进出医院，接受各种治疗，然而即使恶疾缠身，他依然秉持坚强的意志，不断著述、教学、演讲、访谈、旅行、欣赏音乐，不仅时有新作问世，而且题材之广、见解之深，关怀之殷，着实令人感佩。晚年他与犹太裔著名音乐家巴伦博伊姆（Daniel Barenboim）[1] 建立深厚友谊，合作致力于透过音乐来化解以色列人和阿拉伯人之间长久的误解与仇恨，并视之为两人最重要的志业。[2] 2003年9月25日，萨义德在与恶疾奋斗多年后，于美国纽约与世长辞，骨灰依其遗愿葬于曾度过青春年少时光的黎巴嫩，以示回归阿拉伯故土。

萨义德逝世至今转眼已近十年，但是相关的报道及引述仍不时出现于国内外媒体，他的专书继续出版，中译本也在海峡两岸不断问世，足证中文世界对他的兴趣不仅没有随着时光的流逝而消减，反而与时俱增。因此，我们不禁要问：为什么萨义德在中文世界会如此受到重视，而且历久不衰？

最重要的原因就是萨义德的观念与见解经得起考验，能让人在其中找到与当前世界的相关性，促使人们去观察并省思一些现象，并依不同的情境与了解的程度，得到不同的启发，为他所强调的现世性（worldliness）作了最佳的诠释。不仅如此，因为华人文化传统对于学者与知识分子的期许与敬重，以及对于坚守原则、言行一致的弘毅之士的关注与推崇，所以萨义德在学术与政治方面的成就与作为就成为景仰的典范。这些当然都涉及这些年来中文世界对他的引介与再现。

---

[1] 又译为巴伦波因，巴伦博伊姆等。

[2] 两人的对话录可参阅《并行与吊诡：音乐与社会之探索》（*parallels and paradoxes Explorations in Music and Society*.ed.and with a preface by Ara Guzelimian.New York:Pantheon Books，2002）。至于两人藉由音乐来化解阿以宿怨的具体作为，可见于1999年在德国魏玛（Weimar）举行的工作坊，白天由巴伦博伊姆指导演奏交响乐，晚上由萨义德带领讨论音乐、文化、政治与历史；华人音乐家马友友也应邀前来助阵（7–10）。巴伦博伊姆在萨义德过世后，于2003年10月为此书所加的悼文（“in Memoriam: Edward Said（1936[5]-2003）”）中指出，两人后来都把发展东西合集工作坊（the West-Eastern Divan Workshop，后成为东西合集管弦乐团[the West-Eastern Divan Orchestra]）视为毕生最重要的志业（xi）。该工作坊肇始于1999年，是为了纪念德国大文豪歌德（J.W.von Goethe）250周年诞辰，特以歌德的《东西合集》（*West-Eastern Divan*）命名，以示致力于不同文化之间的交流与相互了解、尊重、学习。此处将工作坊与管弦乐团之名译为“东西合集”，一方面回归歌德努力结合东西文化之意图，另一方面旨在符合中文之习惯及现有之中译。

《论萨义德》一书收录了笔者自1997年至2010年在中文世界发表的多篇有关萨义德的论述。这里所谓的"发表"，大部分是原先在报章、期刊和专书的刊登、转载和摘录，为了出版本书所特地整理出来的文字。如今将分散各处的相关论述集为一册，分门别类，方便读者和自己检阅。全书从中国台湾学者的发言位置与中文世界的观点出发，多方位地评介与再现这位享誉国际的后殖民论述大师暨公共知识分子——萨义德。

相较于笔者以往的专书，本书的内容最广泛，类别也最混杂。全书依不同的性质与发表形式分为四部分，分别为"导读萨义德"、"论述萨义德"、"访谈萨义德"与"附录"，前三部分各依发表的年代排序，以利读者依类阅读，并看出中文世界引介萨义德的情形。"导读萨义德"收录了笔者对萨义德的五本中文译作所撰写的导论：《代表·再现·论述：〈知识分子论〉导读》，是为笔者翻译的《知识分子论》(*Representations of the Intellectual*)所撰写的绪论，也是自己第一篇相关的文字，由于此书是萨义德在中文世界出版的第一本专书翻译，在全书编排及作者介绍等方面颇花了一番心思，以期更周全地引介这位国人闻名已久的重量级学者与知识分子；《流亡·回忆·再现：〈乡关何处〉导读》是为彭淮栋翻译的《乡关何处：萨依德回忆录》(*Out of Place: A Memoir*)[1]所撰写的导读；《报道·掩饰·揭露：〈采访伊斯兰〉导读》是为阎纪宇翻译的《遮蔽的伊斯兰：西方媒体眼中的穆斯林世界》(*Covering Islam: How the Media and the Experts Determine How We See the Rest of the World*)[2]所撰写的导读；《对话·交流·反思：〈权力、政治与文化〉导读》是为笔者翻译的《权力、政治与文化：萨依德访谈集》(*Power, Politics, and Culture: Interviews with Edward W. Said*)[3]所撰写的绪论；《未竟之评论与具现：〈论晚期风格〉导读》是为彭淮栋翻译的《论晚期风格：反常合道的音乐与文学》(On

---

[1] 简体字版易名为《格格不入：萨义德回忆录》(北京：生活·读书·新知三联书店，2004)。

[2] 简体字版易名为《报道伊斯兰：媒体与专家如何决定我们观看世界其他地方的方式》(上海：上海译文出版社，2009)。

[3] 简体字版易名为《权力、政治与文化：萨义德访谈录》(北京：生活·读书·新知三联书店，2006)。

Late Style: Music and Literature Against the Grain）所撰写的绪论。为了撰写这些绪论和导读，笔者事先做了仔细的功课，撰写时也力求符合读者的需求，希望兼具学术性与可读性，深入浅出地介绍萨义德其人其书，让读者一方面对作者能有较周全的认识，另一方面对该书能有较充分的了解，以期与内文相互辉映，达到引介的效用。其中有两篇是为了自己的译作所撰写的导读，更是兼具了译者、学者与作者的三重角色。

“论述萨义德”中的前三篇为学术论文，曾先宣读于国内外的研讨会，再发表于期刊与专书。《代表 / 再现知识分子：萨义德之个案研究》以萨义德多年关怀的知识分子为主题，并聚焦于《知识分子论》一书，后来刊登于《当代》2003 年 10 月号的“悼念萨义德专辑”，以示对一代公共知识分子的追思与景仰。《谁是外邦人?：析论〈弗洛伊德与非欧裔〉》的英文版“Reading Said Reading Freud: What Is a Stranger ?”曾宣读于希腊的国际会议，探讨萨义德在《弗洛伊德与非欧裔》（*Freud and the Non-European*）中，如何藉由重读弗洛伊德的《摩西与一神教》（*Moses and Monotheism*），来挑战狭隘的个人和民族认同以及人我之别，并将其解读应用于当前的巴以关系与中东局势，中文版刊登于《中外文学》的“论悦纳异己（Hospitality）专辑”，与该专辑的其他文章相辅相成。《摄影·叙事·介入：析论〈最后的天空之后〉》讨论的是笔者最喜欢，也是他唯一的文字影像书《最后的天空之后：巴勒斯坦众生相》（*After the Last Sky: Palestinian Lives*），运用萨义德个人的摄影观来解读收录其中的摄影师摩尔（Jean Mohr）的照片以及萨义德的相关文字，为了让读者能更深入领会这些照片与文字，笔者辗转联络上摄影师本人，先征得其同意，再与现在典藏其作品的瑞士洛桑爱丽舍博物馆（Musée de l’Elysée, Lausanne）接洽，历经多月的交涉并付出高额的费用才取得授权。至于《书空咄咄知谁解?：萨义德之中东和平梦想》则试图以较平易近人的方式，综论萨义德毕生念兹在兹的巴勒斯坦独立与中东和平，以及终其一生的未竟之业。

“访谈萨义德”汇集了笔者与萨义德在他任教的纽约哥伦比亚大学所

进行的三次访谈，允为中文世界有关其思想与论述最广泛与深入的对话，以致不少人对笔者的印象是“萨义德的访谈者”。《知识分子论：萨义德访谈录》是笔者在《知识分子论》全稿译出后，于1997年8月与他进行的初次访谈，虽然联系过程倍极艰辛，但皇天不负苦心人，终能完成访谈，从亚洲学者的观点针对许多重要议题当面请益，后来承蒙王德威教授告知，萨义德对此次访谈的评价甚佳。全文及时纳入三个月后出版的萨义德第一本中译专书，成为该书的特色之一，摘要也刊登于台湾报纸和大陆网站，广为流传。该书出版后佳评如潮，并获得年度的台湾《“中国时报”》开卷十大好书奖和台湾《联合报》读书人最佳书奖。《印度之旅及其他：再访萨义德》是1998年4月再度与他访谈，多少接续了前次访谈的话题，内容较为随性、自然，重点在于他的首次印度之旅和即将完成的回忆录。《权力·政治·文化：三访萨义德》是《权力、政治与文化》出版一周后，笔者当时恰好在纽约大学研究访问，于是再次与他联系，针对该书和其他议题（包括让他备受困扰的“掷石事件”）进行详细访谈，当时没想到这竟会是两人最后一次见面。三篇访谈中，只有第一篇的英文版曾发表于《淡江评论》（*Tamkang Review*），后来被收入某国的大学出版社出版的英文访谈集里，其他两篇的英文版从未投稿，因此实为中文读者所独享。至于三次访谈的详细时空背景、情境及印象，可参阅各篇的前言以及笔者在《边缘与中心》里的纪念文章《最后的天空之后——敬吊永远的知识分子萨依德》。其他两篇访谈为笔者接受大陆和台湾媒体人物的访问。《理论的旅行：单德兴访谈录》是上海《生活月刊》编辑张泉先生以萨义德为主题的书面访谈，呈现了中国媒体所关切的议题以及笔者的回应，也让以往身为访谈者的笔者能更深切感受到受访者的心情与态度，以同理心来看待访谈者与访谈一事。《知识分子的立场：与张大春谈萨义德》则是2001年“9·11”事件之后不久，接受台湾小说家张大春的电话访问，于News98电台播出。由这两篇访谈可以看出海峡两岸的平面与立体媒体对于萨义德的兴趣。

附录共有五篇。附录一《知识分子的画像：单德兴译〈知识分子论〉

经典版序》与附录二《〈知识分子论〉的中译缘起与后续》是台湾出版人文书籍著名的麦田出版社，将此书挑选为创社二十周年庆的代表作之一，增订并重新排版，由李有成先生和我分别为此经典版撰写的序言与后记，于此中译本问世十四年之后回顾其意义。此外，一般有“盖棺论定”之说，认为一个人的是非功过必须等到身后才能予以最终的评价。其实，一个人在生前便时时受到评论，只是其言行还有转变的可能，然而即使进入历史的人物也会时时刻刻重新接受检验与解读，而这一切都要以具体的事实为基础。对萨义德而言，最基本的数据就是其著述与生平。附录三《萨义德专书书目提要》最早收录于1997年台北出版的《知识分子论》，用意在于协助中文世界的读者进一步了解萨义德的重要著述与学思历程，尔后随着其著作不断问世，增订附录于2002年北京出版的《知识分子论》简体字版、2004年萨义德逝世后台北出版的《知识分子论》增订版、2005年和2006年分别于台北和北京出版的《权力、政治与文化》，以及2010年台北出版的《知识分子论》经典版。让人领会到学术思想的力量并不至于及身而终，而是有着更广泛深远的影响。附录四《萨义德专书中译一览表》以表列的方式让读者一目了然中文世界对萨义德的译介，其中列出的台湾得奖记录，更可看出台湾文化界对他的重视，可作为文化社会学的一项资料。附录五《萨义德年表大事记》是在他逝世后特地整理、收录于《知识分子论》增订版，后来也收入海峡两岸出版的《权力、政治与文化》，此次再稍事修订，方便读者了解其生平与重要事迹。至于各篇文字的详细信息，可参阅书末的“出处”。

因此，本书是十多年来根据个人的研究与翻译计划，随着萨义德的著作在中文世界的引介、流传与发展，按照不同的场合与阅听者的需求而发表，与笔者以往严守论文格式出版的学术专书颇为不同，集结成册时依内容分类，按年代排序，逐篇悉心修订，力求用语一致。唯为了面对广大的中文读者，呈现的形式不一，其中固然有严格的学术论文，但也有相对平易的访谈，然而认真处理的态度则无二，希望藉由这种呈现方式能走出学术象牙塔，将研究心得与社会大众分享，多少达到越界与创新的效用。读者可依各类的顺序一路读下，以了解各类的特色，重新追随萨义德在中文世界流传的情况（如“导读萨义德”和《萨义德专书中译一览表》便相当程度呈现了萨义德在中文世界的接受史[reception history]），也可不受拘束，随兴从任何一篇读起。为了让读者能看到各篇当初的面貌，维持阅读时独立成篇的便利性与完整性，呈现萨义德反复强调的重要观点，全书并未针对各篇内容作太多的调整，仅做了必要的更新与注解，特此说明，并请谅察。此外，建议读者尽可能以多重时序或多重脉络化的方式来阅读此书，根据书中提供的萨义德其人、文本（text）与脉络（context）的相关资料，一方面追溯原作出现于英文世界时的情境，以及作者个人的生平与学思历程；二方面回顾作者及其著作被译介到中文世界时的情境，以及在其中的发展与影响；三方面揣摩与体会作者及其著作对此时此地阅读的我们可能产生的关联与意义，以进一步发挥读书、知人、论世的效用。换言之，本书也可视为笔者知识与生命成长过程的一个重要面向，从个人的角度见证并协助促成萨义德思想在中文世界的传播。

从全书内容可以看出，笔者多年来致力于以中文再现萨义德，努力扮演译者、学者、作者、访谈者、引介者、教育者和中介者的角色，藉由他所强调的耐心与教育，将一代大师的理念介绍到中文世界，多少类似《世界·文本·批评家》（*The World, the Text, and the Critic*, 1983）中所主张的位于世界与文本之间的批评家的立场与作用。此书是十四年来发表的相关论述的综合，至于其他十二篇有关萨义德的评论、记述、感怀和书评，可参阅笔者2007年出版的《边缘与中心》，《理论之旅行／翻译：以中文再现Edward W. Said——以*Orientalism*的四种中译为例》与笔者其他有关翻译研究论文收入2009年出版的《翻译与脉络》，而未及整理与改写的资料则有待未来。当然，笔者最企盼的是能引发读者阅读萨义德的兴趣，因此特将此书献给这位杰出的学者、爱乐者、文学批评家、文化评论家、人文主义者、人道主义者、和平主义者、公共知识分子……

本书得以出版，首先要感谢台湾“中央研究院”欧美研究所的优质环境，可以让笔者多年悠游于学海之中，将读书心得化为语言与文字，与人分享，论学攻错。台湾“国科会”的相关补助计划不仅直接促成书中若干论文的发表与出版，也促使笔者以更长久远大的眼光来看待萨义德在中文世界的流传，以及学术结合社会的可能性。一本书的出版仰赖众缘和合而成，形式与内容复杂如本书者尤其如此。在此感谢多位师友的鼓励、协助与指教，尤其是欧美所的同事李有成教授、何文敬教授、纪元文博士，以及彭淮栋先生、廖炳惠教授、陈东荣教授、简瑛瑛教授、邱贵芬教授、冯品佳教授、沈松侨教授、傅士珍博士和洪敏秀博士。书中多篇曾以不同形式发表，在此感谢当时各期刊、报章与出版社的主编和编辑热心协助，尤其是麦田出版社王德威主编、陈雨航发行人，立绪文化事业有限公司钟惠民总编辑，《当代》金恒炜总编辑，《中外文学》廖咸浩总编辑，台湾《“中国时报”》人间副刊杨泽主编，《自由时报》副刊蔡素芬主编，上海《生活月刊》张泉编辑，以及黄秀如、吴惠贞、吴莉君、胡金伦、官子程等先生、小姐。此外，还要感谢曾担任过笔者计划助理或协助提供资料与整理稿件的赖维菁、龚绍明、强勇杰、林雅琼、蔡雅婷、李佳璇、李欣伦、黄绣廷、李郁淳等先生、小姐。特别要感谢陈雪美和黄碧仪两位助理多年来协助搜集资料、修润文稿、编辑校对。允晨文化实业股份有限公司的廖志峰发行人和黄进兴主编更是此书最大的推手。简体字版的面世则要特别感谢浙江大学出版社北京启真馆相关同仁大力协助，尤其是王雪编辑的细心与耐心。如果没有这些人多方的支持与协助，本书无法以目前的面貌出现。若有任何错误或不当之处，概由笔者负责，尚祈读者不吝指正。

二〇一〇年十二月十日
二〇一二年十二月十日修订
台北南港

导读萨义德

代表·再现·论述：《知识分子论》导读

> 大多数人主要知道一个文化、一个环境、一个家，流亡者至少知道两个；这个多重视野产生一种觉知：觉知同时并存的面向，而这种觉知——借用音乐的术语来说——是对位的（*contrapuntal*）。……流亡是过着习以为常的秩序之外的生活。它是游牧的、去中心的（decentered）、对位的；但每当一习惯了这种生活，它撼动的力量就再度爆发出来。
>
> ——萨义德，《寒冬心灵》55

> 批评必须把自己设想成为了提升生命，本质上就反对一切形式的暴政、宰制、虐待；批评的社会目标是为了促进人类自由而产生的非强制性的知识。
>
> ——萨义德，《世界·文本·批评家》29

萨义德著作等身，为当今闻名国际的文学学者暨文化批评家，并以知识分子的身份投入巴勒斯坦政治运动，其学术表现和政治参与都很引人瞩目，如著名的非裔美国哲学家韦斯特（Cornel West）在《知识分子论》平装本的封底推荐词中称颂萨义德为“当今美国最杰出的文化批评家”。但也由于热切关怀、积极参与巴勒斯坦的政治，以致和乔姆斯基（Noam Chomsky）一样，成为美国最具争议性的学院人士。他在许多场合提到1967年的中东战争是其人生的转折点：之前，学术与政治分属两个截然不同的领域；之后，二者合而为一。这点在《知识分子论》一书所附的访谈录中也有明确表示。

在《认同·权威·自由：君主与旅人》（Identity，Authority and Freedom: The Potentate and the Traveller，1991）中，萨义德进一步提到自己的三重身份："我是个巴勒斯坦的阿拉伯人，也是个美国人，这所赋予我的双重角度即使称不上诡异，但至少是古怪的。此外，我当然是个学院人士。这些身份中没有一个是隔绝的；每一个身份都影响、作用于其他身份。……因此，我必须协调暗含于自己生平中的各种张力和矛盾。"(397) [1] 然而值得注意的是，这种身份／认同的设定并不是为了排除"异己"（"异"于自"己"的他者），而是为了更宽广的人道关怀，正如他在另一篇访谈中所说的："一方面你争取代表自己的权利，要有自己的民族性；但另一方面，除非这些是连接上更宽广的实践（也就是我所谓的解放），否则我是完全反对的。"[2]

萨义德的学术及个人生涯颇具特色。他是早期少数体认到欧陆理论的重要并率先将现象学、存在主义、结构主义、后结构主义以及后殖民论述等引入美国学界的文学及文化学者，也曾专文讨论过包括福柯（Michel Foucault）在内的理论家与批评家，更把这些理论与批评融入并落实于特定作家、作品及专题的研究，而不局限于严格定义下的文学，因此在人文科学的科际整合上扮演着重要的角色。他在文学与文化研究上的突出表现，和结合文学／文化理论、文本分析、解放思想的批评理念与策略密切相关。

第三世界的背景使他对研究对象有着异于英美学术主流的角度及关怀。例如，他的第一部专著《康拉德与自传小说》（*Joseph Conrad and the*

---

[1] 此篇原为 1991 年 5 月 22 日萨义德应南非开普敦大学（University of Cape Town）之邀所发表的第三十一届达伟纪念讲座（T. B. Davie Memorial Lecture），以纪念这位在南非种族隔离政策下捍卫学术自由的知识分子，感谢陈东荣教授和廖炳惠教授在哈佛大学协助搜寻此版本。此文后来收于萨义德论文集《流亡的省思及其他》（*Reflections on Exile and Other Essays* [Cambridge，Mass.: Harvard University Press]，2000）。此处页码根据后者，以便读者参阅。

[2] Bruce Robbins，"American Intellectuals and Middle East Politics: An Interview with Edward W. Said"，in *Social Text* 19/20 [1988]: 52。

Fiction of Autobiography，1966）系根据博士论文修订而成，讨论波兰裔英国作家康拉德的小说，内容结合了康拉德的生平、书信、较短篇的小说，表面看来与主流的研究方式相似，然而在全书伊始萨义德写道："他[康拉德]是位自觉的外国人，以异国的语言[英文其实是康拉德的第三语言]撰写隐晦的经验，而他太了解这一点了"(4)。由此可见，他之所以对康拉德感兴趣，除了作品本身的文学价值之外，类似的流亡、移民、归化、书写、创作、自传等也扮演了重要的角色。换言之，他的研究除了着重于康拉德作品的美学特色之外，对于来自同属被殖民地区的背景（波兰当时被俄国沙皇统治）而且以英文创作的相关经验有着感同身受的领会。康拉德作品中对帝国主义与殖民主义的描写以及殖民者/被殖民者的种种再现（representation）成为萨义德恒久的兴趣以及重复讨论的主题。

正因为兴趣不局限于所谓的"纯粹"学术探讨，也反对任何形式的偶像崇拜（不管是学术的或宗教的、政治的），所以萨义德在第二本专著《开始：意图与方法》(*Beginnings: Intention and Method*，1975）中深入探讨"源始"(origin）之不可能及"开始"的意义，主张没有神话/神化的、特权的、单一的"源始"，而是世俗的、人为的、不断重新检验的、复数的"开始"(xiii)，这些"开始"不仅因应不同情境的需求而产生，而且是"产生意义的第一步"(5)。因此，他反对任何形式的、独一无二的权威与崇拜，着重在不同历史情境、社会背景、文化环境、政治脉络下所开展的新意。在《世界·文本·批评家》中，他更拈出"世俗的批评"(secular criticism）一词，强调批判意识的重要，以相对于崇拜权威、偶像的"宗教式的批评"(religious criticism)。这种批判意识以及对于"对立"、"对抗"、"对反"、"对位"的重视，成为其论述的基调。在萨义德心目中，"批评必须把自己设想成为提升生命，本质上反对一切形式的暴政、宰制、虐待；批评的社会目标是为了促进人类自由而产生的非强制性的知识"(29)。而知识分子的特色就是批评/批判，因此他以这句话结束《世俗的批评》一文："从事批评和维持批判的立场是知识分子生命的重大面向"(30)。

强调“对立”、“对抗”、“对反”、“对位”与萨义德身为美国名校的第三世界知识分子的背景息息相关；而他以著述批判西方主流社会对东方的错误认知与宰制，并积极投入巴勒斯坦政治运动，正是这种理念的具体实践。学理的兴趣与亲身的体验（尤其以入籍美国在大学任教的巴勒斯坦知识分子的身份），使他特别重视再现的问题。他的中东三部曲——《东方主义：西方对于东方的观念》[1]（*Orientalism: Western Conceptions of the Orient*，1978）、《巴勒斯坦问题》（*The Question of Palestine*，1979）、《采访伊斯兰：媒体与专家如何决定我们观看世界其他地方的方式》（*Covering Islam: How the Media and the Experts Determine How We See the Rest of the World*，1981）——深入探讨相关问题，使他声誉鹊起，影响力远超过学术圈，但也引起很大的争议。

这三本书的主要写作动机就是批判西方主流的学术及媒体对于所谓“东方”（主要是中东的伊斯兰世界）的错误呈现，其中以第一本讨论的范围最为广泛，第二本落实到巴勒斯坦的民族自决问题，第三本则讨论当代现象，尤其是西方媒体。这些作品的研究范围广泛，从1798年（拿破仑入侵埃及）到当代的西方学者、作家、旅行家、媒体记者如何来认知、想象及建构东方：相对于西方所代表的文明、进步、开化、启蒙，东方则是野蛮、落后、未开化、待启蒙；或者如萨义德所言：“东方是非理性的、堕落的、幼稚的、‘不同的’；因而西方是理性的、道德的、成熟的、‘正常的’”，而且西方以这种“宰制的架构来围堵、再现东方”（*Orientalism*，40）。总之，此处知识与权力密切结合，学术与帝国主义互为表里（这里福柯的影响明显可见，但萨义德却有所转化），而西方之于东方便是启蒙者与待启蒙者，统治者与被统治者，简言之，便是主与奴的关系。这三部作品的主要目的就是分析进而解构西方具有代表性的文学、历史、人类学等文本以及报章、杂志、电视等大众传播媒体所呈现的东方。

对于萨义德这几本书的反应很歧异，不少西方人士视萨义德为反西

[1] 简体字版易名为《东方学》（王宇根译，北京：生活·读书·新知三联书店，1999）。

方、仇视西方的急先锋，但也有不少第三世界（尤其中东）人士以之作为反对西方的论述，把萨义德和反西方主义、提倡部族主义画上等号。因此，余英时在《历史人物与文化危机》（1995）中的两点提醒特别值得华文读者留意："萨义德的'东方'主要指中东的阿拉伯世界，并不包括中国。……这是中国人引用'东方主义'的说词时首先必须注意的重要事实。另一应注意之点是萨义德虽然主张中东阿拉伯世界各族群建立自己的文化认同，以抵抗西方帝国主义的文化霸权，但他并不取狭隘的部落观点。相反地，他认为文化认同绝不等于排斥一切'非我族类'的文化。……总之，今天世界一切文化都是混合体，都杂有异质的、高度分殊的因子，没有一个文化是单一而纯粹的"（12–13）。

萨义德于《再论东方主义》（"Orientalism Reconsidered"，1985）一文中，提到对于《东方主义》的一些批评，并开宗明义指出该书讨论的重要议题包括"其他文化、社会、历史的再现，权力与知识的关系，知识分子的角色……"（89）。而在这本书出版十七年后的《〈东方主义〉后语》（"*Orientalism*，an Afterword"，1995）一文中，他更津津乐道该书的影响："有关非洲学和印度学论述充满活力的研究，对于从属阶级历史（subaltern history）的分析，后殖民人类学、政治学、艺术史、文学批评、音乐学以及在女性主义和弱势论述广泛的新发展——我很高兴《东方主义》经常能使这一切有所改变。"（44）然而，他也不免悻悻然提到，连汉学研究都受到此书影响（如哈佛大学教授史华慈 [Benjamin Schwartz] 都有深思、诚恳的响应），但所谓的东方研究却依然故我。

在该文中他也对别人指控他反西方的说法有所辩解，指出《东方主义》是"反本质论的"（"anti-essentialist"，34），认同其实是建构出来的（35—36），反对东西对抗的刻板印象（38），批评东西二分法之不当（39），反对文化纯粹论，指出"文化是混杂的、异质的……不同的文化与文明是彼此相关的、相互依存的"（53），因此对于亨廷顿（Samuel P. Huntington）的文化观（各文化间彼此对立）及文明冲突论大加挞伐（53）。其实，在《认同·权威·自由：君主与旅人》中萨义德已左右开弓，批评美国大学里西方保守势力的反扑以及阿拉伯大学里的政治化倾向，认为是以单一国家／民族认同的落伍观念宰制了人生的复杂多样（396）。如果单一的认同或身份观念已有如此大的后遗症，那么把世界区分为数个对立、冲突的文明的做法当然更值得非议。

我们从亨廷顿的《文明的冲突与世界秩序的重建》（*The Clash of Civilizations and the Remaking of World Order*，1996）一书中可以清楚看出，他将西方与其他（the West and the Rest）对立，把世界主要划分为基督教、伊斯兰教和儒教（家）三种文明，强调文明之间的冲突，呼吁欧美（尤其美国）维持各方面的既有优势甚或既得利益。由这些论调可以看出，即使在信息发达、跨国经济与文化密切交流而有“地球村”之称的今天，欧美世界的若干菁英分子挟数世纪以来积聚的强大优势，依然以对抗的心态来面对世界其他（相对弱势的）地区与文明。而身为移民国度（美国）名校（哈佛大学）菁英的亨廷顿，其观点之简化与谬误可从原书封面清楚看出：以十字架代表欧美，星月代表伊斯兰世界，太极图代表儒家文化。

前已提及，萨义德的学术发展、认知与理论颇受当代欧陆理论启迪，如福柯对于知识与权力二者关系之探讨便是《东方主义》的重大来源。然而在引介、运用欧陆理论的同时，他也有相当的批判，认为它们不够关注文学／文化与历史、社会、政治的相关性，对抗意识不够强烈，也未能化为积极的行动。因此，萨义德对后现代主义的诸多观点，尤其是利奥塔（Jean-François Lyotard）等人的论调（如“大叙事已不复存在”），颇不以为然，而以其心目中提倡自由、解放、平等、公义的后殖民主义与之抗衡。就此而言，巴勒斯坦的背景当然扮演了重要角色，使他深切体认到欧美理论之不足。换言之，面对原先自己协助引入美国学界且成为主流的欧陆理论，他能够入乎其内、出乎其外。为了弥补这方面的欠缺，他乞灵于葛兰西（Antonio Gramsci）、法农（Frantz Fanon）、赛萨尔（Aimé Césaire）、詹姆斯（C. L. R. James）等批评家与实践者，以进行自己的抗争。而他的《东方主义》也和法农、赛萨尔、詹姆斯等人的著作并列为弱势论述与后殖民论述的奠基文本。总之，他多年来的作品，包括自称为《东方主义》“续篇”的《文化与帝国主义》（*Culture and Imperialism*，1993），大抵依循这条路线。

萨义德在音乐上也颇有造诣（这点得自母亲的熏陶），并自1986年起为《国家》（*The Nation*）周刊撰写音乐专栏，在乐评中带入文化批判的观点。1989年5月在加州大学欧文分校（University of California，Irvine）发表系列演讲时，更当场演奏钢琴来佐证自己的论点，展现出多才多艺的一面（演讲结集出版为《音乐的阐发》[*Musical Elaborations*，1991]）。另一方面，萨义德特立独行、勇敢无畏、直言不讳的个性也令人印象深刻，底下只举几个例子。早在巴勒斯坦人仍坚决反对承认以色列时，他便主张予以承认并与之和谈；但在巴解组织领袖阿拉法特与以色列签署奥斯陆协议（the Oslo Agreement，1993年9月13日）时，萨义德认为该协议内容有如向以色列投降，漠视巴勒斯坦人的历史与现况，严重损害巴勒斯坦人的权益，因此虽然举世普遍赞扬该协议，萨义德却严厉批评，并与阿拉法特划清界限。作家拉什迪因为撰写《撒旦诗篇》（Salman Rushdie，*The Satanic Verses*，1988）触怒伊朗的革命及宗教领袖霍梅尼（Ayatollah Ruhollah Khomeini）而被下达格杀令。萨义德坚持言论自由，公开声援、撰文支持拉什迪，甚至在开罗和约旦河西岸占领区的研讨会中依然直言不讳。而萨义德本人也因参与政治活动多次遭到死亡恐吓。他告诉巴萨米安（David Barsamian），“我在半打的中东死亡名单之上。”面对这些死亡恐吓他则说：“不要太去想它们。……如果在意那种问题，最糟的情况就是什么事也做不了……我认为主要的就是坚持不懈，并谨记自己的所言所行远比生命安危与否来得重要。”（*Pen*，9）证诸他的行为，这些说法绝非浮夸之词。

阿赫默德（Eqbal Ahmad）在《笔与剑：萨义德对话录》（*The Pen and the Sword: Conversations with David Barsamian*，1994）的序言中特别提到，有一次在贝鲁特露天用餐时，旁边发生枪战，众人都慌忙走避，唯独萨义德谈笑风生，继续刚刚的话题（8）。晚年他罹患血癌，虽然多次进出医院，但只要病情一控制住就依然教学、写作、演讲、旅行、欣赏音乐如故。巴萨米安在访谈结尾问到病情时，萨义德答道："我试着不太去想未来。人总得继续下去。……我认为首要之战在于试着不要把它当做你每个清醒时刻的中心，把它摆在一边，努力处理手头上的工作。我觉得有许多要说、要写的，我只是继续做着那些"（170）。得病之后他的出版脚步反而加快，显示在面对恶疾时的因应之道：把握生命扮演知识分子的角色，著书立说，发挥影响。1997 年 8 月在首次接受笔者访谈时，他提到除了为报章杂志撰稿外，正在写三本书：一本回忆录、一本有关歌剧的书，以及一本讨论艺术家晚期风格的书。他积极面对生命的态度着实令人敬佩。

其实，贯穿萨义德整个学术与政治活动的，可以说就是知识分子这个议题。长久以来他就对知识分子的议题深表关切，成为他作品中反复出现的主题。在《开始》一书结尾便提到，而《世界 · 文本 · 批评家》一书开头便对所谓的专业知识加以批判，并引用法国哲学家班达（Julien Benda）之说（2），结尾更期勉现代批评家勿失知识分子的本色（292）。他也曾发表专文讨论，如《后殖民世界中的知识分子》（"Intellectuals in the Post-Colonial World"，1986）和《第三世界知识分子与都会文化》（"Third World Intellectuals and Metropolitan Culture"，1990）等，《知识分子论》更是这些年来切身体验与深思熟虑的心得。

就《知识分子论》而言，读者最感兴趣的大概就是萨义德这位身体力行的知识分子对知识分子的见解。虽然他不鼓励读者以自传的方式来阅读本书（xii，30），然而他的经验以及所扮演的角色却不由得让人把这本书当成"现身说法"。换言之，这本书不但是萨义德谈论知识分子（Said *on* the intellectual），也是萨义德身为知识分子（Said *as* an intellectual）；更精确地说，就是来自第三世界的巴勒斯坦、归化美国并在常春藤名校任教数十载的名学者萨义德，如何借着英国广播公司（BBC）里斯系列演讲（The Reith Lectures）的机缘，把自己对于知识分子的见解透过大众传播媒体传达给英语世界。其中我们可以看到他长年关注的诸多议题，如知识分子的角色、知识与权力的关系、再现的政治与伦理(the politics and ethics of representation)、人文主义的关怀、反对双重标准、坚持批判立场、强调文本（text）与脉络（context）的关系等。而萨义德的知识分子观本身就值得深入探讨。[1]

《知识分子论》原名“Representations of the Intellectual”再度显示了萨义德对于“再现”的重视。“Representation”一字有许多不同含义。[2]在此书中“Representations”至少具有下列含义：知识分子为民喉舌，作为公理正义及弱势者／受迫害者的代表，即使面对艰难险阻也要向大众表明立场及见解；知识分子的言行举止也代表／再现了自己的人格、学识与见地（xv，11，12，14，113）。对于许多读者而言，书中的另一重含义则是透过这些所代表／再现出的萨义德。由于中译难以兼顾这些含义，只得勉力译为《知识分子论》，取其中译可能衍生的另一些意思：“知识分子本身的论述”以及“有关知识分子的论述”——就此书而言，更是“知识分子讨论知识分子的论述”，而在此代表／再现中，其实更代表／再现了萨义德。对于长期关注知识分子这个议题并实践个人批判理念的萨义德而言，这是应邀演讲当时就这个议题的综述与反省；而对于曾撰写《理论之旅行》（“Traveling Theory”）一文，讨论理论在旅行、翻译、移植到另一脉络后的境遇的萨义德而言，作品中译后的得失与转化应属意料中事，而此书在华文世界中的“开始”、“旅行”与效应也值得进一步观察。

[1] 详见本书《代表／再现知识分子：萨义德之个案研究》一文。

[2] 如修哈和斯坦在《反思欧洲中心论：多元文化论与媒体》中便提到四种再现：宗教的、美学的、政治的、符号的（Ella Shohat and Robert Stam，*Unthinking Eurocentrism: Multiculturalism and the Media*. London and New York: Routledge，1994，pp. 182–183）。

流亡·回忆·再现：《乡关何处》导读

流亡是最悲惨的命运之一。

——萨义德，《知识分子论》85

回忆及其再现，这些与认同、民族主义、权力和权威等问题密切相关。

——萨义德，《创造、回忆与地方》176

萨义德是公认战后影响力最大的文学与文化批评家之一，在学术上是国际知名的重量级学者，为美国学界引入欧陆理论及另类观点，写作的题材包括文学、理论、政治、音乐、历史等，名著《东方主义：西方对于东方的观念》译成数十种语言，通行于世界各地，为后殖民论述的奠基之作。在政治上，他积极投入巴勒斯坦独立运动，以高瞻远瞩的眼光和特立独行的勇气，言人之所不能言、不敢言。早在20世纪70年代末期的敌对气氛下，他就公然呼吁巴以双方承认彼此过去的苦难（犹太人遭遇的大屠杀[the Holocaust]和巴勒斯坦人1948年的离乡失土之痛），进行和平谈判，以求和平共存。曾担任巴勒斯坦民族议会独立议员长达14年（1977年至1991年），严词批评美国的外交政策，多年来为巴勒斯坦人在西方世界的主要代言人。

萨义德除了在学术上的投入与杰出表现之外，积极参与政治、社会议题的公共空间，甚至一方面因为支持巴勒斯坦而被许多西方人士和犹太人视为暴力及恐怖主义的代言人，[1] 另一方面又因为主张和谈及声援拉什迪的言论自由而名列"半打的中东死亡名单之上"（*Pen*，9），[2] 并勇于承担这些风险。这些都证明了他不仅是坐而言的理论家，更是起而行的实践者，以具体的行为履践了自己有关知识分子的理念，充分表现出知识分子的风骨。

一般人印象中的萨义德是美国纽约哥伦比亚大学的英美文学与比较文学教授（名列该校九位"校聘教授"[University Professor] 之一），在专业领域内著作等身，经常接受媒体采访或在报章杂志上发表文章，分析巴勒斯坦的处境，撰写政治评论与音乐专栏，俨然是文艺复兴时代的通才（Renaissance man）。回溯他的学思历程：1964 年哈佛大学博士，1960 年哈佛大学硕士，1957 年普林斯顿大学学士，20 世纪 50 年代初赴美国就学。甚至往前追溯到中东：在英国殖民统治及美国势力扩张时，就读埃及开罗的英国学校和美国学校，乃至 1935 年 11 月 1 日出生于耶路撒冷。然而，他早年的家庭生活及学校经历如何？这些在他内心产生何种感受？对他个性及观点的塑造具有什么作用？诸如此类的问题却无法探知——一直到这本《乡关何处：萨依德回忆录》出版为止。

1997 年 8 月我前往纽约，主要目的之一就是到哥伦比亚大学，为即将付梓的第一本中文专书翻译《知识分子论》访问萨义德。几经波折，终能与他进行访谈。在一个小时左右的访谈中，萨义德回答了所有的问题，思绪清晰、反应灵敏，不似恶疾缠身经年的模样。在问到有关他的作品分期、归类以及各时期、类别的代表作时，他指出了四个时期：第一期的兴趣在"文学生产的存在问题"，接着分别是"理论期"、"政治期"，至于"最后一期，也就是我现在写作的时期，又更常回到美学"。他提到了晚近的三部作品：一本有关歌剧，一本有关艺术家的晚期风格，再来就是"我正在写回忆录"（《知识分子论》，166）。

至于撰写回忆录的动机，他在响应另一个有关他个人的吊诡角色时

---

[1] 亚历山大（Edward Alexander）甚至把他扣上了"恐怖教授"（"Professor of Terror"）的帽子。

[2] 原因之一为：他是第一个以英文明确主张要与以色列的犹太人和平共存的巴勒斯坦人（"Expanding"，112）。

（一方面自称是流亡者、“文化的局外人”，另一方面又是国际知名的文学与文化批评家），有如下的说法：“我必须告诉你——我完全坦白——我必须承认我并没有真正意识到自己的影响力。……大多数的时间我比较察觉到自己的不定、流亡、边缘化、局外人的处境。……我把自己的书全抛到脑后，好像是别人写的一般。我是很认真的说。那是一种很奇怪的感觉。我写这部回忆录的原因之一，就是要找出为什么对自己的作品有这种疏离感”（《知识分子论》，179）。

1998 年 4 月，我再度访问萨义德，不少问题环绕着他的回忆录。那时他的手写稿已经将近 450 页，预计再写一章，于夏天完成，第二年问世（后来出版的英文全书约 300 页）。从言谈、神情看得出这部回忆录对他意义特殊，而且他对这部作品情有独钟。虽然以往萨义德也有些抒情与叙事之作——尤其见于他与德裔瑞士籍摄影师摩尔（Jean Mohr）合作的《最后的天空之后：巴勒斯坦众生相》（*After the Last Sky: Palestinian Lives*, 1986）——但以这部回忆录最为突出。萨义德用充满感情的笔触，回忆、书写自己的童年及青少年世界，他成长的三个地方“现在都不复存在”（巴勒斯坦已变成以色列，法鲁克国王 [King Farouk] 治下的殖民地埃及于 1952 年一去不返，黎巴嫩经过二十年的内战早已面目全非），全凭他惊人的记忆力（“对于早年的一些事，我的记忆清晰得惊人”，本书《印度之旅及其他》，274）和优雅的文笔，栩栩如生地再现于读者眼前。

从萨义德本人当时的说法，我们可为这部回忆录及其写作归纳出几点特色。首先便是进度缓慢，原因在于：不像书信或报章杂志的文章般直接在计算机上撰稿，“写回忆录时，我必须用手来写，而那很缓慢”（273），因此占用了他很多的时间与心思，甚至出外旅行时也随身带着手稿，得空便写。其次，全书的进展也很悠缓，为了尽可能完整，记忆力惊人的萨义德的手稿花了 300 页的篇幅才写到 1943 年，也就是他八九岁时。借用人类学家的说法，全书便是对他成长世界的“厚实描述”（thick description），尤其是对世人颇为陌生的半个多世纪前的中东一特定家族的精描细绘。就结构而言，虽然萨义德采用的是“叙事文体，然而却是很特别的叙事文”，有别于一般按照年代顺序撰写的回忆录、“传统的自传”。萨义德“尝试创新”，“以不同的方式来组织”，结果就是他所说的纵横纠葛、“很阿拉伯式的结构”（276），以这种方式深入挖掘、探索自己的外在处境及内心世界。再就内容而言，书中对人物及事件的记述，尤其是与父母的关系及互动，萨义德自认“坦然不讳”（277）。最后就是自己和朋友对此书的看法。对萨义德本人，这本回忆录“意义非比寻常”（276）自然不在话下。至于读过文稿的一些友人中，著名的文评家普瓦里耶（Richard Poirier）认为这是部“杰作”（276），其他一些人则认为“也许是我最好的一本书”（273）。然而，萨义德却猜测自己的妹妹们对这本书“会不高兴，因为我们是个很奇怪的家庭”（277）。

以上是这部回忆录出版前一两年，萨义德在接受笔者两次访问时的“夫子自道”。就是因为如此，更令人期盼该书早日问世，以便一窥究竟。虽然书中的不同章节曾在英、美等地发表或宣读，但全书正式出版却在 1999 年 9 月 24 日（于 1989 年签约，1994 年 5 月动笔），并于 1999 年获得《纽约客》非虚构类图书奖（*New Yorker* Book Award for Non-Fiction）、2000 年克里夫兰基金会（the Cleveland Foundation）一年一度的安尼斯菲尔德－沃尔夫非虚构类图书奖（Anisfield-Wolf Book Award for Non-Fiction），以及美国文学与艺术学院（American Academy of Arts and Letters）的莫顿 · 道文 · 扎贝尔奖（the Morton Dauwen Zabel Award）。

前文提到，以往留意萨义德的人，即使有意追溯他的生平，也只能从访谈或著作中偶尔透露只言词组，得到一些支离破碎的信息。如在 1976 年的第一篇访谈中，萨义德曾说：“殖民主义和帝国主义对我来说不是抽象，而是特殊的经验和生命的形式，具有几乎不堪忍受的具体感”（“Interview with *Diacritics*”，36）。此一特殊背景在形塑其观点上发挥了难以比拟的作用，他有关“流亡”的看法，甚至本书的书名“Out of Place”，都是明证。然而，究竟是如何“特殊的经验和生命的形式”？何种“几乎不堪忍受的具体感”？留下了广大的空间让读者去发现和想象。但是，即使再丰富的想象力，又如何能臆测半个多世纪前，受到殖民统治教育、流离失所的一个中东青少年的身心世界？一直到本书出版，透过其中动人的描述，读者才可能知道、感受，并看出萨义德年少时的遭遇、成长仪式（rites of passage）、心路历程与后来身为知识分子的志业之间的可能关联。

全书对许多人物与事件娓娓道来，例如：极端精明干练、深具商业长才（为中东最大的办公用品及文具商）、运动技能出众、管教严苛的父亲；时而亲昵，时而疏淡，对子女"分（化）而治之"，带领他欣赏文学、音乐、戏剧的母亲；1948 年以色列建国所造成的流离失所对巴勒斯坦人的重大创伤及历史意义；热心公益，席不暇暖地济助巴勒斯坦人的姑姑；在英国学校遭到布伦先生鞭打的羞辱（整整五十年后，萨义德才偶然从一本书中得知此人的全名，赫然发现他竟然还是位打油诗人！）；在开罗的美国学校中众敌环伺、弱肉强食的丛林世界般的境遇；当地俱乐部拒绝身为阿拉伯人的萨义德入内；就读美国普林斯顿大学时，持续两年多、相隔两地的初恋……总之，对萨义德的成长及少年的心路历程感兴趣的读者，这是一部必读之作。至于后来享誉学术界，（违反父母的训诫）积极介入政治，献身于巴勒斯坦民族自决运动，与巴解组织领袖阿拉法特的关系（曾为心腹智囊，阿拉法特 1974 年联合国讲稿的主要撰稿人，却因认为 1993 年的"奥斯陆原则宣言"出卖巴勒斯坦人的权益，大加挞伐，以致两人交恶）……就看他是否继续撰写回忆录了。[1]

以下试图运用萨义德本人在学术论述中所阐扬的若干观念（主要是"开始"、"再现"与"流亡"[exile]），来分析这部回忆录，提供读者参考。1975 年出版的《开始：意图与方法》是萨义德继有关康拉德研究的博士论文后的第二本专著。全书深刻省思"开始"的观念，并把它与"源始"对立："开始"是"世俗的、人为的、不断重新检验的"；"源始"则是"神圣的、神话的、特权的"（xiii）。他并说："指定出'开始'是为了指出、澄清或定义一个后来的时间、地方或行动。简言之，指定出开始

[1] 曾有人愿意协助萨义德以口述方式继续进行回忆录，但随着他的去世，此一计划已不可能。

通常也包括了指定一个后来的意图。……我们看见开始是一个完成或过程（在时间、空间或行动上）的第一点，而这个完成或过程具有延续及意义。因此，开始是意图产生意义的第一步（*The beginning, then, is the first step in the intentional production of meaning*）"（5）。

就此回忆录而言，萨义德有关"开始"的看法可做如下的引申。首先，迥异于以往的著作，本书题献给两个人，第一位便是他的主治医师拉伊（Kanti Rai，第二位是萨义德的太太玛丽安 [Mariam]，以往的著作也曾题献给她），书中的《识》及第九章也对恩同再造的主治医师致意。就是因为 1991 年在健康检查中发现自己罹患慢性淋巴性白血病（chronic lymphocytic leukemia），次年开始由拉伊医师主治，让他觉得仿佛头顶上悬着一把达摩克利斯之剑（sword of Damocles），生命之弦随时可能绷断，却又以坚强的意志步步求生（父亲以往给他的箴言是"绝不放弃"）。但也正因为如此清晰地面对人生可能的终点，加上代表与旧有世界联系的母亲于 1990 年去世，更激发出他回顾自己人生／生命的意图，遂于 1994 年接受化疗的同一年，开始写回忆录，并自承以写作重新创造以往的世界，来支持他度过最艰难的时刻。

换言之，若非身罹恶疾，切身感受到生命危脆、时不我予，在学术及议题上屡屡创新、积极向前拓展的萨义德，不可能如此郑重其事地"回"过头来记"忆"、"录"下自己的过往，并透过个人的记忆，具体而微地呈现出家族史，甚至巴勒斯坦人的集体记忆与创伤。因此，就写作而言，相对于以往的学术著作与政治评论，此书是萨义德大规模以抒情、叙事的风格书写自己、家族、民族的开始。就他的人生而言，此书是一个离乡背井多年之人，面对死亡时开始认真回顾自己的人生，以今日之我探索、书写昔日之我，与内在自我（inner self）重建关系，与已逝的父母修好，并试图以个人的方式为民族争回历史（reclaim history）。至于全书开始选择以"语言"、"创造"、自己的不英不阿、半英半阿的尴尬姓名"Edward Said"等议题切入，不仅揭露了个人认同与家族认同的问题，也点出了书名的深意。

即使往事仍历历在目，但过去的已然过去，回忆录透过文字记录过往的人、事、时、地、物，充其量不过是“再现”、“创造”、“开始”，而不是“源始”。这里触及另一个萨义德多年来念兹在兹的主题：再现。著名的中东三部曲《东方主义》、《巴勒斯坦问题》、《采访伊斯兰》的重要关怀，就是强势、主流的欧美世界如何来想象、观看、区隔、围堵、宰制、再现他者。较特别的是《最后的天空之后：巴勒斯坦众生相》，由他针对精挑细选出摩尔的120帧照片，撰写长短不一、内容互异的文字，图文并茂地再现日常生活中的巴勒斯坦人，打破了巴勒斯坦人不是凄凄惶惶的难民、就是蒙面绑头巾的恐怖分子的刻板印象。在自称《东方主义》续集的《文化与帝国主义》（1993）中，再现依然为主要关怀，并增添了地理（geography）及抗拒（resistance）等面向。至于1993年在英国广播公司（BBC）发表的里斯讲座，次年出版为专书，广受瞩目，标题及书名便是“知识分子的再现”（*Representations of the Intellectual*）。因此，我们可以说，萨义德对于“再现”的关切可谓无时无处无之。

至于这部回忆录，相当程度而言是“三合一的再现方式”。此语可作二解。首先，回忆录的性质与自传相近。“自传”在英文中是“auto-biography”，就字源上可析解为“self-life-writing”（自我—人生—书写），一般而言“传主”、“叙事者”、“作者”为同一人，回忆录也是如此。以上是就自传的一般定义，把此回忆录视为“‘传主—叙事者—作者’三合一的再现方式”。在接受布鲁姆（Harvey Blume）访问时，萨义德指出此书对自己的特殊意义：“回忆录是我对于尝试维持内在自我的健全（the integrity of the inner self）的响应，凭借的是摊开所有的矛盾与不合”（“Setting the Record Straight”，7）。然而，此回忆录中的再现，在萨义德本人的学思脉络下别有意涵。

其次，一般所谓的“再现”是对他者的再现，往往涉及政治（politics）、论述形成（discursive formation）、权力关系（power relations）等。这是萨义德在《东方主义》等多本论述中所揭橥的，尤其是涉及强者（西方）与弱者（东方）之间的关系时。1994年出版的《知识分子论》，进一步强调再现的伦理层面。在他看来，知识分子本着自己的责任及良知，坚定立场，担任众人喉舌，作为公理正义及弱势者／受迫害者的代表，即使面对权威与险阻，也要向大众表明立场及见解，向权势者说真话；而知识分子的一言一行，也往往代表／再现了自己的人格、关怀、学识与见地。换言之，在再现他者的同时，其实也再现了自己，因此该为自己的再现来负责。这是再现的第二层意义。

此外，此书既如上述是"传主—叙事者—作者"三合一的著作，因而产生了第三层意义：再现的对象就是自己。由此可能引申出其他的问题：当对象是自己时，再现的性质与作用如何？再现者的立场、诠释、权力、权威如何？如何判断其再现是否地道（authentic）？如何厘清其中的伦理与政治？此书出版前后，萨义德遭到右翼犹太复国主义者的攻击，大抵属于这类问题。然而由于对方的立场偏颇、引据失当，反而模糊了上述问题的复杂微妙之处。[1]

简言之，由于回忆录中"传主—叙事者—作者"的三合一，以及其中涉及"对他者的再现"（如父母、家人、亲戚、朋友、同学、老师、学校……）、"再现他者时所再现出的自己"、"再现的对象就是自己"等三层意义，因此为萨义德一向关注的"再现"议题增添了新意。

最后就是"流亡"这个切肤之痛的议题。"流亡是最悲惨的命运之一"，萨义德以此句开启他有关"知识分子的流亡"的议题（《知识分子论》，85）。此句来自他深刻的感受。其实，萨义德及家人即使身在中东都觉得忐忑不安，仿佛一直在流亡：家人是置身于埃及和黎巴嫩的巴勒斯坦人；在以穆斯林教徒为主的中东，他们却是少数的基督徒；父亲在一次大战时曾服役于美军，具有美国公民身份，以致萨义德和妹妹们一

---

[1] 根据萨义德的说法，这是美国的保守犹太刊物《评论》（*Commentary*）近 20 年来第三次刊登攻击他的文章（"Defamation"，1）。第一次是 1980 年有关其《巴勒斯坦问题》的评论（作者为霍金 [Hillel Halkin]）；第二次是 1989 年为他扣上"恐怖教授"的帽子；第三次则是 1999 年 9 月刊出威纳尔的《"我的美丽旧宅"和萨义德其他的捏造》（Justus Reid Weiner，"'My Beautiful Old House' and Other Fabrications by Edward Said"），宣称以三年的时间搜集资料，实地探察，访谈数十人，揭穿萨义德以往自述文字中的捏造。萨义德一一反驳文中的疑点，并指出这是犹太复国主义者典型的"诋毁"（defamation），以为只要证明这位举世公认的巴勒斯坦的代言人是骗子，就可以不但破坏他的公信力，也连带削弱任何巴勒斯坦人争取自身权利的主张。

出生便有美国籍，但母亲却因其巴勒斯坦—黎巴嫩人的身份，不能取得美国护照，甚至弥留之际都还被美国移民局要求递解出境（狠心的移民局官员因而遭到法官痛斥）；富裕的生活使他们有别于一般贫困的中东人民，强化了萨义德日后为族人“代言”的补偿心理；殖民学校的教育使他对于宗主国既熟悉又陌生，对于族人既亲近又鄙视；身为家中唯一男孩的萨义德，一直觉得有负父母的殷殷期盼，深深感受到自己的怯懦、彷徨、欠缺；能自由出入于阿拉伯文、英文、法文之间的萨义德，却因如此摆荡而找不到归属；至于1948年的流离失所，更是永恒的痛。

正因为亲身的体验，使他对古今流亡之苦有着生动的描述：“在古代，流放是特别可怖的惩罚”，原因在于这“不只意味着远离家庭和熟悉的地方，多年漫无目的的游荡，而且意味着成为永远的流浪人，永远离乡背井，一直与环境冲突，对过去难以释怀，对现在和未来满怀悲苦”；痛苦虽然依旧，但20世纪的流亡却“转变成针对整个社群和民族的残酷惩罚，而这经常由于像是战争、饥荒、疾病这些非个人的力量无意中造成的结果”(85)。对于1948年之后便流离失所的巴勒斯坦人和萨义德家族而言，流亡就是无法摆脱的命运。本书英文原名“Out of Place”简短有力地指出了这种地理及心理上的失落与错置：在地理上，“永远离乡背井”，不管到天涯海角，都“一直与环境冲突”，成为“格格不入”(这是译者彭淮栋原先采用的书名)、“非我族类”的外来者；在心理上，时时怀着亡国之痛、离乡之愁，“对于过去难以释怀，对现在和未来满怀悲苦”。萨义德的说法，正是出自于这种深切的错置感与失落感，难怪“拔根”(uprootedness)、“无根”(rootlessness)、“无家可归”(homelessness)、“失所”(dislocation)、“移置”(displacement)、“漂泊离散”(diaspora)、“流离失所”(dispossession)、“排除”(exclusion)、“边缘化”(marginalization)……成为他各式写作中反复出现的主题。

然而，流亡与错置却未尝没有裨益，其中很重要的一点便是这种疏离造成批判的距离，提供观看事物的另类观点：同时具备过去与现在、他方与此地的双重视角（double perspective)。萨义德在《寒冬心灵》

（“The Mind of Winter”）一文中，对此有如下的说法：“大多数人主要知道一个文化、一个环境、一个家，流亡者至少知道两个；这个多重视野产生一种觉知：觉知同时并存的面向，而这种觉知——借用音乐的术语来说——是对位的（*contrapuntal*）。”他进一步指出：“流亡是过着习以为常的秩序之外的生活。它是游牧的、去中心的（decentered）、对位的”(55)。他本人更是因为幼时生活中的巴勒斯坦、埃及、黎巴嫩、英国、美国等因素，塑造出文化混杂（cultural hybridization）的内在深层思想，以多重视野观察、体验事物。

但是，对另类的重视并不是为了歧异而歧异，而是为了强调更普世的人文价值与人道标准，这使得他有别于后结构主义者及后现代主义者：“流亡者……有着双重视角。……就知识上而言，这意味着一种观念或经验总是对照着另一种观念或经验，因而使得二者有时以新颖、不可预测的方式出现：从这种并置中，得到更好，甚至更普遍的有关如何思考的看法，譬如借着比较两个不同的情境，去思考有关人权的议题”(《知识分子论》，97—98)。这也就是为什么他支持南非的人权运动，强调巴勒斯坦人应该尝试了解以色列人过去的苦难，并呼吁世人以同样的人权标准来平等看待巴勒斯坦人的历史苦难与现实处境。由于他的多年努力，世人逐渐正视巴勒斯坦的问题，他的主张甚至赢得不少以色列人的支持。

这个特色在他多年的写作中都可找到证明。20世纪七八十年代的中东三部曲中抱持鲜明的批判立场；1986年《最后的天空之后》中多次提到“流亡”一词，并指出一个吊诡的现象：“巴勒斯坦的认同在于流离失所和损失的经验”(120)；1993年《文化与帝国主义》中强调地理、空间的因素及抗拒的可能性；1994年的专书以“流离失所的政治”（“*The Politics of Dispossession*”）为标题，诉说巴勒斯坦人争取自决的奋斗；甚至2000年的《创造、回忆与地方》（“Invention，Memory，and Place”）一文，一再强调三者与巴勒斯坦的重要关系——这些常常与这种位置／错置息息相关。他的学生更引述他的话说：“由于疾病和年事渐高之故，我从来没有像现在这样明白这个事实——在任何地方我都没有真正在家／自在的感觉（“I really don’t feel *at home* any place”）”（Lawrence，24）。诸如此类的说法不仅表现了他对流亡的所感所思，也印证了流亡的处境对他观看事物的方式有着决定性的影响。《乡关何处》这本回忆录进一步以生平中的种种遭遇，凸显多次流亡到不同地方的错置与失落的感受，生动感人，迥异于其学术论述。

对于既是流亡者又是知识分子的萨义德而言，流亡具有另一层重要意义。在《知识分子论》中，他以流亡来隐喻知识分子——因为知识分子不故步自封，对现实不满，采取批判立场，注定了必须在权力核心之外，成为边缘人，“抗拒，不被纳入，不被收编”（90），“对权势说真话”（第五章标题）。[1] 身为接受西方教育的巴勒斯坦人，以及巴勒斯坦裔美国知识分子的萨义德，善用这种实质与隐喻的双重流亡情境，积极介入学术与政治，成为少数在英美世界握有发言权的第三世界菁英人士，身体力行他悬为鹄的的批评理想：“提升生命……反对一切形式的暴政、宰制、虐待……”（“Secular Criticism”，29）[2]

《乡关何处》原书设计除了封面一张萨义德少年时的照片之外，书脊从上到下是七张从小到大的成长照片，在时间上貌似连贯，在空间上却是一连串的流离、错置。原书名“*Out of Place*”及书中多次出现的相同说法，多次强调了在语言、文化、社会、空间、个性上“流离失所”、“人地不宜”的错置、失落及矛盾之感，看似简单，却不易迻译。译者彭淮栋原先采用的“格格不入”，强调了这种错置与扞格。至于繁体字版的

---

[1] 因此，鲍威（Paul A. Bové）指出：“对萨义德而言，流亡是针对文化与系统进行反讽的对立批评之条件，他以此来防卫个别的批判意识的重要性”（271）。哈罗（Barbara Harlow）则将他与巴勒斯坦知识分子——烈士卡纳法尼（Ghassan Kanafani）相比，认为萨义德也“在美国学院和巴勒斯坦抵抗中，坚持知识分子的批判角色——作为世俗的批评者和反官方论述的史家”（189）。

[2] 弱势论述的著名学者简穆罕默德以“反射的边境知识分子”一词（Abdul R. JanMohamed，“the specular border intellectual”）来描述萨义德者流的处境及意义：“（反射的知识分子）也许同样熟悉两个文化，发现自己不能或不愿在这些社会‘安身落户’。反射的知识分子陷于数个文化或团体之间，却没有一个文化或团体足以发挥充分的力量，因此必须分析、检视这些文化，而不是综合它们；他们运用自己带有罅隙的文化空间作为有利之点，或明或暗地定义团体形成的其他乌托邦式的可能性”（JanMohamed，97）。他们之所以能出入、游离于不同文化之间，正是因为流亡的缘故。

"乡关何处"，典出唐朝诗人崔颢《黄鹤楼》的最末两句："日暮乡关何处是，烟波江上使人愁"，着重的是日薄西山时怀乡的迷茫与愁思，与身染恶疾的流亡者萨义德的心境颇有相仿之处。[1]

萨义德在《理论之旅行》("Traveling Theory")一文中，曾以实例说明理论由一地旅行到另一地时所产生的变化。米勒（J. Hillis Miller）在《跨越边界：理论之翻译》("Border Crossings: Translating Theory")一文中，进一步讨论理论由一地、一语言、一文化翻译到另一地、另一语言、另一文化中所产生的变化，并认为在被译入的地方、语言、文化中产生了"新开始"(new starts)。他们的讨论虽限于理论的旅行与翻译，但也可用于其他文本。就此回忆录而言，在旅行、翻译到中文世界之后，已经有所转变，上述"乡关何处"一词所引发的联想，以及中译本各章添加的标题，就是比较明显的例子。[2] 至于此一文本的旅行与翻译在中文世界的处境，在语言、文化、时空、社会上可谓另一种的"out of place"，不但萨义德本人好奇，[3] 也值得我们进一步观察。

引用书目

萨义德：《知识分子论》，单德兴编译，台北：麦田，1997。

Alexander, Edward. "Professor of Terror." *Commentary* 88.2 (Aug. 1989): 49–50.

Bové, Paul A. *Intellectuals in Power:A Genealogy of Critical Humanism*. New York: Columbia UP, 1986.

---

[1] 此书简体字版采用彭淮栋的译本，但书名改回"格格不入"。

[2] 简体字版删除了繁体字版所添加的各章标题，也未如繁体字版般以黑体字来擅自强调书中的若干论点。

[3] 笔者于2000年9月20日的电子邮件中告诉萨义德，其回忆录中译本即将于台湾出版，并询问"有没有什么特别要向中文读者说的？"萨义德9月26日的电子邮件全文如下："只想说，很高兴我的书会到达中文读者手上，这使我好奇这本书会不会使中文读者产生共鸣？或者该说，书中的什么会使中文读者产生共鸣？我真的很好奇，想要知道。"

Halkin, Hillel. "'Whose Palestine?' An Open Letter to Edward Said." *Commentary* 69.5 (May 1980): 21–30.

Harlow, Barbara. "The Palestinian Intellectual and the Liberation of the Academy." *Edward Said: A Critical Reader*. Ed. Michael Sprinker. Cambridge, MA: Blackwell, 1992. 173–193.

JanMohamed, Abdul R. "Worldliness-without-World, Homelessness-as-Home: Toward a Definition of the Specular Border Intellectual." *Edward Said: A Critical Reader*. Ed. Michael Sprinker. Cambridge, MA: Blackwell, 1992. 96–120.

Lawrence, Tim. "Edward Said, Late Style and the Aesthetic of Exile." *Third Text* 38 (Spring 1997): 15–24.

Miller, J. Hillis. "Border Crossings: Translating Theory." *New Starts: Performative Topographies in Literature and Criticism*. Taipei: Institute of European and American Studies, Academia Sinica, 1993. 1–26.

Said, Edward W. *After the Last Sky: Palestinian Lives*. 1986. Text by Edward W. Said. Photographs by Jean Mohr. New York: Vintage, 1993.

——. *Beginnings: Intention and Method*. 1975. New York: Columbia UP, 1985.

——. *Covering Islam: How the Media and the Experts Determine How We See the Rest of the World*. 1981. Rev. ed. New York: Vintage, 1997.

——. *Culture and Imperialism*. New York: Knopf, 1993.

——. "Defamation, Zionist-style." *Arab Media Internet Network* 30 Aug. 1999: 3 pp.21 Sept. 2000 <http://www.amin.org/En/eyejrs/9908/free2_300899.html>.

——. E-mail to the author. 26 Sept. 2000.

——. "Expanding Humanism: An Interview by Mark Edmundson with Edward Said." *Wild Orchids and Trotsky: Messages from American University*. Ed. Mark Edmundson. New York: Penguin, 1993. 103–123.

——. "Interview with *Diacritics*." *Diacritics* 6.3 (Fall 1976): 30–47.

——. "Invention, Memory, and Place." *Critical Inquiry* 26.2 (Winter 2000): 175–192.

——. "The Mind of Winter: Reflections on Life in Exile." *Harper's Magazine* 269 (Sept. 1984): 49–55.

——. *Orientalism: Western Conceptions of the Orient*. 1978. New York: Vintage, 1979.

——. *Out of Place: A Memoir*. New York: Knopf, 1999.

——. *The Pen and the Sword: Conversations with David Barsamian*. Monroe, ME: Common Courage, 1994.

——. *The Politics of Dispossession: The Struggle for Palestinian Self-determination, 1969–1994*. New York: Pantheon, 1994.

——. *The Question of Palestine*. 1979. New York: Vintage, 1992.

——. *Representations of the Intellectual: The 1993 Reith Lectures*. New York: Pantheon, 1994.

——. "Secular Criticism." *The World, the Text, and the Critic*. Cam-bridge, MA: Harvard UP, 1983. 1–30.

——. "Setting the Record Straight." Interview with Harvey Blume. *Atlantic Unbound* 22 Sept. 1999: 8 pp. 27 Sept. 2000 <http://www.theatlantic.com/unbound/interviews/ba990922.htm>.

——. "Traveling Theory." *The World, the Text, and the Critic*. 226–247.

Weiner, Justus Reid. "'My Beautiful Old House' and Other Fabrications by Edward Said." *Commentary* 108. 2 (Sept. 1999): 23–31.

报道·掩饰·揭露：《采访伊斯兰》导读

> 今日所谓的“伊斯兰教”一词虽然看似一件单纯事物，其实却是虚构加上意识形态标签，再加上一丝半缕对一个名为伊斯兰的宗教的指涉。
>
> ——萨义德，《采访伊斯兰》x

《采访伊斯兰》

手边有两本英文平装的《采访伊斯兰：媒体与专家如何决定我们观看世界其他地方的方式》[1]，一本是1981年版，清淡素雅的白色封面正中是一长纵条有如撕下来的淡灰色告示，告示上有书名和作者姓名，书名的正、副标题之间夹着一张小照片，照片中左方是两位身穿军服的中东人，面带微笑，其中一人炫耀似地双手举着冲锋枪，右方背对镜头的显然是一位白人记者，大胡子的他背着相机袋，手持相机“瞄准”(aim at)战士，正要“拍摄／射击”(shoot)。另一本则是1997年的增订版，封面色彩更为鲜明，除了作者和书名之外，也标示了本版经作者增补并撰写新序，上下方分别以黑、红为底色，特别醒目的是中间几乎占了一半封面的彩色照片，照片中间是一堵水泥矮墙和铁栅栏，后方似乎是一座公园，有草坪、绿树、步道、远山，一片自然、宁谧、祥和的景象，左方蹲跪在水泥墙

[1] 本书繁体字版书名为《遮蔽的伊斯兰：西方媒体眼中的穆斯林世界》，但只掌握了原名双关语的一部分；简体字版书名为《报道伊斯兰：媒体与专家如何决定我们观看世界其他地方的方式》；本书译为《采访伊斯兰》并非标新立异，而是试图涵盖原文的意思。有关书名的讨论，详见下文第30—31页。

和铁栅栏之前的却是一位戴棕色头巾、穿白袍、套坎肩、双手架着冲锋枪的中东男子，正凝神端视青葱公园内，右方侧对镜头的则是一位穿着白衬衫黑西裤的白人男子，同样蹲着，相机袋置于身旁地上，手持着高性能相机，正聚精会神地对准持枪者，同样是在"瞄准"，准备"拍摄／射击"。相隔十六年的两个版本选择了类似的"螳螂捕蝉，黄雀在后"的呈现方式，这绝非偶然，而是隐喻了萨义德这本书后设批判的（metacritical）性质。

萨义德为当代举世闻名的文学与文化批评家，也是公认的后殖民论述的奠基者之一。他于 1935 年 11 月 1 日出生在耶路撒冷，是家中的长子（也是独子），父亲是当时中东首屈一指的文具商，具有过目不忘的记忆力，个性强悍，教子甚为严苛；母亲则深爱文学、音乐、戏剧，对于独子虽宠爱但不过分亲昵。萨义德便是在父母亲的严格督导与悉心调教下成长，在英国殖民统治及美国势力扩张期间，就读于埃及开罗的英国学校和美国学校，因此对身为殖民地的子民有着切肤之痛的感受："殖民主义和帝国主义对我来说并非抽象，而是特殊的经验和生命的形式，具有几乎不堪忍受的具体感"（"Interview with *Diacritics*"，36）。他于 1951 年赴美就读一流中学，先后获得普林斯顿大学学士（1957）、哈佛大学硕士（1960）、哈佛大学博士（1964），博士论文探讨的对象是同样身为流亡者的波兰裔英国作家康拉德。萨义德自 1963 年起任教于纽约的哥伦比亚大学直到 2003 年去世，讲授英美文学与比较文学。

萨义德多次说过，1967 年的中东战争是他人生的转折点：之前，学术与政治分属两个截然不同的领域，他则是专注于研究与教学的学院人士；之后，他开始关注学术与政治的相关性，并接连写出所谓的中东三部曲——《东方主义》、《巴勒斯坦问题》和《采访伊斯兰》。他在后者的《绪论》中开宗明义指出："这本书是我一系列著作中的第三本，也是最后一本。在这一系列作品中，我试图处理两个阵营在现代的关系，一边是伊斯兰教、阿拉伯人与东方的世界；另一边则是西方世界：法国、英国，以及最重要的美国"（《绪论》中译，99）。他接着针对三本书的性质做了如下的描述：《东方主义》"最全面性"，探讨从 1798 年拿破仑率军入侵埃及，一直到二次世界大战后美国强权兴起，其间“各个阶段”的东、西方世界之间的关系，其“背后主题是知识与权力之间的从属关系”（《绪论》中译，99）；《巴勒斯坦问题》采取个案研究的手法，将巴勒斯坦人争取民族自决的诉求及行动与犹太复国主义及以色列之间的长期抗争，视为东、西方世界关系的具体呈现，“试图更明晰地描述潜藏于西方人看待东方观点之下的事物”（《绪论》中译，99）；至于《采访伊斯兰》的主题则“切合当前时事：西方世界——尤其是美国——对于伊斯兰世界的反应”（《绪论》中译，100），着重西方媒体对特定事件（如石油危机、伊朗革命、人质危机）的报道，并指出官（国家政策）—产（媒体报道）—学（专家意见）三者之间的共谋关系。

《采访伊斯兰》出版十六年后，1997年萨义德在初次接受笔者访问时，不但说明这三本书的意义与关联性，更把它们连接上他一贯重视的再现、东西对立、文化政治以及解放（liberation）等议题：

> 在这三本书中，我集中于再现的问题，以再现作为研究的对象与政治、经济机构的研究之间维持着多少自主的关系，而不是完全独立、不相往来。对我来说，再现的研究是重大的文化议题，而我在那三本书中所处理的就是再现的力量——以强制和知识力量的方式，决定所谓非欧洲人（non-European）的命运，因此西方描绘伊斯兰世界的方式，与犹太复国主义者把巴勒斯坦描绘、再现成空白之地的方式有关，根本不把当地人放在眼里。这也和媒体的方式有关，而这就是《采访伊斯兰》的主题：当代媒体把伊斯兰世界再现成恐怖、非理性的世界，等等。但是，我认为这三本书的作用在于它们能延伸到其他文化脉络中的再现，以及再现的意义和形塑等问题，也能与亨廷顿所说的“文明的冲突”当前这个议题相关。我认为那是一个自然发展的过程。因此，我试着做的便是谈论这些作品所具有的解放效应，也主张更仔细地分析文化，可以使我们超越“‘我们’对抗‘他们’”这种思维模式。（《知》，167-168）

对一般读者而言，《采访伊斯兰》这本书既不像萨义德其他学术著作，如《东方主义》或《文化与帝国主义》那般渊博与艰深，也不像《巴勒斯坦问题》、《最后的天空之后：巴勒斯坦众生相》、《流离失所的政治：巴勒斯坦自决的奋斗，一九六九——九九四》（*The Politics of Dispossession: The Struggle for Palestinian Self-Determination*，*1969–1994*，1994）或《和平及其不满：中东和平进程中的巴勒斯坦》（*Peace and Its Discontents: Essays on Palestine in the Middle East Peace Process*，1995）那样集中于巴勒斯坦的议题。相反地，本书是萨义德所有作品中相对平易近人的一部，探讨的是阅听大众在日常生活中于平面媒体与立体媒体所接触到的信息，以及背后的生产者与传播者。世人长期置身于这种环境下，对于相关的信息与知识习而不察，视为当然，不曾针对这类信息传播与知识生产的动机、过程、效应予以应有的反思与批判。反讽的是，西方对于伊斯兰教的形象以及运用这种形象的手法，“这两项因素之间的关联性，最终会使得它们揭露西方、美国与揭露伊斯兰教的程度不相上下，后者的具体性与趣味还略逊前者一筹”（中译，4）。换言之，在“明眼人”眼里，虽然再现者（the representer）再现了被再现者（the represented），但再现的内容与方式却揭露、再现了再现者。虽然萨义德批判的对象是美国主流媒体，但对于倚赖美国信息来源甚深的世界其他地区的媒体和学术界，此书的见解也发人深省。因此，这本书所提供的不只是对探讨案例的剖析与批评，更示范了我们在日常生活中面对信息、知识、媒体、政府、学界……时应有的警醒惕厉（vigilance）、独立思考、批判立场与具体行动。

本书的主标题“Covering Islam”明显地玩了一个文字游戏，因为“covering”一语双关，有“（正在）采访、掩饰”之意，而中文的“‘采’‘访’”一词也暗示了具有选择性，而非全盘实录——毕竟除了事件本身之外，任何相关的论述不论宣称是如何的中立、客观、超然，都必然是部分的／偏颇的（partial）。因此，“采访”势必有所遗漏、排除与“掩饰”，重点在于：“如何”（how）与“为何”（why）遗漏、排除与掩饰了

"什么"（what）？此书的副标题更明确指出了探讨的是"媒体与专家如何决定我们观看世界其他地方的方式"，表示其研究对象是西方与其他地方的对立（the West vs. the Rest）这种心态、立场及后果。因此，全书是以后设批评的立场，探究西方世界，尤其是美国，有关伊斯兰的相关报道与评论：谁在报道？报道的内容为何？报道的方式如何？为何有此报道？为谁报道？其意图何在？效应如何？诸如此类的问题。简言之，本书旨在以另类的观点，"发现"（discover）并"揭露"（uncover）西方主流媒体所"采访／报道／掩饰"的伊斯兰世界。

由此可见，萨义德的讨论主要涉及下列议题：东西二元对立（binary opposition）的见解及其缺憾；知识、权力与再现的关系；媒体的角色；官、产、学三者之间的共生／共谋；媒体于再现时如何将原本多元、异质、繁复的伊斯兰——即使伊朗在革命时期也充满了异质性——加以扁平化、同质化；诠释、知识与建构。全书的章节安排也显示了作者有意由具体的个案出发（如西方主流媒体所呈现的伊朗革命和人质危机），逐渐走向抽象的层次（知识、再现、诠释、异文化之间对话与了解的可能性……）。下文略加申论。

首先就是根深蒂固的东西二元对立的看法。其实，萨义德的名著《东方主义》便是这方面开疆辟土的经典，造成了学术界的典范转移，成为后殖民论述的奠基之作。该书最后一章（《当代的东方主义》["Orientalism Now"]）最后一节（《晚近发展面面观》["Thc Latest Phase"]），讨论的就是美国这个新兴势力及其所表现出的东方主义，相较于其他各章节，是最贴近读者生活经验的。《采访伊斯兰》在理念上承袭前书，探讨的对象是日常生活中的平面媒体与立体媒体，采取的策略是具体与抽象、实务与理论兼备，特别是把美国主流媒体透过强有力的网络所传送的伊斯兰形象当成东方主义心态（Orientalist mentality）的具体呈现。这种心态表现在学术上就是像路易斯（Bernard Lewis）之流那种"我们／他们"彼此对立的论调："'他们'注定要陷入激愤与非理性之中，而'我们'则享受自家的理性与文化优越感。我们代表一个真实的同时也是世俗化的世界，他们则在一个幼稚狂想的世界中谩骂呐喊、高谈阔论……‘我们的’世界是以色列与西方的世界，他们的是伊斯兰与其他地域。‘我们’必须抵挡他们，靠的不是政策或议题辩论，而是绝对的敌意”(《新版绪论》中译，79)。路易斯更拈出“文明的冲突”一词来描述这种现象。亨廷顿承袭这个观念，并加以发挥，以“文明的冲突”来“三分天下”：将世界上的主要文明化约为基督教文明、伊斯兰文明及儒家／儒教文明——其实，基本上是西方／非西方的二分法——彼此间存在着对立、竞争、冲突的关系。[1]

美国记者在这种二分法的心态作用下，“局限并化约”了自己的思考(中译，148)，再加上语言能力的不足（绝大多数记者不通晓中东语言），背景知识的欠缺，经常的轮调，使得他们与长驻中东的英、法资深记者相形见绌，无法掌握事件的来龙去脉、现象的错综复杂。训练的不足、制度的缺失加上预设的心态，使得美国记者只能复制既有的成见。当他们“将这种[二分法的]群体感受转化为文字”时，自然显得肤浅、偏颇，欠缺历史的纵深和多元的观照，“只会更加彰显记者的无能与含糊”(中译，148)。不幸的是，一般阅听大众的主要新闻来源正是这些美国的平面与立体媒体记者。

影响所及，美国学术和媒体所呈现的伊斯兰现象，一言以蔽之，便是浅薄化、单一化、标签化、污名化、妖魔化。在他们笔下和口中所呈现的伊斯兰世界，不是上下十数世纪、纵横数十国家地区，包含十多亿人口，涵盖多种社会、语言、传统的复杂存在，而是被视为同质化的集体。萨义德曾在一篇访谈中指出：“我主张没有纯粹而简单的伊斯兰这回事（“there’s no such thing as Islam, pure and simple”）；有许多的穆斯林和对伊斯兰的种种不同诠释——这是我的另一本书《采访伊斯兰》的主题。总是有一种倾向要把他者加以同质化，转化为单一的事物（“something monolithic”），部分是出于无知，而且是出于恐惧，因为阿

[1] 下文讨论萨义德对于“9·11”事件的回应时，会再谈到这个议题。

拉伯军队曾于十四五世纪来到欧洲”（“Edward”，238）。这种明显的过分简化、自以为是，其特色除了强烈的二分之外，还漠视了报道的对象，表现出“种族优越感或冷漠不关心或两者兼具的模式与价值”、“全然错误的信息、重复与回避细节”、“缺乏真诚独到的见解”（中译，54）。这种现象非但不利于对他者的认知，反而强化了彼此之间已经存在的藩篱，产生“一连串相当重要的后续效应”。萨义德明确指出五种效应：“首先是提供了伊斯兰教的明确形象。其次，伊斯兰教的意义与讯息被限定与刻板化。第三，创造出一种冲突的政治情势，让‘我们’（美国／西方）与‘伊斯兰教’势不两立。第四，这种简化的伊斯兰教形象对伊斯兰世界也有明确的影响。第五，媒体呈现的伊斯兰教与文化界对伊斯兰教的态度，彰显的不仅是‘伊斯兰教’，还有文化中的机制，以及信息、知识与国家政策的政治运作”（中译，54）。

当以刻板化、概括化的眼光来看待他者（如，阿拉伯人［或巴勒斯坦人］= 穆斯林 = 基本教义派 = 恐怖分子 = 威胁 = 暴力），以对立的心态来区别异己甚且采取行动（“口诛笔伐、恐吓威胁、制裁抵制、孤立隔离，甚至还要施以空袭轰炸”［《新版绪论》中译，54］），要对方百依百顺、任凭自己予取予求，根本是缘木求鱼。“只要一点点同理心”，就可以体会“穆斯林的焦虑不安”（《新版绪论》中译，63）。在惶惑惊惧的情况下，身为异己的对方或出于自保，或出于对抗，都必然采取相应的措施。如此一来，双方的歧见加深，对立加大，更坐实了原先的冲突观，而和平也就更难以实现。[1]

其次便是学术、媒体与政治，其中也涉及相当程度的学术与媒体的政治（politics of scholarship and media）。以往学术所标榜的客观、中立、超然，在后现代的思维中已遭到质疑，而在与地缘政治、经济利益密切

---

[1] 入围 2002 年奥斯卡最佳纪录片的《美丽天堂》（*Promises*），透过来自不同族裔、国家与宗教信仰，但住处仅相距 20 分钟的巴以七个小孩的联络、交往，让世人更了解巴以双方错综复杂的历史和现实处境。导演之一的古德伯格（B. Z. Goldberg）是犹太裔美国人。或许必须等到交往双方的孩子们长大后，建立起真正的了解与情谊，和平（“美丽天堂”）的契机才较可能出现。英文片名正代表了这种期盼。

相关的中东研究上，所牵扯到的利害关系更是复杂纠葛。过往的东方研究或“东方学”（这是大陆译者王宇根对 *Orientalism* 书名的中译），隐藏了其中涉及的各式各样利益因素，甚至沦为“侵略性研究”（中译，198）而不自知。这也是萨义德在《东方主义》中除了揭露由来已久的二元对立之外的另一个重点：知识与权力的关系。由这一点可以明显看出萨义德受益于福柯之处。如果说《东方主义》讨论的是西方历史上有关东方研究的不同类别的文本（如文学、历史、人类学……）中所显示的二元对立和其中涉及的知识与权力的关系，那么《采访伊斯兰》的重点可说置于官方、媒体、学术三者之间的共谋关系，其中的重点之一就是诠释、知识与权力的关系，这也是为什么最后一章（第三章）直接以“知识与权力”（“Knowledge and Power”）命名，而最后一节（第二节）又以“知识与诠释”（“Knowledge and Interpretation”）命名。

《采访伊斯兰》所采取的切入点便是一般阅听大众在日常生活中暴露其中的大众传播媒体。这也多亏经年流亡在外的巴勒斯坦裔知识分子萨义德，以其特殊的处境、切身的体会、精辟的见解、流畅的文字，深入剖析被再现者的悲哀。此处使人联想到《东方主义》扉页所引述的马克思的话：“他们不能代表／再现自己；他们必须被代表／再现。”（“They cannot represent themselves; they must be represented”）然而问题在于：若是代表／再现者不但强而有力，而且具有特定的立场、利益，或者心怀偏见、误解，甚至恶意时，被代表／再现者要如何自处及回应？双方要如何化解这种主／客甚或主／奴的关系，达到平等，甚至互惠？

萨义德“有幸”接受西方的菁英教育（中东的殖民地外国学校教育和美国常春藤大学教育），对于西方的文学和音乐都有深厚的造诣，加上个人的中东文化背景，更亲身体会到不同文化之间的混杂与融汇。就是这种特别遭遇，加上巴勒斯坦人流亡海外的“孤臣孽子”之心，使他游走／游离于不同文化之间，以流亡者自居，时时省视这种特殊的边缘位置并善加运用。[1] 此外，他也提到自己的三重身份及彼此之间的相关性："我是巴勒斯坦的阿拉伯人，也是美国人，这所赋予我的双重视角即使称不上诡异，但至少是古怪的。此外，我当然是学院人士。这些身份中没有一个是隔绝的；每一个身份都影响、作用于其他身份。……因此，我必须协调暗含于我自己生平中的各种张力和矛盾"（*Identity*，12）。因此，我们不但可以说萨义德自己就是混杂的文化的产物，而且也身体力行，促成不同文化的交融与荟萃，这些都具现于他积极引介欧陆理论和中东文学进入美国和英文世界。这更说明了为什么他对"非此即彼"、"非友即敌"、"非白即黑"的"文明冲突论"期期不以为然。

进一步说，萨义德固然在理论上借重福柯有关知识与权力的洞见（insight），却也认为后者的理论中有其不见（blindness）。他不满于福柯对已存在的权力采取屈从与接受的态度。在回应笔者的询问时，他提到："他去世后我写了一篇短文《福柯与权力的想象》（"Foucault and the Imagination of Power"），谈论到他有关权力的书中很惊人的模式：权力总是在压迫、降低抗拒。如果你想要从他的书中获得一些可能的抗拒模式的观念，根本就找不到。在我看来，他沉浸于权力的运作，而不够关切抗拒的过程，部分原因在于他的理论来自于对法国的观察。他根本不了解殖民地的变动，对世界其他地方出现的有异于他所知道的解放模式，似乎也没兴趣。"（本书第 201 页）在埃德蒙森（Mark Edmundson）询问他为什么比福柯乐观时，他提到"一个特殊的东西、一个特殊的思想风格，我想就是葛兰西的因素"（《知》，194）。综观萨义德的著作，我们发现意大利的马克思主义批评家葛兰西对他的作用主要在于有关地理、文化霸权（cultural hegemony）和有机知识分子（organic intellectual）之观念：相对于墨守成规、维持现状的传统知识分子（traditional intellectual），有机知识分子不满并挑战现存的文化霸权，致力于结合大众，开启民智，

---

[1] 他的回忆录原名为 "Out of Place"，直译便是"格格不入"。当笔者问到若是出版续集会取什么书名时，他答道："题目会类似'宾至如归却未必真正如此'（'in place without really'）"（本书第 233 页）。这些命名充分反映了他的心态。

鼓动风潮，促成社会的变革。

此外，萨义德乞灵于其他非西方的研究者与行动分子（activist），最大的影响者之一便是法属殖民地知识分子法农。他曾对比福柯与法农二人，态度上对于身为“个人的学者—研究者”（“the individual scholar-researcher”）的福柯颇有保留，而明显倾向从事“‘集体的’奋斗”（“*collective struggle*”［“In”，39］）的法农，认为他致力于为被压迫的阶级寻求解放，不止是谈论，“也更能以历史的、心理的、文化的方式来诊断压迫的本质，并提出去除压迫的方式”，而且他一直与新兴的阶级和运动站在同一阵线（“Overlapping”，53–54）。对于自己的批评志业与法农的关系，萨义德有如下的表白：“法农所称的由民族意识转化、转型为政治和社会意识（the conversion，the transformation，of national consciousness into political and social consciousness），这种情形尚未发生。那是一个未完成的计划，而我认为那也正是我工作的起点”（“Criticism”，134）。由此可见，他有意继续努力促成法农未竟之功。

由上述可知，萨义德既从福柯的知识与权力观得到灵感，复以马克思主义与后殖民论述的主张加以转化，济其不足，“又从自己特殊的背景——与其说是族裔的背景，不如说是非欧洲的背景——抽取模式”（“Criticism”，128），以顺应眼前的处境，发挥最大的效应。质言之，他借助葛兰西对文化霸权的探讨与挑战，以及法农对殖民主义的剖析与抗拒，发展出自己批判的立场、对反的论述（counter-discourse）、对立的知识（“antithetical knowledge”，此词见于第三章第一节）。他的中东三部曲就是这种立场与认知的具体展现。《采访伊斯兰》末章对于对立的知识的剖析，更是以先前两章的实例为基础，进行理论化的分析，其作用不仅在于有关伊斯兰的采访、报道与掩饰，凡是涉及知识、再现、霸权、权力结构等议题，都可能在其中获得不同程度的启发。而本书作为现身说法之作，更为将知识转化为启蒙及争取公义之利器做了强有力的示范。

在他的示范中，很重要的一点就是揭穿传统的东方研究在心态上的据地为王、夜郎自大，在方法学上的故步自封、自以为是，无视学术思潮的演进。他曾于《再论东方主义》（“Orientalism Reconsidered”）和增订版的《东方主义》的后记（《〈东方主义〉后语》[“*Orientalism*, an Afterword”]）提到，此书出版后，不同学门纷纷回应，唯一没有回应的正是此书所诘问的东方研究的领域。[1] 然而，在当今信息四处流通的时代，即使如此封闭的学术社群，也不可能完全自外于当前的思潮及与时俱进的理论与方法学。萨义德在《对立的知识》一节中指出，在东方研究的领域中出现了“三股挑战正统的力量”（年轻学者、年长学者以及作家、运动人士和知识分子）所产生的三种另类研究，不管在视野、观念和实际成果上都能摆脱以往的窠臼，提供新的可能性（中译，208—211）。以下的说法透露了他的夫子自道：“面对这样的鸿沟 [同质性的观念与实际的历史之间的鸿沟]，偶尔会有个别人物挺身而出，质问切中要害的问题，并期待合情合理的答案。”（中译，223）萨义德的中东三部曲确实提出了“切中要害的问题”，也试图提供“合情合理的答案”，再加上他个人的多重角色，为上述三种另类研究发挥了更广泛的效应，并推上世界舞台。

至于在媒体方面，以往中东是罕为人知的神秘领域，在 20 世纪六七十年代之后，由于战争与石油的因素，顿时成为世人瞩目的焦点。然而，一般人所接触到的，主要是透过美国主流媒体中介的信息，其中除了先前提到记者的先天与后天的不足之外，还涉及美国的利益。此处萨义德仰赖另一位他所佩服的美国知识分子乔姆斯基。乔姆斯基身为语言学界举足轻重的人物，却以特立独行的公民身份，多年来在一篇又一篇的论述中指证美国政府与媒体如何为了所谓的“国家利益”建立起共谋关系，借着政治运作与媒体操作来“制造共识”（manufacturing consent），这些尤其显现于美国的外交政策。乔姆斯基对此大加挞伐，严

[1] 萨义德对东方学的观察，可参阅《采访伊斯兰》第一章第一节（中译，21—35）；他对东方学专家的批评，他们“独特的无知与自满”（中译，187），尤其见于第三章第一节。

厉批判。他的方法、作为及角色给予萨义德不少启发。[1] 因此，本书剖析美国媒体，认为它们"怀有同样的中心共识。这种共识……塑造出新闻，决定什么是新闻以及它如何让它成为新闻"（中译，64）。而且，这种新闻和舆论是逐渐形成的，"依据规则、局限于框架、运用传统做法"（中译，61），然而一旦形成便很难改变，更由于不是强制性的规定，所以不易让人觉察到它的存在。萨义德直指，这种共识"不是源出于严格的法律，不是阴谋，也不是独裁。它是源出于文化，或者更适切地说：它就是文化本身"（中译，64）。因此，《采访伊斯兰》主要是对美国媒体文化的解析。

在这本特别讨论媒体的专书中，萨义德以政府、媒体与学界的共谋为对象，辅以福柯对知识与权力的洞见，加上诠释与认知的效应，针对具体的事例剖析美国媒体有关中东信息的传播，以及相关的知识生产与流通，一方面进行实证式的诠解与分析，另一方面进行理论的省思与批判的思考，相辅相成，互为表里。全书呈现了萨义德对美国的文化霸权——或者说，美国作为文化帝国主义（USA as cultural imperialism）——进行实务与理论的解析，以此作为对意识形态的批判（critique of ideology），在另一个竞逐的场域中进行启蒙与公理正义的抗争。

至于萨义德所发挥的效应如何？兹举一例说明：尽管有人把他扣上"恐怖教授"的帽子，尽管他批评美国媒体，但只要涉及伊斯兰世界和巴勒斯坦的议题，美国媒体往往会找萨义德评论。[2] 这一方面固然是因为他杰出学者的身份，另一方面则是因为他曾积极介入巴勒斯坦的民族自决运动，担任过巴解领袖阿拉法特的智囊（后来因理念不合而割袍断义）。他也一再竭尽自己所能，用政治参与、撰写政论的"直接的政治"（direct

---

[1] 在萨义德眼中，乔姆斯基是美国硕果仅存的知识分子。他曾对比乔姆斯基和福柯，认为乔姆斯基的立场更持久、坚定、可敬（"Literary"，77）。

[2] 《采访伊斯兰·新版绪论》中提到，1995 年美国俄克拉荷马市爆炸案发生时，媒体猜测是穆斯林发动攻击，萨义德一个下午就接到 25 通来自媒体的电话（《新版绪论》中译，54）。另一位后殖民论述大师巴巴（Homi Bhabha）在接受廖炳惠访问时，对于萨义德也有如下的说法："他曾为巴勒斯坦的权益力争，却遭到诋毁……他在美国已变得非常不受欢迎；然而，他有影响力却是另外一回事"（廖，199）。

politics)，以及著书立说、启迪观念的“迂缓的政治”(slow politics)，直接、间接地发挥影响力。[1]经过众人多年的努力，在新千禧年的另一轮巴以冲突中，我们可以看到媒体，尤其是欧洲的媒体，不再完全偏袒以色列，多少摆脱了以往对于巴勒斯坦人的刻板印象（不是石油大亨、戴头巾的恐怖分子，就是哀戚的难民），逐渐能以较公允的态度来呈现巴以双方的观点。

值得一提的是，《采访伊斯兰》副标题中的“我们”，原先主要是指美国的阅听大众，但由于美国的强势文化及媒体，使得此处的“我们”扩及全球所有仰赖美国主流媒体的阅听人——连焦点所在的中东人士也透过美国媒体，以了解它们如何呈现自己的国家，甚至藉此了解自己国家的情况。萨义德对于人质危机的解读，多少展现了这一点。因此，萨义德对于美国媒体的省思和美国文化霸权的批判，可以提供不少反省之处：在媒体传播上强势者与弱势者的关系；这种关系如何决定了我们观看世界和省视自己的方式；在我们的领域中，是否同样复制、上演着类似的权力、知识、媒体的共谋现象？萨义德提供了何种的反省与角色？诸如此类的问题。

此处，萨义德对知识分子的观察与期许扮演了相当重要的角色。在《知识分子论》中，萨义德以流亡者的边缘位置来描述他心目中的知识分子：反对与当权者挂钩，保持一己的独立性与批判性，对权势说真话。至于面对异文化之间的遭逢时，知识分子的抉择是：“要让知性为权力服务，抑或为批评、社会、对话与道德感服务。这个抉择必须是今日诠释行为的当务之急，而且必须能引导出决定，而非拖延观望”(中译，226)。在这层意义上，积极介入学术和政治的萨义德，的确发挥了葛兰西笔下有机的知识分子的角色。他有关知识分子的见解在福柯和法国社会学家布迪厄（Pierre Bourdieu）的著作中也找得到相似的论调。布迪厄在《抗拒的行动》(*Acts of Resistance*) 中提到知识分子的几项特征：

---

[1] 有关“直接的政治”与“迂缓的政治”的说法，参阅本书《知识分子论：萨义德访谈录》，第204页。

"不屈从于权势，批判既有的成见，摧毁简化的是／非的思维方式，尊重问题的复杂性"(92)。福柯的遗作《直言无讳》(又译《福柯说真话》，*Fearless Speech* [*Parrhesia*]) 从西方哲学传统的脉络出发，探讨西方文化中的批判精神，主张这种直言无讳的信念及行为便是：以坦率来取代文过饰非，以真实来取代虚伪，以冒险来取代安全，以批评（含自我批评）来取代表面的和谐团结，以责任来取代逃避（11—20)。这些有关知识分子的见解，完全适用于描述萨义德的观念与作为，也值得我们三思，并且置于当前的脉络中，探寻各种实践的可能性。

前已提及，身为流亡者、边缘人的萨义德是混杂的文化的产物，致力于打破二元对立的思维模式，并试图矫正其后果。中东三部曲正是这种理念下的结果。虽然有些人指称萨义德的《东方主义》形塑或强化了东西对立的现象，但萨义德在不同的场合中，尤其是《东方主义》增订版的《后语》，一再强调自己所要挑战的正是这种对于东西对立的本质化的思维模式，而主张东西其实是建构出来的。这种见地与他出入于东西文化之间的经验关系密切："……我游走在东、西帝国分野之间，我进入了西方的生活，但也一直与原先所来的地方保持着一些有机的联结……这样的经历是一种超越障碍的过程，而不是构成障碍；我相信《东方主义》这本书可以展现这一点，特别是当我言及人文研究就是一种理想性的追求，一种超越思想的压制性钳制，并且努力朝向以达成非支配性、非本质主义式的学习类型"(*Orientalism*，336–337；中译，504)。深切体验到文化交融之重要性的萨义德，对了解异文化的可能性及条件的相关看法弥足珍贵。

讨论过学界与媒体有关伊朗和伊斯兰的呈现后，萨义德特别指出它们的意义不止在于成为当前国际政治的一环，更在于"涉及其他文化知识的学术追求与诠释行为"(中译，176)。因此，他在末章劈头便问了一个重要的问题："一个文化的成员是否能够真正获取关于其他文化的知识？"(中译，181) 就美国而言，由于官方—产业—学界形成了宰制集团，造成"全面的边缘化、全面的知识不连贯性（与学术团体的共识相反）、大部分——但绝不是全部——关于伊斯兰教作品的全面性诠释破产”（中译，201）。面对如此险恶的情势，萨义德在指出缺憾的同时，也为异文化之间的认识提出了两项条件，希望能促成相互的了解，甚至尊重。其中之一就是呼吁强势的一方能够摆脱从殖民主义框架下所认知的伊斯兰，以平等、同理心、非强制性的方式来认知所研究的对象（中译，215）。就萨义德一贯的立场而言，这种为弱者声援、呼吁的主张是可以理解的。然而，笔者要进一步指出的是，异文化之间的沟通与了解，强势者固然要多负些责任，然而在权力天平另一端的弱势者也得致力于寻求自己在其他方面（如文化、历史、道德诉求……）可能具有的特点及优势，以不卑不亢的态度与对方沟通，进行了解——不论这种了解“只是”为了知识之用，还是为了“百战不殆”所需的“知己知彼”（此处所谓的“战”涵盖了不同形式的竞争与奋斗——包括克服彼此之间沟通与了解的障碍）。萨义德本人身体力行这种方式，深知西方文化价值的他曾多次呼吁巴勒斯坦人以普世的价值观（如争取自由、平等、民主、自决、返乡权）来向西方世界诉求。

萨义德指出的第二项条件则较具知识论、方法论上的意义：有关人文及社会的知识，其实都是诠释的产物；诠释并非凭空而生，而是来自特定的时空及历史情境中的人；任何了解与诠释都必须以世俗化、历史化、脉络化的方式来进行（中译，215—216）。他进一步指出，这些都涉及文本的阅读与诠释，而任何的读者与诠释者必然早已处于特定的时空位置，具有特定的利益和形形色色的认属关系（affiliation），没有所谓的客观、中立、超然之说。尽管如此，或者该说，就是因为如此，任何读者与诠释者更该警觉到个人可能具有的囿限与偏见，努力尝试突破自己的情境和产生文本的情境这两者可能造成的障碍。萨义德特地引述诠释学大师伽达默尔（Hans-Georg Gadamer）的见解，并主张这种努力的结果可能产生新的、非强制性的知识（中译，216—218）。

在讨论诠释、了解与知识时，萨义德提到了文学训练的作用，这正是身为文学批评家的他之所长。《绪论》中提到：“任何人在谈论‘伊斯兰教'时，都必须谨记连初涉文学领域的学子都知道的原则：在写作或阅读关于人类实体的文本时，涉及的因素之多，绝非'客观'之类的标签所能涵盖（或保护）"（《绪论》中译，110）。这些原则所提倡与教导的批判性的阅读技巧（"运用高明读者批判性的技巧来厘清合理与不合理、质问适切的问题并要求切题的答案"[《绪论》中译，111]），不仅适用于文学文本，也可转用于其他性质的文本，并由此开展出"人文知识"（《绪论》中译，111）。遗憾的是，以往的中东研究大都集中于伊斯兰法律与以色列—阿拉伯的冲突，而忽略了文学领域（中译，204），并且对于文本的诠释欠缺理论性的省思。萨义德的文学训练正可弥补这方面的缺憾。他在访谈中提到，在《巴勒斯坦问题》和《采访伊斯兰》这两本书里，"运用了一些文学文本、文学技巧和诠释的事物，这些教给我许多有关观念的传递、形成和建制化的方式"（"Literary"，76）。证诸他个人的行为，除了精研英美经典小说之外，也为西方世界引介了许多阿拉伯世界的文学杰作，包括 1988 年诺贝尔文学奖得主马哈福兹（Naguib Mahfouz），[1] 更在文学与文化批评及理论的建树上发挥了很大的作用。换言之，不管是文学本身的感人效应或者文学研究的理论、方法论的启发，都让人以兼具感性和知性的方式"激发对遥远、异国但依然属于人性的事物的觉察"（中译，217），更了解异己——以及自己。

与此相对的则是依然以二元对立的心态，面对世界其他地方，无视于历史与现实的复杂性，以刻板印象的方式来勾勒他者，据以形成政策或对策，并采取具体的行动展现出"武断自信"、"自欺欺人"（《绪论》中译，117）。书中特地以驻德黑兰的美国代办兰根（Bruce Laingen）发给当时的国务卿万斯（Cyrus Vance）的一封机密电报为例，说明这种对

[1] 在这方面，虽然萨义德自言相当保守，但对于文学经典和新作则采兼容并蓄的态度："我认为这种情况不是'非此即彼'（"either/or"），而是'既此且彼'（"and/and"）"（本书第 203 页）。他对文化也抱持相同的看法。此外，他对历史的复杂性也有充分的认知，主张"历史不能如此'以二分法的方式'简化，而且历史会在一块又一块疆域之间相互渗透，跨越原本会将我们分裂为敌对阵营的边界"（"Clash"，12）。相同的论点详见《文化与帝国主义》第一章《重叠的疆域，交织的历史》（"Overlapping Territories，Intertwined Histories"）。

立心态的严重后果，并语重心长地发出如下的警语："如果兰根的电报仍然不足以证明这种误现最好永远扬弃，那么将来美国人势必会陷入更多的国际纷争，而且，美国人的无辜会再度受到有百害而无一利的侵犯"（《绪论》中译，125）。

这段警语写于1981年2月9日，半个多月前（1月20日）52名美国人质在历经了444天的扣押之后终于获释，新上任的里根政府与全国民众欢迎人质历劫归来。当时《采访伊斯兰》的《绪论》已经写出（撰于1980年10月，全书内文完成之后），这段文字是添加于《绪论》之后的《附笔》（"Postscript"），同年该书就出版了。在近似举国欢腾的情境下，萨义德依然扮演着边缘者、异议分子的角色，一再指陈东西二元对立的心态之缺憾及严重后果，底下苦口婆心的诤言，是本书初版时最后写下的文字："作为支持者的战斗口号，'伊斯兰教'与'西方'（或'美国'）[这种二分法]提供的煽动远多于洞察……会将分析转化成简单的二元对立，将经验转化成狂想。与冲突和过度简化的敌意相较，对人类经验具体细微处的尊重、从同情看待'他者'而产生的理解、凭借道德与知性诚实获得并传播的知识，应该是较好甚至较容易达成的目标。而且在这样的过程中，如果我们能清除残余的敌意，清除'穆斯林'、'波斯人'、'突厥人'、'阿拉伯人'或'西方人'之类恶意概括的标签，那么事情将会变得更为美好"（《绪论》中译，126）。这段文字写于1981年，在二十年后2001年的"9·11"事件之后读来，一方面让我们体认到萨义德对于西方与伊斯兰之关系，或者扩而言之，自我与他者/异己之关系的看法，确有先见之明，另一方面证诸世局的演变，却令人不由得不感慨于历史的讽刺：人们无法从历史中汲取教训，以致悲剧重演，甚至处境每况愈下。

“9 · 11”之后：萨义德论“9 · 11”事件[1]

2001 年 8 月下旬笔者第三度与萨义德访谈，当时巴以冲突不断升级，以色列连日派兵进入巴勒斯坦人居住区，双方迭有伤亡。他对中东局势的忧心溢于言表，明白表示巴以双方的关系糟透了，而他对和平的前景极为悲观。他还说到，对于没有国家、流离失所的巴勒斯坦人而言，对抗武器精良、长期受到美国大力支持的以色列，是多么的不利、无力与无奈。

半个月之后爆发了“9 · 11”事件，纽约的世贸中心双塔毁于一旦，数千人丧生，对于大半生定居纽约的萨义德，震撼当然很大。事件发生后，新闻媒体拍摄到巴勒斯坦人和若干伊斯兰国家人民在大庭广众下欢欣鼓舞的画面，使得这位长期以来公认是巴勒斯坦人在美国，甚至在西方世界的代言人之处境更加艰难。在爱国呼声响彻云霄之际，美国主流媒体纷纷输诚，几乎听不到另类的声音。桑塔格（Susan Sontag）的文章出现于德国的《法兰克福汇报》（*Frankfurter Allgemeine Zeitung*），萨义德有关此事件的第一篇文章刊登于英国的《观察家》（*The Observer*），另有一些文章则在网络流传，其中包括著名的学者和知识分子的文章。这些文章一面谴责这次恐怖事件，但也从更宏观的角度对美国提出诤言。

一向批评美国外交政策和大众媒体不遗余力的乔姆斯基，撰文指出美国多年来在拉丁美洲、中东、东南亚等地的诸多不当行径，完全符合美国自己所定义的“国家恐怖主义”（state terrorism），而大财团所拥有的媒体则与政府沆瀣一气。他在文章中指出，如同以往，这次恐怖事件中的主要受害者都是平民。他担心死硬的右派会趁机强力打击其所认定的对手，引发更多类似或更惨烈的攻击。在他看来，眼前的选择在于：美国是否有心了解造成这些罪行的原因，努力进入可能的加害者的心灵，

---

[1] 本节部分节录、改写自笔者《“西方 / 伊斯兰”对立及其不满——萨依德论九一一惊爆事件》，收入《边缘与中心》（台北：立绪，2007），第 82—89 页。

避免类似悲剧在世界各地再度发生。[1]

以研究世界体系（World-System）闻名的社会学家华勒斯坦（Immanuel Wallerstein）在《2001 年 9 月 11 日——为什么？》（“September 11，2001—Why?”）一文中指出，战争无法说服，只是逼迫对方改变行为。而且，此中情况混淆多变，并非单纯的“文明对抗野蛮……至少我们必须知道的是：各方都认为自己是文明的，对方是野蛮的”。他认为，“这是不同的世界愿景之间的斗争”（“a struggle between different visions of the world . . . ”）。华勒斯坦在结论时提出警告：对居住在地球上的人类而言，在未来的漫长斗争中，2001 年 9 月 11 日相形之下只会是一段“小插曲”。后来美国在阿富汗进行的军事行动，果然证实了他的预言。

拉康心理分析学派文化批评家齐泽克（Slavoj Žižek）以《欢迎来到真实的沙漠！》（“Welcome to the Desert of the Real!”）为文，指出经过这次事件，证明美国是安全的港口此一想法是虚幻的。来自纷扰不安的斯洛文尼亚的齐泽克认为，“过去五个世纪以来‘文明的’西方，其相对的繁荣与和平，来自于把暴力和毁灭输出到‘野蛮的’外地”，而“9 · 11”事件则是美国本土首次体验到世界上许多地方天天发生的事。至于对应的态度则有两种：一种是无法接受这种事竟然会在美国此地发生；另一种便是接受这个事实，进入“真实的”世界。他在结论时语重心长地指出，“9 · 11”事件的“真正教训”在于：“要确保此事不再在‘此地’发生，唯一之道就是避免它在‘任何其他地方’进行。”换言之，当今世上已没有任何国家或地区可以自外于其他国家或地区，彼此唇齿相依、休戚与共。

以上的知名学者大抵从个人的学思脉络出发，萨义德也不例外。《伊斯兰和西方的旗帜不足以概括》（“Islam and the West Are Inadequate Banners”）刊登于 2001 年 9 月 16 日的英国《观察家》，代表了萨义德对于

[1] 有关乔姆斯基的看法，可参阅《论轰炸》（“On the Bombings”）一文及后来出版的专书《9—11》（此书有丁连财之中译）。

“9·11”事件的立即反应，而巴勒斯坦的背景使他对此事件的见解更具分量——毕竟许多人（包括主谋本·拉登在内）提到此事件的主要原因之一，就是伊斯兰世界深深不满于美国在巴以关系中长期偏袒以色列。[1]

萨义德的文章重申他多年来在学术论述、政治评论以及访谈中反复强调的要点，我们考虑他的学思脉络以及数十年的“纽约人”身份，当更能体会其中的深意。文中提到纽约市民对此一事件的惊愕、恐惧、愤怒、震撼、悲伤、哀恸，正是他自己的心情写照。在当时人人皆曰“对抗恐怖主义的战争”中，却无人谈及“恐怖主义在哪里？要选择哪一条战线？具体目标为何？”（236）取而代之的是模糊的二分法：“我们”（美国）对抗“他们”（中东和伊斯兰）。这是萨义德多年来质疑、挑战的二元对立的思维方式：西方／东方，我们／他们，文明／野蛮，成熟／幼稚，先进／落后……在“9·11”事件后的一般反应，再次展现了这种粗糙的、本质化的对立模式，所透露出的则是罔顾历史，忽略现实，未能认知事情的复杂性。因为“所有的传统、宗教或民族”都有其复杂性，伊斯兰与美国都具有诸多不同的面貌，不可能以单一的方式概括。这些都是他在《采访伊斯兰》中早已再三申论的。

其实，我们从世界各地对此事件的反应，正可看出其中的复杂及吊诡之处。伊斯兰世界的许多国家都表示反对恐怖主义，但对于美国可能采取的军事行动及后果，却抱持着极为戒慎的态度，因为稍一不小心便会沦为以牙还牙、以暴易暴。伊斯兰的基本教义派则有意把这场战争导向保卫伊斯兰的“圣战”，以反美为主要诉求。美国官方的态度显得摇摆不定：一方面陷入二元对立的思维，采取“非友即敌”的态度，要世界各国选边，准备从事一场“文明对抗野蛮”的战争，甚至一度用上具有强烈宗教色彩的“十字军东征”、“无限正义”（Infinite Justice）[2] 等字眼；

---

[1] 本文中译纳入《遮蔽的伊斯兰》之附录《九一一事件响应 1》，第 235—239 页，唯标题改为“复仇：无法消灭恐怖主义”。

[2] 此一军事行动代号，俨然自认是真理、正义的化身，僭越了伊斯兰教义中只有真主才拥有的权威，充分显示出对于异文化的迟钝，后来察觉不妥，改名为“恒久自由”（Enduring Freedom）。

另一方面在国际上与伊斯兰国家积极磋商，在国内与伊斯兰宗教领袖表现出团结合作的态度，极力避免造成宗教、族裔的对立。而美国的欧洲盟邦固然支持反恐行动，但对于用武的时机、范围则甚表审慎。其他各国也呼吁美国小心行事，切莫伤及更多无辜。

这次事件提供了绝佳的机会来检验萨义德和亨廷顿的见解。萨义德反本质论（anti-essentialism）、反对“对立的象征”（Manichaean symbols）的看法，正好与亨廷顿的看法相反。萨义德在 2001 年 10 月 22 日发表于美国《国家》周刊的《无知的冲突》（“The Clash of Ignorance”）一文中，指名道姓批判亨廷顿的“文明冲突论”。[1] 1993 年夏天亨廷顿在《外交事务》（*Foreign Affairs*）这份国际著名的期刊上发表这种论调时，后面有个问号，多少还表示存疑，但后来出书时，问号不见了，表示他是肯定文明冲突的存在。至于其中的简化与误现，可由那本书的封面看出：以十字架代表西方基督教文明，星月代表伊斯兰教文明，太极图代表儒家／儒教文明。亨廷顿的基本信念是：不同的文明之间不仅存在着差异，而且这些差异会造成彼此的对立、竞争与冲突。既然是以对立与冲突的心态来看待文明之间的关系，自然也就忽视了彼此之间的互动互补、相辅相成。而出身中东，并习得西方文化与艺术精髓的萨义德，则力主以混杂的、融通的方式来看待不同的文化。身为“前冷战战士”（中译，52)、“意识形态空想家”（“ideologist” [“Clash”, 12]）的亨廷顿，既然以这种很本质化、对立的方式来看待文明之间的关系，当然就要确保“我们”的利益，极力主张维系“美国”在国际政治中的既得利益和领先地位，不容其他国家或势力挑战、染指或僭越。在这种心态及世界观之下，“冲突进一步在‘我们’与‘他们’之间划分出讨论范围，使真正的讨论、分析与交流如同缘木求鱼。……战争似乎是再顺理成章不过的结果，亨廷顿宿命论式的文明冲突论因此特具吸引力”（中译，93—94)。

站在西方（主要是美国）立场的亨廷顿，一切以国家利益为优先考

[1] 本文中译纳入《遮蔽的伊斯兰》之附录《九一一事件响应 2》，第 240—249 页。

虑。这种冲突观可证诸这次事件中双方的激进派所采取的手段，然而更是有识之士（包括小布什总统在较平和、理性的时刻）所试图避免的，否则教宗约翰·保罗二世不会在“9·11”后的第一时间走访伊斯兰国家，小布什总统不会与多位伊斯兰的政治及宗教领袖会面，美国著名的历史学家史勒辛格（Arthur M. Schlesinger, Jr.）不会批评文明冲突论的谬误。[1] 因此，亨廷顿“三分天下”之见的极端化约、对立是显而易见的，作为提醒留意文化之间的歧异、歧见或许有其作用，但在面对实际问题时，却很可能因为强调甚至强化彼此之间的歧异、对立、竞争、冲突，而使得情况更趋恶化。[2]

在这两篇文章中，萨义德重申中东三部曲里一再申论的见解，主张任何的标签化、概括化、“抽象的宗教与政治理念以及过度简化的迷思”（中译，238）都背离了历史与理性，而这些误现若与恐惧或仇恨结合，更会产生不良后果。在他看来，值此关键时刻，更不能逞一时之快或一时之愤／恨，因为盲目的爱国主义而失去理智的判断，反而更须以批判的态度、知识的责任（intellectual responsibility）、世俗的意识（secular consciousness）加以省思，并采取适当的作为。这些又涉及萨义德在许多著作中屡屡关注的知识分子的角色、特立独行的重要、对权势说真话、非宗教性的思维模式。萨义德语重心长地指出，“任何信念、神明与抽象理念都不能为滥杀无辜辩护。尤其是当一小撮人主导此类行动，他们自认代表某种信念，其实根本不然”（中译，238）。这种说法既适用于中东，也适用于美国；既适用于伊斯兰教的基本教义派，也适用于犹太教、基督教以及任何基本教义派。

在萨义德看来，美国欠缺的是“理性了解情势”，未能认清美国在世

---

[1] 值得玩味的是，史勒辛格在 1991 年出版的《美国的解体：多元文化社会的反思》（*The Disuniting of America: Reflections on a Multicultural Society*）一书中，担忧美国境内多元文化的发展会影响对西方文明的认知及对美国的认同，此刻却抨击明显二元对立的文明冲突论。此书有马晓宏的中译，但译名《美国的分裂：种族冲突的危机》（台北：正中书局，1994 年）有夸张之嫌。

[2] 尤其在“9·11”事件之后，这种二分法的“陈腐标帜……误导并迷惑人心，而人心正力图从混乱的现实中理清头绪，避免轻率的归纳与论断”（“Clash”，12；中译，242）。

界所扮演的角色，尤其是多年来的外交政策，以致“对于伊斯兰与阿拉伯世界的大多数人来说，美国官方与傲慢强权是同义词，这个强权假仁假义，不仅大力支持以色列，而且也是许多压迫人民的阿拉伯政权的帮凶”，却不愿与“真正受苦受难的人民”对话——这些人民包括了巴勒斯坦人和阿拉伯威权体制（许多是美国盟邦）统治下的人民。因此，伊斯兰和阿拉伯世界的反美其来有自。而巴勒斯坦人的自杀式炸弹袭击和以色列的强烈攻击，使世人对巴以的和解与中东的和平更觉得希望渺茫。

冰冻三尺实非一日之寒，此时所需要的正是萨义德在“9·11”事件之后再次强力呼吁的：充分的历史意识（认知“不义与压迫相依相成的历史”[interdependent histories of injustice and oppression]），远大的胸襟与愿景（寻求“共同的解放与彼此的启蒙”[common emancipation and mutual enlightenment]），重新省思“西方”与“伊斯兰”这一类标签及旗帜之不足，摒除妖魔化对方（demonization of the Other）的手段……这些见解不但在《东方主义》及《采访伊斯兰》中早有精辟的发挥，在国际现势中更具有迫在眉睫的重大意义：避免“宗教或道德的基本教义派……杀人与被杀的意愿”。而这一切都须“耐心与教育”。

总之，巴勒斯坦裔美国公共知识分子萨义德，在面对发生于自己定居数十载的纽约这桩美国历史上的空前惨剧时，再度以流亡者的双重视野指出“西方／伊斯兰”二元对立思维的危险，主张以世俗与批判的意识来面对宗教的狂热和宗教式的使命感，以历史化的眼光来理解当前的事件，反对本质化、抽象化、概括化、对立化、妖魔化。至于此次不幸事件能否促成重新省思人类处境的重大契机，从中汲取教训，以免沦入愈演愈烈、永无止境的对立与冲突，则有待观察。

虽然在台湾的弱势论述与后殖民论述的研究者几乎没有不受萨义德的影响，但台湾对萨义德的引介却为时甚晚，有很长一段时间“只闻楼梯响，不见人下来”，一直到1997年底才有第一本专书《知识分子论》的中译出版，其后《东方主义》(1999年9月)、《乡关何处》(2000年10月)、《文化与帝国主义》(2001年1月）等相继问世，接连获得各大书奖，销售也迭创佳绩，可谓“叫好又叫座”。[1] 因此，《采访伊斯兰》一书中译的出版，至少有几层意义：使中文读者有机会进一步了解萨义德的中东三部曲；因为内容是有关新闻媒体，可以让读者省思日常生活中暴露其中的情况及因应之道；由于他的深入分析，使我们更留意官方、媒体、学术三者之间的关系；因为讨论的内容是国人甚为陌生的伊斯兰，可以提供我们有别于透过媒体（主要是美国媒体）传送的伊斯兰形象或刻板印象；尤其在“9·11”事件和随后激烈的巴以冲突以及媒体的报道，此书适时地提供了另类的看法。

至于《采访伊斯兰》中译的特色至少有二：一在于译者，一在于附录。译者阎纪宇本身为报社外电编译，对于新闻的生产、传送、迻译、再传递，当比一般读者具有更深切的体会。其次，“9·11”事件发生时，刊登于中文报章的两篇萨义德文章都出自他的译笔，可谓追随了事件的进展，并参与了相关新闻及评论的传播。两篇附录的文章虽然距离原书初版有二十年之久，然而不仅呈现萨义德一贯的主张，更由于晚近的时事发展及新闻报道，印证了他的先见之明（悲观地说，世界近二十年来在观念及作为上没有明显的长进）。因此，当出版社要附录该二文时，笔者很乐于代为接洽萨义德，萨义德回复的电子邮件很简短：“当然你们能刊登这两篇文章。当前的确是我们悲惨的时刻 [指的是巴勒斯坦人在以色列挥军入侵下的处境]”。可惜的是，对于后来我邀请他为中文版略撰数语没有回应。

此书中译问世虽然比原书初版晚了 21 年，但藉由萨义德对于惊骇世人的“9·11”事件的评论，让人更深切体会他的见解之历久弥新，并希望藉由中译的出版，进一步“揭露”新闻“采访”中的“报道／掩饰”。

---

[1] 参阅本书附录四《萨义德专书中译一览表》“备注”栏。在台湾的出版界，不管就创作或翻译而言，单一作者如此密集得奖的情况甚为罕见。

引用书目

埃德蒙森（Mark Edmundson）：《扩展人文主义：萨义德访谈录》，《知识分子论》，单德兴编译，台北：麦田，1997，第185—212页。

乔姆斯基（Noam Chomsky）：《9—11》，丁连财译，台北：大块文化，2001。

廖炳惠：《后殖民批评与知识分子：访谈巴巴》，林志玮译，《中外文学》30.12（2002年5月）：196—207。

萨义德：《知识分子论》，单德兴编译，台北：麦田，1997。

——《东方主义》，王志弘等译，台北：立绪，1999。

——《东方学》，王宇根译，北京：三联书店，1999。

——《乡关何处：萨依德回忆录》，彭淮栋译，台北：立绪，2000。

——《遮蔽的伊斯兰：西方媒体眼中的穆斯林世界》，阎纪宇译，台北：立绪文化，2002。

Alexander, Edward. “Professor of Terror.” *Commentary* 88.2 (1989): 49–50.

Bourdieu, Pierre. *Acts of Resistance: Against the Tyranny of the Market*. Trans. Richard Nice. New York: New Press, 1998.

Chomsky, Noam. “On the Bombings.” 25 Sept. 2001 <http://www.zmag.org/chomnote.htm>.

Foucault, Michel. *Fearless Speech*. Ed. Joseph Pearson. Los Angeles: Semiotext(e), 2001.

Goldberg, B. Z., Justine Shapiro, and Carlos Bolado, dirs. *Promises*. Cowboy Booking International, 2002.

Said, Edward W. *After the Last Sky: Palestinian Lives*. 1986. Text by Edward W. Said. Photographs by Jean Mohr. New York: Vintage, 1993.

——. “The Clash of Ignorance.” *The Nation* 22 Oct. 2001: 11–13.

——. *Covering Islam: How the Media and the Experts Determine How We See the Rest of the World*. 1981. Rev. ed. New York: Vintage, 1997.

——. "Criticism and the Art of Politics." Interview with Jennifer Wicke and Michael Sprinker. *Power, Politics, and Culture: Interviews with Edward W. Said*. Ed. and intro. Gauri Viswanathan. New York: Pantheon, 2001. 118–163.

——. *Culture and Imperialism*. New York: Knopf, 1993.

——. "Edward Said: Between Two Cultures." Interview with Eleanor Wachtel. *Power, Politics, and Culture: Interviews with Edward W. Said*. Ed. and intro. Gauri Viswanathan. New York: Pantheon, 2001. 233–247.

——. E-mail to the author. 23 Apr. 2002.

——. "Expanding Humanism: An Interview by Mark Edmundson with Edward Said." *Wild Orchids and Trotsky: Messages from American Universities*. Ed. Mark Edmundson. New York: Penguin, 1993. 103–123.

——. *Identity, Authority and Freedom: The Potentate and the Traveller*. Cape Town: U of Cape Town, 1991. Also in *boundary* 2 21.3 (1994): 1–18.

——. "In the Shadow of the West." Interview with Jonathan Crary and Phil Mariani. *Power, Politics, and Culture: Interviews with Edward W. Said*. Ed. and intro. Gauri Viswanathan. New York: Pantheon, 2001. 39–52.

——. "Interview with *Diacritics*." *Diacritics* 6.3 (1976): 30–47.

——. "Islam and the West Are Inadequate Banners." *The Observer*. 16 Sept. 2001 <http://www.guardian.co.uk/world/2001/sep/16/september11.terrorism3>.

——. "Literary Theory at the Crossroads of Public Life." Interview with Imre Salusinszky. *Power, Politics, and Culture: Interviews with Edward W. Said*. Ed. and intro. Gauri Viswanathan. New York: Pantheon, 2001. 69–93.

——. "The Mind of Winter: Reflections on Life in Exile." *Harper's Magazine* 269 (Sept. 1984): 49–55.

——. *Orientalism: Western Conceptions of the Orient*. 1978. New York:

Vintage, 1979.

——. *Out of Place: A Memoir*. New York: Knopf, 1999.

——. "Overlapping Territories: The World, the Text, and the Critic." Interview with Gary Hentzi and Anne McClintock. *Power, Politics, and Culture: Interviews with Edward W. Said*. Ed. and intro. Gauri Viswanathan. New York: Pantheon, 2001. 53–68.

——. *The Politics of Dispossession: The Struggle for Palestinian Self-Determination, 1969–1994*. New York: Pantheon, 1994.

——. *Power, Politics, and Culture: Interviews with Edward W. Said*. Ed. and intro. Gauri Viswanathan. New York: Pantheon, 2001.

——. *The Question of Palestine*. 1979. New York: Vintage, 1992.

——. *Representations of the Intellectual: The 1993 Reith Lectures*. New York: Pantheon, 1994.

——. *The World, the Text, and the Critic*. Cambridge, Mass.: Harvard UP, 1983.

Schlesinger, M. Arthur, Jr. *The Disuniting of America: Reflections on a Multicultural Society*. 1991. Rev. and enl. ed. New York: Norton, 1998.

Wallerstein, Immanuel. "September 11, 2001—Why?" 25 Sept. 2001 <http://fbc.binghamton.edu/72en.htm>.

Žižek, Slavoj. "Welcome to the Desert of the Real!" 25 Sept. 2001 <http://www.nettime.org/nettime.w3archive/200109/msg00146.html>.

对话·交流·反思：《权力、政治与文化》导读

……毕竟这些是对话，不是论文，而对话最好的性质就是让所有相关的人都神往，有时甚至也使说话的人惊讶。

——萨义德,《并行与吊诡》xvii

我经常发现访谈中有趣的便是，我学习到以往从未思考过的事情。举例来说，在你的访谈中所问的一些问题……刺激我去思考以往没有思考过的观念，促使我去发表意见并学习，对于这一点我很感激。……像你这样具有挑战性的、知性的访谈，对我而言是个学习的经验，让我厘清自己的一些观念，并发展一些新观念。

1997 年 8 月 18 日萨义德接受单德兴访问

一、访谈：学问之余

在萨义德等身的著作中，《权力、政治与文化：萨依德访谈集》具有独特的地位。首先，本书从萨义德自 1976 至 2000 年之间数以百计的访谈与讨论中精选出 29 篇，是有关他个人的学术与政治等面向最周全的呈现，而访谈的形式本身也是最大的特点。萨义德的著述旁征博引，结构清晰，文字严谨，由于不卖弄术语——其实他最厌恶术语、行话（shop talk）、“夹棍”（jargon）了——在学术著述中算是相对容易理解的，但读者依然需要相当的沉潜心境与背景知识，方能领略。至于《东方主义》和《文化与

帝国主义》这类巨著，不但卷帙浩繁，而且内容宽广，实非一般读者所能掌握（有电台主持人在以电话访问我时，就坦承即使阅读《东方主义》的中译本，依然有如雾里看花）。其实，写作时主要是在铺陈论点，而且字斟句酌。相对地，接受访谈时，在访问者的询问、诘问甚至盘问下，必须当下回应，结果往往能直指要义，虽然推理上未必那么细腻，衔接上可能较为跳跃，但“精髓”或“骨干”俱在，反而更容易让读者掌握精要。许多知名学者都出版访谈录，原因即在于此。

其次，阅读文章，尤其是理论文章，必须正襟危坐，凝思静虑，常有仰之弥高、钻之弥坚的距离感，甚至挫折感。阅读访谈则有如促膝谈心，对坐倾谈，觉得亲临现场，即使艰深的观点也透过较为口语化的方式表达出来，更明白易解，而访问者也有追问的机会，让受访者可以实时说明与澄清。至于对话中若有涉及家世背景、学界轶事、政坛秘辛、月旦人物的部分，则更是一般文章中所罕见，让人在亲闻謦欬之时益发感受到受访者人性的一面。

访问者通常较一般读者来得专精、细密、深入，成为受访者与读者之间的沟通者与代言人。对一般读者而言，访问者是更为专精的读者，既然有此良机或“特权”当面叩问，势必竭尽所能，提出自己的关怀、疑问，或他心目中读者可能会有的问题。不管是为自己或他人而问，都希望能一探究竟，化解疑团。现场的情境更方便他实时追问。这种一问一答的临即感（immediacy），是阅读时所没有的“奢侈”。对受访者而言，访问者是有备而来的问津者，时而就教，时而问难。访问者针对受访者的回答，有时顺水推舟，让受访者畅所欲言，一吐为快；有时逆流奋行，直探本源；有时不避批其逆鳞，以期探骊得珠，甚至引领受访者进入以往未曾思索的面向。因此，就相当程度而言，访问者有如“提词者”（prompter），不仅提供机会让受访者发言，甚至唤醒受访者早已淡忘的记忆，或者激发受访者思索先前未曾留意的议题。

简言之，访谈的特色是“occasional”，一方面是针对特定的场合与人物，存在着高度的对话性、互动性、可亲感（accessibility）；另一方面则是因为现场的临即感与（表面上的）随性／随兴、自在、闲适(casualness)，例如萨义德在本书《前言》中便提到，有时访问者舍弃备妥的问题不用，双方当场直接交谈起来。

有人以“诗余”来形容“词”，仿佛带有贬义。然而，“词”自成文类，在中国文学史上具有不可取代的独特地位。此处以“学问之余”来形容访谈，旨在说明尤其是像萨义德这样造成典范转移的一代大师，访谈具有双重意义、“余”义或“补”义。原因在于，著书立说固然为学问之大事，但有机会面对访问者阐扬著述中的精要法旨、微言大义，作为学问之说明、阐发、注脚，实具有增补（supplement）之作用。再者，访问既是当前的产物，有时也会探询未来的计划，更往往涉及过去的观点或事件，而萨义德是颇具反省力的学者，在与他人的问答中，时能延伸过去未曾考虑的观点，衍生新的看法，因而与学问形成互补之作用。如此说来，访谈也算是“从中间开始”(*in medias res*)，在人生之流的特定时空下，诉说、观照、创造过去、现在与未来。此外，萨义德为了阐述巴勒斯坦的观点，经常接受电视、广播电台和报章杂志的访问，因而建立起公共知识分子的形象，这又是他在学问之外、研究之余的另一个重要的、(很可能更）广为人知的角色。

二、扣与鸣：欧美之余

萨义德生前出版过四本访谈与对话录，分别为1994年的《笔与剑》(*The Pen and the Sword: Conversations with David Barsamian* [Monroe, ME: Common Courage Press])、2001年的本书、2002年的《并行与吊诡》，以及2003年的《文化与抵抗》(*Culture and Resistance: Conversations with Edward W. Said* [Cambridge, Mass.: South End Press])。《笔与剑》和《文化与抵抗》都是他接受美国“另类电台”（Alternative Radio）亚美尼亚裔制作人巴萨米安（David Barsamian）的专访，内容集中于萨义德的政治

面向，也就是他多年关切的中东与巴勒斯坦事物。[1]《并行与吊诡》收录萨义德和钢琴家／指挥家巴伦博伊姆自 1995 年 10 月至 2000 年 12 月的六篇有关音乐、社会、政治与文化的对话录。

相较之下，本书涵盖了四分之一世纪，除了第一篇是接受学术期刊的书面访谈之外，其余全是当面访谈或对话的纪录。第一篇由于是书面访谈，而且为了配合他以《开始：意图与方法》一书在学界崭露头角的专号，所以写来特别翔实深入，讨论的是当时美国文学界的状况，很能反映他刚出道时的情景。巧合的是，此篇名为“开始”的访谈，固然是为了配合他的成名之作，但对受访者萨义德而言，本篇的确也是一个“开始”，因为他日后由于不同的时空、情境、关怀，接受了众多人士的访问，其中固然不少攸关学术，但涉及政治议题的更多。总之，他的角色定位在巴勒斯坦裔美国学院人士／知识分子，大家感兴趣的是他在学术和政治方面的突出表现，而两者在 1967 年中东战争之后对他成为一体的两面，很难截然划分，非得兼顾才能比较完整地呈现萨义德。因此，本访谈集特地分为两部分，第一部分“表演与批评”（Performance and Criticism）共计 13 篇，主要集中于文学与文化评论，尤其是他的学术代表作；第二部分“学术与行动主义”（Scholarship and Activism）共计 16 篇，主要集中于政治介入，两类各依原先首次的年代顺序排列，贯穿两者的则是受访者其人及所闻所思。

这些访谈主要采取一对一的方式，有时则接受两人联合访问；多为私下场合，但也有公开的。较为特殊的第五篇《批评、文化与表演》（“Criticism, Culture, and Performance”）是与《楔子》（*Wedge*）的三位编辑所进行的圆桌讨论，重点在于音乐。在对谈中萨义德有时反问，引出对方更多的表述，看似主客易位，但也可看出他真心寻求对话的空间与

[1] 其中《文化与抵抗》的中译本于 2004 年 8 月出版（台北：立绪）。至于萨义德逝世次（2004）年 6 月出版的《萨义德访谈集》（*Interviews with Edward W. Said*. Jackson: University Press of Mississippi），编者为辛和约翰逊（Amritjit Singh and Bruce G. Johnson），收录了二十五篇不同人士与萨义德的访谈，篇幅仅约本访谈集的一半，选文简短且完全不同，并未如本书般分为两类，笔者于 1997 年与萨义德的第一次访谈也收入其中，计 16 页（122—137），是其中篇幅较长的。

实际行动。[1]最特殊的当属第十五篇《学者、媒体与中东》（“Scholars, Media, and the Middle East”），这是1986年11月在北美中东研究学会（the Middle East Studies Association of North America）第二十届年会的三千名会众面前的公开辩论，对手是他笔战多年的中东专家路易斯（Bernard Lewis），这两位敌对的重量级学者各有一位媒体工作者助阵，在规定时间内轮流阐明观点。文中把这场辩论比喻成肉搏战、大决斗、罗马竞技、美国拳击、西班牙斗牛，但在笔者看来，两造四人壁垒分明、轮番上阵、唇枪舌剑、你来我往，更像是抓对厮杀的日本双人摔跤。至于与本书编者薇思瓦讷珊（Gauri Viswanathan）的访谈（第十二篇《语言、历史与知识生产》[“Language, History, and the Production of Knowledge”]），则是在纽约一所大学的师生面前进行，并接受现场观众提问。由此可见，虽然概括在“访谈”的名义之下，然而进行的方式不一，随着访问者／讨论者以及书刊的不同，而有不同的表现。编者为了努力呈现受访者的多样性，以致内容偶有参差（这点萨义德在与笔者有关此书的访谈中也提到），然而小疵不掩大瑜。此外，萨义德在一些访谈之前加上按语，言简意赅地标示出访问的场合，提供必要的背景资料。

在接受不同地区、背景的人士访问时，访问者与读者期望于萨义德的当然是夫子自道、现身说法，然而对他来说，小扣小鸣，大扣大鸣，除了表述自己的文学见解、艺术主张、文化理念、社会关怀、历史意识、政治观点之外，还有其他的用意。正如第十三篇访谈的标题“我总是在课堂中学习”（“I've Always Learnt During the Class”），[2]访谈也是扩大

---

[1] 其实，访问者与受访者之间谁主谁客、谁主动谁被动，两人是合作或对立，恐怕不像表面上那么单纯。受访者固然是接受别人的访问，却是读者瞩目的主角；访问者固然是聆听者，却也是整个过程的启动者，甚至可能盘根究底，连番追问。而在若干访谈中，有时准备充分的访问者问起话来长篇大论，反倒像是心有定见，只是想找受访者当面确认。即使是简短的问题，也可能暴露出访问者的意向。这些就像萨义德在与笔者第三次访谈中所说的：“访谈很能揭露当时的情境，不只是‘我的’回应方式，‘我的’话，也包括了访谈者的方式。我认为这是另一回事，也就是包括了我所遇到的、一块讨论的所有这些人。其中到底说的是什么故事？那些人的关怀是什么？”（本书第227—228页）。

[2] 附带一提的是，萨义德在课堂上谨守分际，从不趁机鼓吹自己的政治理念，全力维持美国大学近似乌托邦的学术殿堂的纯净。

他的思考范围，测试他自身说法的良机。在29篇访谈中，有些刊登于学术期刊，如《析辨》(*Diacritics*)、《社会文本》(*Social Text*)、《疆界2》(*Boundary 2*)、《基进哲学》(*Radical Philosophy*)，有些收录于专书（其中第四篇的访问者还请他与系列访谈中的多位学者评论同一首诗)，有些出现于报章杂志。访问者的国籍除了主要是美国之外，还包括了英国、加拿大、爱尔兰、印度、巴基斯坦、埃及、以色列等。如果套用他有关“理论之旅行”（“traveling theory”）的说法，不同国家的访问者所提出的问题，都反映了他的理论、理念在旅行到其他地区之后所引起的回响，并且由旅行到当地的萨义德当面回应。

进一步说，这些访谈也存在着关联性（relevance）与互文性（intertextuality)：对外而言，指涉中东的历史与现况，巴以之间的关系，美国的外交政策等；对他个人而言，既指涉他的家庭、成长环境、教育背景，也指涉他的学术著作、音乐评论、回忆文章，甚至在其他访谈中所提到的事（如书中第三篇指涉第二篇，第五篇指涉第四篇)。读者最感兴趣的就是听他自道学术渊源，自我剖析，臧否人物，评断时势。这些都是在他的著述中由于性质的限制所难以见到的，例如：他复杂的家世背景，如何成为阿拉伯世界里少数（基督教徒）中的少数（英国国教信徒)；如何从原先投入巴勒斯坦解放运动与支持阿拉法特，而在奥斯陆协议之后与他割袍断义，分道扬镳；如何甘冒伊斯兰世界之大不韪，在西方及中东公开支持被霍梅尼下令追杀的拉什迪的言论自由；如何因为出面为巴勒斯坦代言，而名誉遭到抹黑，生命受到威胁；《东方主义》在各地引起的回响以及他的反应……

对于他的学术渊源有兴趣的读者，可以在这本贯穿20世纪后25年的访谈集里，透过他品评的人物，具体而微地看出他如何向前人学习，博采诸家之长，自成一家之言。简言之，萨义德的人本和人文观念来自意大利文化历史哲学家维柯（Giambattista Vico）的历史观——历史是由人所创造的。这成为萨义德有关世俗性（secularity）与现世性（worldliness）论点的基础。因此，不再有神圣的、单一的起源或源始来决定、评断一切；相反地，一切都可以不断地创造（make）、拆解（unmake）、重新创造。这也反映在萨义德于《开始》一书中以人为的、世俗的、复数的“开始”来反对神圣的、神话的、单一的“源始”。

另一个重要的启发者是当代法国思想家福柯，尤其是福柯一再探究的论述、再现，以及知识与权力的关系。如果没有福柯的启发，《东方主义》和《采访伊斯兰》二书的面貌很可能与现在大相径庭。然而，萨义德却在福柯的《规训与惩罚》（*Discipline and Punish*，1975）一书结尾看到他向权力退却。在萨义德看来，晚期的福柯已经失去了反抗的意识，沦为“权力的写手”（“a scribe of power”）。[1] 这种批评对福柯是否公允，当然有待探讨。然而不容否认的是，在积极投入巴勒斯坦解放运动的萨义德看来，福柯已经向其所谓无所不在的权力低头了。为了济福柯之不足，萨义德转而师法来自法属西印度群岛的心理分析家／社会哲学家法农、非洲裔诗人／剧作家／政治人物赛萨尔、出身于千里达的文化史家／社会主义者 C. L. R. 詹姆斯[2] 等反抗殖民主义者，以及意大利左派知识分子／政治人物葛兰西的一些观念，并且在美国异议分子、公共知识分子乔姆斯基身上看到了一个典范——一个持续与权力抗衡、不断揭露官方—媒体—企业—学界共犯结构的典范。

萨义德勇于挑战西方主流媒体与知识结构的作为，除了与乔姆斯基类似之外，也带有葛兰西竞逐文化霸权的意味，而他投入挑战、扭转主流见解的行为，也具现了葛兰西所谓的有机的知识分子——相对于继承传统、维持现状的传统的知识分子。在他的《知识分子论》中可以明显看出葛兰西的影响。然而，萨义德自认受益于葛兰西最多的却不是上述有关文化霸权或知识分子的论点，而是空间与地理的观念。在他看来，

---

[1] 萨义德对福柯的批判详见《福柯，1927—1984》（“Michel Foucault，1927–1984”）和《福柯与权力的想象》（“Foucault and the Imagination of Power”），收入《流亡的省思及其他》（*Reflections on Exile and Other Essays*. Cambridge，Mass.: Harvard University Press，2000），第 187—197、第 239—245 页。

[2] 例如，读者可能发现，萨义德最喜欢引用的就是赛萨尔的诗句：“在胜利的聚会中，每人都有一席之地”（“there is a place for all at the rendezvous of victory”）。

相对于马克思学派，尤其是黑格尔，对于时间的重视，葛兰西的空间与地理观提出了另类的看法，让人得以重新省思一些重要的议题。[1] 这点在《文化与帝国主义》中尤其明显。

再就萨义德的学术背景来看，他一路接受英美菁英教育，熟悉欧美文化典律，后来又回头研习阿拉伯文和阿拉伯文学。热爱康拉德和西洋古典音乐的他，自称是文化上的保守分子。他推崇的学者／知识分子除了上述几位之外，就是西方人文主义者奥尔巴哈（Erich Auerbach）。多次提到自己的比较文学背景的萨义德，对奥尔巴哈的人文主义及历史语言学（philology）屡表尊崇。在他逝世次年（2004）5 月出版的《人文主义与民主批评》（*Humanism and Democratic Criticism* [New York: Columbia University Press]）中（这是 2000 年 1 月在任教多年的哥伦比亚大学发表的系列演讲），再三推崇奥尔巴哈。另两位他崇敬的欧洲理论家中，一位是法兰克福学派的阿多诺（Theodor W. Adorno）。在他看来，同为流亡者的阿多诺的音乐评论和无家可归（homelessness）、晚期风格（late style）等看法都很值得借镜。而英国左派文化研究大师威廉斯（Raymond Williams）有关文化的另类观点，对萨义德也有所启发。然而，这些学者的欧洲中心论（Eurocentrism）也成为萨义德批判的对象。

眼见族人独立尚未成功、人权遭到践踏，启蒙与解放遂成为萨义德的两大理想，因此后现代主义者利奥塔批驳大叙事（grand narrative）的说法，在萨义德看来确为是可忍孰不可忍。从萨义德的历史背景来看，尚未达到民主化、现代化的中东，实在无法跟着西方人云亦云，奢言放弃这些具有普世价值的理想。同样地，亟欲建立社会相关性和脉络重要性的萨义德，对于主张意义之不确定（undecidability）、衍异（differánce）和散播（dissemination）、耽溺于文本性（textuality）的解构批评者德里

---

[1] 详见《历史、文学与地理》（“History, Literature, and Geography”），收入《流亡的省思及其他》，第 453—473 页。

达（Jacques Derrida），也颇不以为然，虽然他对后者的看法或有未尽公允之处。

这些都是萨义德在这本访谈集里明白道出的。而熟悉欧美文化传统，亲身体验外国殖民，强调地理观念与反抗意识的萨义德，就以游移／游离于东西文化的发言位置，穿梭于这些人之间，拒绝被纳入特定的门派、体系，也拒绝开山收徒，不畏特立独行，勇于表达一己之见，致力于培养具有批判意识、走出老师影响的人。

三、再现萨义德——研究之余？

翻译就是再现——以另一种语言呈现原作——而再现正是萨义德念兹在兹的议题。他一生特别着重文艺与媒体的再现，却往往被再现／错误再现所苦，发现观念遭挪用（如被伊斯兰激进分子拿来反对西方）或人格被抹黑（如犹太复国主义者对他贴标签、扣帽子），但也莫可奈何。笔者研读萨义德多年，藉由《知识分子论》首度把他的专书引入中文世界，于台大、交大研究所开设“萨义德专题研究”，应邀演讲，并三度在他的研究室进行访谈，[1] 这些都与再现萨义德密切相关。不少人视学者从事翻译为“不务正业”。但对笔者来说，翻译与再现萨义德其实是学术研究的深化与广化，因此尽管公私两忙，仍毅然接下这本大书的翻译工作。在字斟句酌、反复修订的过程中，不但更深入了解原文的意义以及在萨义德学思脉络中的意义，并且试图以恰切的中文传达给读者，显现学者／公共知识分子萨义德的丰富面向。

在以中文再现萨义德时，笔者一方面力求忠实于萨义德其人其书，另一方面也深切体会到他的文本在翻译、旅行到另一语境时，就像他在《理论之旅行》与《再论理论之旅行》（“Traveling Theory Reconsidered”）

---

[1] 三次访谈的经过，详见《最后的天空之后：敬吊永远的知识分子萨依德》，原刊于 2003 年 9 月 27 日台湾《联合报》联合副刊，收入笔者《边缘与中心》（台北：立绪，2007），第 70—75 页。

两篇文章中所主张的，必然会有所转化／异化，衍生新意。如何维持两者之间的平衡？甚至有无可能、必要维持平衡？在经过后结构主义洗礼的人看来，早已遭到质疑与挑战。然而，由实际从事翻译者的立场来看，理论的思维固然有其根据及相当的说服力，有时也能拿来自壮声势或自圆其说，但无论如何取代不了白纸黑字的实作，也不能以此来规避译者对作者及读者应负的伦理责任。

因此，译者的再现与翻译策略就是尽可能忠实且全面地再现此人此书。首先，访谈在文体上有别于书写语言，译者在翻译时尽量保留原文的语气，希望给读者“如闻其声”、“如见其人”、“如临其境”之感。其次，为了更忠实传达原意，必要时增添译注。消极而言，以译注来化解读者阅读和理解时的障碍；积极而言，以译注来彰显原文的意涵或对萨义德有特殊意义者。在形式上，能简明纳入正文者，直接以方括号纳入，避免影响阅读的顺畅；篇幅较长或有特殊意义者，则用脚注，一则避免妨碍阅读正文，再则藉此明指或暗示对萨义德的特别意义。

翻译学术作品最大的挑战就是专有名词。百年前严复在谈论译事之难时曾说：“一名之立，旬月踟蹰。”萨义德虽然反对艰深的术语与“夹棍”，偏好简明的用语，而笔者研读萨义德多年，对他的许多观点也耳熟能详，但在中译时依然屡屡踟蹰，时时改动，长达经年累月，有些临到交稿才决定，甚至校对时还在推敲。例如，先前提到他来自维柯的重要观念“secularity”与“worldliness”，两者意思相近。《世界 · 文本 · 批评家》一书绪论《世俗的批评》（“Secular Criticism”）与结论《宗教式的批评》（“Religious Criticism”）遥遥相对，因此“secularity”译为“世俗性”显得顺理成章。但“worldliness”一词则较为周折，一方面与“世俗性”相近却不得重复，另一方面又相对于“otherworldly”（他世的）、“celestial”（神圣的、超凡脱俗的、不食人间烟火），最后择定“现世性”，以期兼顾上述种种意涵（与此相关的就是前文提到的“开始”与“源始”的对比）。又如，一位访问者提到，犹太人以“diaspora”来形容自己的历史境遇，而有些巴勒斯坦人也用同样的字眼来形容自己的处境，萨义德对此表示不以为然。这个字眼在其他访谈中也偶尔出现，为了顾全它在不同历史情境中的不同含义，在与犹太人并提时译为“漂泊离散”，以着重其“漂泊”游“离”、“散”居各地的面向，而在与巴勒斯坦人并提时，则译为“流离”或“流离失所”，以着重其被驱“离”，以致“流”亡、“离”乡背井、“失”去原有住“所”，也就是萨义德一向强调的“dispossession”、“displacement”与“dislocation”等面向。

萨义德所用的专有名词若能找到现成对应的中文用语，当然求之不得。例如来自葛兰西的“inventory”一词，根据萨义德的诠释，在后殖民的情境下具有特殊的意义，包括目录、清单、清理、清算、表列、盘点、列目录、开清单，甚至算总账等等，译者则视上下文情况，选用“清单”或“清查”，并附上原文。至于难以找到现成语汇的，只得自创新词，“affiliation”便是一例。在《世界·文本·批评家》中，萨义德对比“affiliation”和“filiation”，后者着重的是先天的、自然的、既定的、生理的、血缘的关系，是无法改变的；而萨义德强调的是“affiliation”这种后天的、文化的、弹性的、主动的、可随主观意志而改变的认同、归属的关系。此一说法是他在特定脉络下对这个字眼的特定诠释，并未见于一般字典，只得勉强译成“认属关系”，以期顾及“‘认’同”、“归‘属’”以及“‘认’定‘属’于”的含义。

为了更全面传达萨义德其人其书，中译本有所增添，除了先前提到的译注之外，也采用了绪论和附录的方式。绪论综述全书的性质、意义和中译本的特色。此书附录一《权力、政治与文化：三访萨义德》是译者在 2001 年 8 月 24 日，也就是本书问世一周后，与萨义德进行的访谈，主要内容当然就是刚出炉的这本新书，以及前两次访谈之后所发生的一些事件（最著名的就是在黎巴嫩南部的掷石事件）。附录二的书目提要涵括了到出版该书时为止萨义德专书著作的撮要。附录三的年表大事记扼要列出他的生平事迹与时代背景，方便读者了解萨义德及其思想产生的历史脉络。总之，这些附录旨在与正文的翻译相互参照，使读者既能“读其书”，又能“知其人”、“论其世”，互为表里，相辅相成。

中译本特别保持原书的索引，并将原页码以边码的方式呈现，一方面可避免制成中文索引时，由于中文世界欠缺专有名词的统一译法，使读者查寻不易；另一方面方便有心的读者参考特定名词的中文翻译，甚至进一步复查原书或与原书对照阅读。此外，原书虽然制作精细，但还是不免有少许疏失或错漏之处，如有些人名并不完整（如索引中把“Fredric Jameson”昵称为“Fred Jameson”，把“Cohen Marcel”简化为“Cohen Marc”），有些出处遗漏（如索引中漏列了一些有关阿多诺、乔姆斯基、狄更斯 [Charles Dickens]、福柯的页码），有些地方错误（如“出处”中把第十七篇的出版年“1988 年”误为“1998 年”，索引中把 *Mythologies* 的作者巴特 [Roland Barthes] 误为卜伦 [Harold Bloom]）。这些原书的缺憾都在中译本里予以补正。其他有关访谈的版本问题，必要时也以译注提示读者。

凡此种种显示，对笔者而言翻译绝非研究之“余事”，而是对研究有增补和互补的功用。透过长久的研究与教学，就原文字斟句酌、反复修订，加上中译本的绪论、附录、补充与修订，将萨义德四分之一世纪的 29 篇对话、交流与反思，再现给中文世界的读者，让大家得以分享这位巴勒斯坦裔美国学者 / 公共知识分子的学思心得（附录的笔者与萨义德的访谈多少弥补了原书所欠缺的与中文世界读者 / 访者的互动）。尤其当今世局纷纷扰扰、危机四伏、冲突时起，萨义德坚持启蒙与解放，呼吁和平共存，批判二元对立，以文化之间的相依相存、共生共荣来驳斥文明冲突论，警示民族主义沦为本土主义、沙文主义的危险等，这些真知灼见都值得世人三思。

未竟之评论与具现：《论晚期风格》导读

[贝多芬并没有把他的晚期作品]做成和谐的综合。身为离析的力量，他在时间里将它们撕裂，或许是以便将它们存诸永恒。在艺术史上，晚期作品是灾难。

——阿多诺

如果晚期艺术并非表现为和谐与解决，而是冥顽不化、难解，还有未解决的矛盾，又怎么说呢？如果年纪与衰颓产生的不是“成熟是一切”的那种静穆？……我有意探讨这种晚期风格的经验，这经验涉及一种不和谐的、非静穆的紧张，最重要的是，涉及一种刻意不具建设性的、逆行的创造。

——萨义德

一、前言

萨义德在1997年8月初次接受笔者访谈时，曾将自己的学术生涯分为四期，其中“最后一期，也就是我现在写作的时期，又更常回到美学。我正在写回忆录；也在写一本书讨论我所谓的‘晚期风格’——艺术家在艺术生涯最后阶段的风格……”（本书第197页）。前者就是1999年出版的《乡关何处：萨依德回忆录》；后者则在他生前始终未能终卷，直到2006年才结集出版，距离他去世已经三年，便是《论晚期风格：反常合道的音乐与文学》（*On*

Late Style: Music and Literature Against the Grain)。从遗孀玛丽安·萨义德（Mariam C. Said）的《前言》和编者伍德（Michael Wood）的《导论》可知，根据萨义德的写作计划，此书原定 2003 年 12 月完稿，但天不假年，作者于 9 月 25 日溘然长逝，因此本书是编者根据多方面资料爬梳整理而成，留下许多未竟之迹（尤其是末章），在萨义德所有著作中，具有其独特的形式与意义。[1]

其实，萨义德有关“晚期风格”的观点颇受阿多诺讨论贝多芬晚期风格的启发（他在晚年的一次访谈中，曾自称是“唯一真正的阿多诺追随者”），并扩大到更多不同艺术家与文学家的晚期作品。[2] 本书第一章便引用阿多诺的观点：“晚期作品的成熟，不同于水果之熟。它们并不圆谐，而是充满沟纹，甚至满目疮痍。它们缺乏甘芳，令那些只知选样尝味之辈涩口、扎嘴而走。”萨义德加以引申如下：“贝多芬的晚期作品未经某种更高的综合予以调和、收编：它们不合任何图式，无法调和、解决，因为它们那种无法解决、那种未经综合的碎片性格是本乎体质，既非装饰，亦非其他什么事物的象征。贝多芬的晚期作品显现的其实是‘失去全体性’（lost totality），因此是灾难性的作品。”综观《论晚期风格》，明显可见阿多诺对萨义德的影响与启发。

二、什么是“晚”？

至于“晚”（lateness）这个概念究竟如何？意有何指？萨义德写道：“对阿多诺，晚是超越可接受的、正常的而活下来；此外，‘晚’包括另一个观念，就是你其实根本不可能在‘晚’之后继续发展，不可能超越‘晚’，也不可能把自己从晚期里提升出来，而是只能增加晚期的深度。没有超越或统一这回事。……而且，‘晚’字当然包含一个人生命的晚期

[1] 萨义德在 2001 年 8 月第三次接受笔者访谈时再度提到他“从 20 世纪 80 年代就开始的大计划”，也就是“讨论有关晚期风格的书。这本书在缓慢进行中”（本书第 240 页）。

[2] 阿多诺于 1937 年曾撰写《贝多芬的晚期风格》（“Late Style in Beethoven”），英译刊于 *Raritan* 13.1 (1993): 102–07。

阶段。”不仅如此，萨义德还指出两点，强调贝多芬晚期风格之所以紧扣阿多诺的心弦，正是由于其作品的疏离、隐晦、抗拒、新意与挑衅性格：首先，“贝多芬的晚期风格揪紧阿多诺心弦，原因在于贝多芬那些没有机动性的、抗拒社会的最后作品，以完全吊诡的方式，变成现代音乐里的新意所在”；其次，“晚期风格的贝多芬，那样毫无顾惜地疏离且隐晦，绝不单纯是个怪癖反常、无关宏旨的现象，而是变成具有原型意义的现代美学形式，另外，这形式由于与资产阶级保持距离、拒斥资产阶级，甚至拒绝悄无声息死亡，而获致更大的意义与挑衅性格。”这些见解构成了《论晚期风格》的基调，萨义德并针对不同的音乐家与文学家的晚年之作加以解读并印证。

上述有关“晚”的说法可能有些深奥难解。伍德在《导论》中则以常识般的语言来解释英文“late”一词看似矛盾、却相辅相成的两个意思。他指出此词最常用于“我们比我们该到的时间晚、迟，没有准时”，然而在指涉一些自然现象时，如“late evenings（夜很晚了）、late blossoms（晚开、迟开的花）、late autumn（晚秋）”，此词“却是完全准时的”。译者彭淮栋在译注中指出此词的另一个意思：“recently deceased（近时过世、已故），也就是其人 recent but not continuing to the present：最近还在，但目前已不在（其“在”没有持续到目前）。”这三个意思正可用来形容此书与作者。《论晚期风格》于萨义德身后三年出版，对于念兹在兹的作者以及引颈期盼的读者而言，确实是“比该到的时间晚、迟，没有准时”，而 2010 年出版的繁体字中译本，当然也就更晚、更迟了，但总比从来没有要好（“better late than never”）。另一方面，正如玛丽安·萨义德在《前言》伊始便说，作者在生命终点还在写这一本书（“爱德华 2003 年 9 月 25 日星期四上午过世时，还在写这本书”），却未能如《人文主义与民主批评》般于生前定稿。虽然如此，但在诸多故旧门生大力协助下，此书终能面世，也算是众缘和合，瓜熟蒂落，“完全准时”了。令人感触最深的，就是作者谢世，哲人其萎，“最近还在，但目前已不在”了。

尽管如此，由于萨义德的著作于身后不断出版，以多种语言流传世间，让各地读者感受到他“音容宛在”，持续发挥影响，真可谓“鞠躬尽瘁，死而不已”。这里所指的不只是他的著作，也包括他晚年最重要的志业——他与知音犹太裔钢琴大师暨名指挥家巴伦博伊姆共同发起的“东西合集工作坊”(the West-Eastern Divan Workshop，后成为东西合集管弦乐团 [the West-Eastern Divan Orchestra])。在其遗孀继续积极投入下，透过音乐，让阿拉伯和以色列的年轻音乐家齐聚一堂，在巴伦博伊姆的教导与指挥下，巡回世界许多地方演奏动人的乐章，以优美的音乐和实际的行动，向世人展现了原先不相往来，甚至对立仇视的双方，在透过相互接触、沟通、聆听、了解、尊重、学习、合作之后的具体成果，以期逐步实现萨义德促进中东和平的遗愿。

笔者认为以“late”一字来形容作者及此书，尚有其他几个意思。首先，就萨义德本人的生命历程及著述而言，本书在时序上属于晚期，尤其是对身罹恶疾（血癌），老病缠身，时时面对死亡威胁的萨义德（他常以悬在头上的达摩克利斯之剑来形容他对无常的深切体会），更是他念兹在兹、在病逝前依然振笔疾书的未竟之作。其次，就内容而言，此书是处于自己生命晚期的萨义德由亲身的体验出发，以生命来印证音乐家与文学家晚年之作的风格与特色，并坦然接受其中的不和谐与不完美，视缺憾为人生与天地间难以或缺的一部分。最后，就呈现方式而言，因为作者在与时间的竞赛中未能于生前完成全书（玛丽安·萨义德在《音乐的极境》[*Music at the Limits*，2008] 之《序》写道：“时间向来令爱德华萦心——它的稍纵即逝、它无情的前进，以及它继续存在而向你挑战，看你能不能完成重要的事情”)，而是由他人协助整理其演讲、文章、遗稿而成，所以是萨义德的“未竟之业”，其中必然存在着片断、残缺、不和谐、不完美，因此也具现了萨义德本人的晚期风格，读者若以书中“晚期风格”的论点来阅读此书并省思作者，当有另一番体会与收获。

三、萨义德的音乐论述

再就萨义德的音乐论述而言，此书也属晚作。他在钢琴大师古尔德(Glenn Gould) 50 岁英年早逝之后几个月，于 1983 年开始认真撰文讨论音乐，并自 1986 年起应邀为美国著名的左派周刊《国家》撰写乐评。他于 1991 年出版的第一本音乐专书《音乐的阐发》(*Musical Elaborations*)，原为 1989 年 5 月于美国加州大学欧文分校发表的年度韦勒克图书馆系列演讲（The Wellek Library Lectures），展现了这位文学与文化批评家、后殖民论述大师与公共知识分子的另一番面貌。有别于该系列其他国际知名演讲者的是，萨义德的演讲场所不是在可容纳数百人的大型演讲厅（笔者次年在该校聆听著名法国女性主义批评家西苏 [Hélène Cixous] 发表同一系列三场演讲，大型演讲厅座无虚席，甚至有人站着听讲），而是在空间较小但音响效果佳的教师俱乐部（Faculty Club），不仅可播放录音，而且有好钢琴可供他随讲随弹，以精湛的演奏来佐证自己的论点，后来出版的书中也附有片段的乐谱（萨义德在《绪论》中表示，该书的理想出版形式应是随书附卡带或光盘，但当时因成本过高而作罢）。在《音乐的阐发》中，作者从专业的文学批评家／文化理论家以及业余的爱乐者的角度出发，以有别于一般西洋古典音乐的讨论方式，将其视为文化场域，置于社会与文化脉络中，挪用了阿多诺的若干音乐论述，既有发挥，也有质疑，强调业余者并非全然无能为力，而是有其着力之处。

萨义德下一本有关音乐的书是于 2002 年出版的《并行与吊诡：音乐与社会之探索》(*Parallels and Paradoxes: Explorations in Music and Society*)，此书是他与巴伦博伊姆的对话录。1993 年 6 月两人巧遇于伦敦旅店，当时萨义德应英国广播公司之邀，发表年度里斯讲座（六篇讲稿于 1994 年结集出版，便是著名的《知识分子论》），并且买了一张巴伦博伊姆钢琴演奏会的票。两位分属巴勒斯坦裔与犹太裔，但都具有国际视野并关心中东和平的移民与爱乐者，从此结为莫逆之交，有机会在世界各大都市见面时，都会相邀畅谈音乐及其他共同关切的议题。《并行与吊诡》收录了他自 1995 年 10 月起与巴伦博伊姆的六篇对话，由音乐出发，并畅谈社会、政治、历史与文化等议题，除了深入探讨音乐之外，最重要的是两人都主张长久对立、仇视的巴以双方，应承认彼此的历史与存在，并且决心致力于双方的和平共存。[1]

2008 年出版的《音乐的极境》，收录了萨义德自 1983 年 5 月（他心仪的钢琴大师古尔德过世后几个月）至 2003 年 9 月（萨义德过世前两周）所发表的 44 篇乐评。他在书中再度发挥自己的音乐造诣与文化批评的专长，针对多位作曲家、音乐家、演奏家与演唱家，发表精辟独到的见解、评价与感受，在有限的篇幅中，出入于音乐、文化、历史、政治、社会之间，熔艺术与现世性于一炉，迥异于一般乐评，提供了理解与赏析音乐的另类观点，显现出其视角之多元，关怀之广阔，见解之犀利。书中若干文章可与《论晚期风格》并读，如 5 篇讨论古尔德的专文中，《古尔德，作为知识分子的炫技家》（“Glenn Gould，the Virtuoso as Intellectual”，原刊于 2000 年的《瑞理腾》季刊 [*Raritan*]）便是《论晚期风格》中的第六章《古尔德：炫技家 / 知识分子》，其他 4 篇及书中论及古尔德的部分都可与该文参照，从不同面向了解萨义德对这位钢琴奇才的激赏与评价。

玛丽安 · 萨义德在为《音乐的极境》所写的序言中，除了提到《乡关何处》中记述的童年音乐经验之外，也告诉读者音乐对于萨义德的重要：在儿子与死神擦身而过以及母亲罹患重病时，音乐为他发挥了安顿生命的作用；在萨义德本人病魔缠身时，“音乐成为他寸步不离的伴侣”，1998 年夏天接受“严酷可怕的实验治疗”时，特意安排疗程，因而未错过海立克（Christopher Herrick）14 场巴赫管风琴音乐会的任何一场，事后并撰写一篇乐评。她也指出，在此“同时，爱德华探索‘晚期风格’论。他判定，作曲家人生尾声所写的作品，特征是‘顽固、难懂，以及

[1] 原定 2003 年 10 月由剑桥大学出版社印行的《歌剧中的权威与踰越》（*Authority and Transgression in Opera*），为萨义德 1997 年于剑桥大学发表的燕卜逊讲座（The Empson Lectures），但后来并未出版。

充满未解的矛盾'，这些思维演化成他另一本书《论晚期风格》，全书触及多位作曲家的晚期作品。"二书关系之密切可见一斑。

就原先出版的顺序，《论晚期风格》比《音乐的极境》早两年问世，但繁体字中译本反倒较晚出现，在这层意义上再度显得"比该到的时间晚、迟"。全书七章，编者伍德在《导论》中指出，第一、第二、第五章以1993年于伦敦发表的诺斯克里夫勋爵讲座（The Lord Northcliffe Lectures）为基础（第一章尚包括2000年对几位医师的座谈），第三、第四、第六章原为独立之文，第七章则汇集了四则萨义德有关晚期风格的论述。全书（尤其是第七章）看似片段、不完整，"并不圆谐，而是充满沟纹"，却更具体呈现了萨义德本人的晚期风格，他反本质、反系统、反总体的一贯立场，以及对个别音乐家和文学家及其晚期作品的评论，有待细细品味。由于作者未能于生前统整全书，读者固然可以依编者安排的顺序阅读，也可由第一、第二、第五章了解萨义德当初的基本架构，至于第四章《论热内》的特色则在于其中若干个人的成分与色彩，而第七章的支离片断更具体呈现了时不我予、为时已"晚"。全书讨论了不少音乐家与文学家，此处仅引述第五章《流连光景的旧秩序》（诺斯克里夫勋爵讲座最后一讲）的结论以见一斑：

> 我在这里讨论的人物都各以其方式运用晚期特征，或不合时宜，以及一种不乏弱点的成熟，一种另类、不受编制的主体性（subjectivity）模式，同时，各人——如同晚期的贝多芬——都毕生在技巧上努力、蓄势。阿多诺、施特劳斯、蓝培杜沙、维斯康蒂——如同古尔德与热内——打破20世纪西方文化与文化传播的巨大全体化（totalizing）规范：音乐企业、出版界、电影、新闻界。他们都有极端自觉，超绝的技法造诣，尽管如此，却有一件东西在他们身上很难找到：尴尬难为情。仿佛，他们活到了那把年纪，却不要照理应该享有的安详或醇熟，或什么和蔼可亲，或官方的逢迎。但他们也没有谁否认或规避年命有时而尽，在他们的作品里，死亡

的主题不断复返，死亡暗损，但也奇异地提升他们的语言和美学。

四、原作、译笔相得益彰

《论晚期风格》由名译家及古典音乐爱好者彭淮栋翻译，也可说是众缘和合的难得之作。在过去的观念中，译者居于次要角色，往往隐而未现，“有功不赏，有过要罚”，但晚近随着翻译研究的崛兴，论者开始重新省思并逐渐重视译者的角色。淮栋兄为笔者在台湾大学外文研究所硕士班的同学，好学深思，文笔典雅，多年来从事名著翻译，成绩斐然，有目共睹。他翻译的第一本萨义德著作《乡关何处》，是萨义德在母亲过世及自己被诊断出罹患血癌后，深感生命无常、时不我予的心境下，回顾自己的童年与青年之作，不仅为个人与家族镂刻下生动深刻的回忆，也为已逝的中东世界保留了重要的记录。此书除了刻画个人的青少年遭遇之外，也记述了对音乐的喜爱，是萨义德最个人化、抒情化的作品，包括他的好友、美国著名文学批评家普瓦里耶在内，都认为这是他最好的一本书。《乡关何处》保留了萨义德的“开始”与“早期”的历史与风貌，淮栋兄也因翻译此书荣获网络媒体《明日报》2000年最佳翻译奖。

他于2010年1月出版的萨义德乐评集《音乐的极境》中译本，内容已简述于前。挚交巴伦博伊姆在为该书所写的《前言》伊始，盛赞萨义德是“兴趣淹博的学者。他精研音乐、文学、哲学，以及深明政治，而且，在各有差别，看来遥不相属的学门之间寻求并找到关联的人十分难得，他是其中一位。”结论时并再三致意，推崇之情溢于言表：

> 这些精彩、乍看不可能的关联，促成萨义德伟大思想者之誉。他是为他的民族争取权利的斗士、无与伦比的知识分子，兼为最深层意义上的音乐家：他以他的音乐体验与知识，作为他政治、道德、思想上的信念的根据。他关于音乐和音乐演出的论述，既赏心，复益智，只是联想之际多遐想，而行文至为典雅，佳处精彩照人，富

于独创，充满出人意料，只有他能揭露的启示。

由此可见，萨义德博学深思，文笔典雅流畅，再加上其中有关音乐、文学与文化的见解，对于任何译者都是很大的挑战。淮栋兄多年关注西方文学与文化思潮，雅好西洋古典音乐并以弹奏钢琴自娱，而且翻译功力深厚，可说是翻译此书的理想人选。400多页的译作加上随书附赠的长达75分钟的钢琴和歌剧选曲CD，不仅是对华文世界爱乐者的最佳献礼，也弥补了萨义德当年出版《音乐的阐发》时的遗憾。

更令人佩服的是，淮栋兄不避艰难，直接自德文迻译《贝多芬：阿多诺的音乐哲学》(*Beethoven: Philosophie der Musik*)。阿多诺兴趣广泛，思想深邃，文字艰难，众人皆知，连萨义德也不时提及此事。若说阅读阿多诺就已如此困难，那么翻译就更是硬碰硬、难上加难了，而淮栋兄也以“专、精、博”来形容阿多诺这本书。为了忠实传达原著的旨意，译者直接从德文原著入手，迻译阿多诺对最心仪的音乐家贝多芬的多年研究心得，个中艰苦外人实难想象。《译跋》以德文、英文、中文对照，指出此书英译者杰夫科特（Edmund Jephcott）及（由英文转译阿多诺《美学理论》的）中译者王柯平的错误，令人一方面佩服淮栋兄取法之高、态度之严、用功之深，另一方面也庆幸能有这本译自德文之作，让人得以直窥阿多诺对贝多芬的看法。因此，《论晚期风格》第五章伊始，除了提到“阿多诺说，贝多芬的晚期作品，其体质与己异化，其作用与人疏离”，指出“阿多诺本人就是晚期特质的写照，铁了心不合时”，译者并以译注说明这些与阿多诺书中论点相似之处，可供有意深入的读者参照比对。

另有两件巧合之事也值得一提。首先，阿多诺因为小心审慎，求全心切，纵使已有40多本相关札记，但生前犹未着手撰写有关贝多芬的专书，而是在身后由特德曼（Rolf Tiedemann）根据众多相关资料，梳理统合出版，情况类似萨义德的《论晚期风格》。其次，萨义德生平最后一篇讨论音乐的文章，是有关所罗门的《晚期贝多芬》(Maynard Solomon,

Late Beethoven）的书评，收于《音乐的极境》，标题“不合时宜的沉思”（“Untimely Meditations”）有如自我表述，却又似一语成谶。文中多处讨论晚期风格之处，与本书相应，尤其令人联想到书中所说的：“‘晚’就是要终结了，完全自觉地抵达这里、充满回忆，兼且非常（甚至超自然地）知觉当下。因此，阿多诺就如贝多芬，成为晚期本身的象喻，是对当下提出评论的人，其评论不合时宜、离谱，甚至带着灾难性。”若以此处定义的“晚”来形容《论晚期风格》，将句中的“阿多诺”换作“萨义德”，不亦宜乎？！

由以上描述的种种主客观条件可见，不论是对萨义德的认识与翻译，对文学与音乐的喜爱、理解与体会，对萨义德灵感之源的阿多诺的探索与翻译，还是对译事的态度、用心与功力，淮栋兄应该都称得上是华文世界翻译《论晚期风格》的最佳人选，而翻译此书的机缘则可说是“完全准时的”，原作、佳译相得益彰，实为作者与读者之福。淮栋兄身处新闻与文化界，多年来透过翻译为华文世界引进了许多精彩的作品，发挥了比一般学院派人士更普遍的影响力，此说当不为过。以他多年累积的学养与功力，我们期待他以扎实的翻译，继续为华文世界输入更多的文化资本，落实学术与文化扎根。

至于本书翻译用心之处，仅举副标题“Music and Literature Against the Grain”为例。原文看似简单，其实很难中译。北京：生活·读书·新知三联书店阎嘉的简体字版译为“反本质的音乐与文学”，字面上忠实，也符合萨义德一向反本质化的立场，但细读全书，尤其是书中一再强调的“时代倒错与反常”（anachronism and anomaly），似乎尚有若干落差，未尽其趣。淮栋兄则译为“反常合道的音乐与文学”，取苏东坡“诗以奇趣为宗，反常合道为趣”之说，以示书中所讨论的音乐家与文学家的晚期作品，虽不如早、中期作品之技巧精熟，结构完整，圆融和谐，却不拘泥于技巧、结构，反能突破框架，超越规矩，出格反常，另成风格，其实符合更高层次之道。为此副标题，译者反复寻思两个多月，殚精竭虑，终能另辟蹊径，通权达变，曲尽其意，相较于严复所谓“一名之立，旬月踟躕”，可谓有过之而无不及。

本文以“未竟之评论与具现”为题，一方面因为本书让我们透过萨义德惊人的博学与精辟的评论，从特殊的角度来认识音乐家与文学家未达究竟、未臻完美，甚至明显具有“冥顽不化、难解，还有未解决的矛盾”的晚年之作（阿多诺所谓的“灾难”及萨义德所谓的“不和谐的、非静穆的紧张”、“一种刻意不具建设性的，逆行的创造”），另一方面也让人有机会“以彼之道，还观彼身”，亲自观照此书如何具现了萨义德这位爱乐者与文学批评家生前念兹在兹的未竟之作，以及此书与他所讨论的音乐家与文学家晚期风格的相应之处。除了上述知性的理解之外，此书所评论与具现的种种未竟，更让人深切领会并如实面对艺术与生命中的衰老、无奈、不圆满与无可奈何，坦然接受，将缺憾还诸天地。

论述萨义德

代表/再现知识分子：萨义德之个案研究*

……业余意味着选择公共空间（public sphere）——在广泛、无限流通的演讲、书本、文章——中的风险和不确定的结果，而不是由专家和职业人士所控制的内行人的空间。……

结果，打动我的是我能真正选择支持的理念与观念，因为它们符合我所相信的价值和原则。因此，我认为自己并不受限于文学方面的专业训练……我所说、所写的是更广泛的事物，因为身为十足的业余者，我受到各式各样的献身的激励，要跨越自己狭窄的职业生涯。当然，我有意努力为这些观点争取新的、更多的听众，而这些观点是我在课堂上从不曾呈现的。

——《知识分子论》87—88/126—127[1]

一、缘起

1992年英国广播公司（BBC）邀请萨义德发表次年的里斯讲座。此一年度讲座是为了纪念曾任该公司总经理和董事长的广播界名人里斯（John Charles Walsham Reith）而于1948年创设，第一位讲者是英国哲学家及异议分子罗素

---

* 本文宣读于1998年3月6日至7日台湾“中央研究院”欧美研究所举办的第六届美国文学与思想研讨会，虽审查通过，却未出版论文集，故2003年10月刊登于《当代》“悼念萨义德专辑”。在此感谢两位匿名审稿人提供高见。

[1] *Representations of the Intellectual* 一书由笔者译成中文，名为《知识分子论》，为方便读者查阅，该书引文之后列出二页码者，前者指英文版，后者指中文版（台湾版）。若仅出现单一页码，则为中文版增添之部分。

(Bertrand Russell)，此后受邀演讲的也尽属名流。萨义德在后来演讲结集出版的《知识分子论》序言中回忆，自己幼时便听过里斯系列演讲，印象最深的就是 1950 年的讲者历史学家汤因比（Arnold J. Toynbee [ix/27]）。

对于在英国占领的中东地区出生、成长，在开罗接受英美教育，在广播中经常听到"伦敦今天早晨表示"——以致在幼小的心灵中伦敦就是真理的代名词（ix/27）——的萨义德来说，能从曾被英国殖民的中东（后来成为没有祖国、流离失所的巴勒斯坦人）来到大英国协的中心伦敦，透过素享盛名的英国广播公司向英语世界演讲，不仅是极高的殊荣，也比其他来自英美主流社会的讲者有着更多的感触。[1] 他将如何运用这个难得的机会立足伦敦向英语世界发言，着实令人瞩目，因为正如他所认知的："知识分子显然是要在最能被听到的地方发表自己的意见，而且要能影响正在进行的实际过程，比方说，和平和正义的理念"（101—102/139）。意义深远的是，萨义德选定的主题："Representations of the Intellectual"（"知识分子的代表／再现"）。[2]

二、再现／代表的意义与重要性

综观萨义德多年来的学术论述、政治评论、教学、演讲及接受媒体采访，若说"代表／再现"为其主要观点实不为过，而他在扭转世人对于巴勒斯坦人的观感上也发挥了巨大的影响。[3] 他著名的中东三部曲《东

[1] 萨义德曾说："殖民主义和帝国主义对我来说不是抽象，而是特殊的经验和生命的形式，具有几乎不堪忍受的具体感"（"Interview with *Diacritics*"，36）。此一特殊背景在形塑其观点上发挥了难以比拟的作用，下文有关流亡的看法便是明证。

[2] 虽然萨义德本人并无兴趣创立学派（"我对那从来不感兴趣，因为在我看来是种束缚，终究是无趣的。我一直从事的是探索、自我批评、不断改变，试着使自己和读者惊奇"［"Expanding"，106]），然而其著作对于国际学界的影响，尤其为后殖民论述树立典范，则是有目共睹的，后续的发展与诘难也颇为可观，可允许不同人士从不同角度探讨，相关资料众多，此处不赘述。就本文撰写的中文脉络而言，廖炳惠在 1989 年台湾"中央研究院"美国文化研究所（后来易名为欧美研究所）举办的第二届美国文学与思想研讨会中，曾将萨义德置于美国批评的脉络中，讨论其文学理论与社会实践之间的关系。本文初稿宣读于 1998 年第六届美国文学与思想研讨会，则采取另一种方式，由萨义德有关知识分子的专著出发，回溯、爬梳其以往论述中对相关议题的看法。换言之，本文系针对他本人的脉络进行专一议题的探讨，以期勾勒出他对于这个议题的长久关注及重要主张。

[3] 曾任巴勒斯坦解放组织发言人（1976—1983）的巴勒斯坦裔美国学者卡利迪（Rashid I. Khalidi）指出："在建立巴勒斯坦人在美国大众心目中的人性观念上，萨义德的贡献肯定超过任何人"（162）。马罗奇（Mustapha Marrouchi）推崇说："他其实是唯一的文化批评家……不但多才多艺，而且从学术独立及严肃的文化参与的立场，向广大的群众发言"（208—09）。鲍威（Paul A. Bové）也有类似的看法（"Introduction"，7）。

方主义》、《巴勒斯坦问题》、《采访伊斯兰》的主要关怀就是强势、主流的欧美世界如何来想象、观看、再现、区隔、围堵、宰制他者。较特别的是《最后的天空：巴勒斯坦众生相》，由他从德裔瑞士摄影师摩尔所拍的数千帧照片中挑选出120帧，配上抒情手法以及夹叙夹议方式写的所思所感，图文并茂地代表／再现日常生活中的巴勒斯坦人，打破了一般人心目中巴勒斯坦人不是难民就是恐怖分子的刻板印象。[1]在他自称为《东方主义》续集的《文化与帝国主义》中，代表／再现依然为主要关怀，而且增添了地理（geography）及抗拒（resistance）等面向。我们甚至可以说，他无时无地不在关切代表／再现的议题，在里斯讲座中则更明列为标题。

至于知识分子此一议题，正如徐贲所言，在萨义德的对立批评（oppositional criticism）里具有中心的地位（Xu ix），徐贲并把他视为“关切一般的政治，尤其文学政治的知识分子—批评家”（Xu 3）。萨义德在访谈中回答笔者询问他的一些重要观念，如“再现”、“世俗性”（secularity）、“现世性”（worldliness）、“抗拒”、“另类”（alternative）、“游牧”（nomad）、“混杂”（hybridity）、“对位”、“批判意识”（critical consciousness）之间的相关性后，笔者追问：“我们能不能进一步说，知识分子的观念，或者你本身作为知识分子，把这些凝聚到一块？”萨义德回答：“是的，就某个程度而言，是的。我想是如此。”（178）

萨义德在《东方主义》中仔细分析了多少世纪以来欧洲人如何看待东方，结尾时笔锋一转：“我尝试提出涉及讨论人类经验的难题之一整套问题：如何代表／再现其他文化？……知识分子的角色为何？……他应该赋予独立的批评意识、对立的批评意识何种重要性？”（325—326）。七年后的《再论东方主义》（“Orientalism Reconsidered,” 1985）一文开宗明义指出：“《东方主义》中最重要的一般议题是代表／再现，权力与知识，知识分子的角色，文本与脉络、历史的关系”（89）。这个说法足以

[1] 详见《摄影·叙事·介入：析论〈最后的天空之后〉》一文，收于本书第133—177页。

证明代表／再现与知识分子的关系早为其重要关切对象，唯在《东方主义》中未及申论。再者，《采访伊斯兰》全书最后一段明言："对于其他文化——尤其伊斯兰文化——的每个解释底下，都是个别学者或知识分子所面对的选择：把才智用来服务于权力，或是服务于批评、社群和道德感。在今天这个选择必须是第一个诠释行动，必须产生决定，而不是拖延观望。"（164）

此外，从《知识分子论》中提到"代表／再现"的几处，大抵可以看出萨义德对此词的一些认定，以及与知识分子的重要关联。首先是他在演讲八个月后所添加的序言中言简意赅地表示："首先当然就是这个观念：所有知识分子都对他们的阅听大众代表了某事，而在这么做时也向自己代表了自己。"（xv/33）在正文中更是多次提及两者之间的重要关系：

> 我认为，对我来说中心的事实是，知识分子是具有能力"向"（to）公众以及"为"（for）公众来代表、具现、表明信息、观点、态度、哲学或意见的个人。而且这个角色也有尖锐的一面，在扮演这个角色时必须意识到其处境就是公开提出令人尴尬的问题，对抗（而不是产生）正统与教条，不能轻易被政府或集团收编，其存在的理由就是代表所有那些惯常被遗忘或弃置不顾的人们和议题。（11/48）

> 让我以自己为例来说明这一点：身为知识分子，我在观众或诉求对象之前提出我的关切，但这并不只关系着我如何发表它们，也关系着自己作为尝试促进自由、正义的理念的人士所代表的。我把这些形诸言词或笔墨，是因为经过深自省思后这些是我所相信的，而且我也要说服别人接受这个观点。（12/49）

> 知识分子的代表是在**行动本身**，依赖的是一种意识，一种怀疑、投注、不断献身于理性探究和道德判断的意识；而这使得个人记录在案并无所遁形。知道如何善用语言，知道何时以语言介入，是知识

> 分子行动的两个必要特色。(20/57)

> 在这些演讲中，我几度说过在理想的情况下，知识分子代表着解放和启蒙，但从不是要去服侍抽象的观念或冷酷、遥远的神祇。知识分子的代表——他们本身所代表的以及那些观念如何向观众代表——总是关系着，而且应该是社会里正在进行的经验中的有机部分：代表着穷人、下层社会、没有声音的人、没有代表的人、无权无势的人。(113/152)[1]

由以上引文可以看出，在这一系列演讲的脉络中，“代表／再现”与“知识分子”的关系密切，并具有数种重要含义。简言之，一方面知识分子本着自己的见解及良知，坚定立场，担任众人喉舌，作为公理正义及弱势者／受迫害者的代表，即使面对权威与险阻，也要向大众及有权势者表明立场及见解；另一方面，知识分子的一言一行也往往代表／再现了自己的人格、关怀、学识与见地。

因此，该系列演讲题目本身便暧昧多义，并涉及下列重要议题：知识分子的定义如何？作用如何？角色如何？他们在何时、何地、为谁、为何、如何来代表／再现？进言之，此系列演讲也彰显了下列事实：萨义德如何来代表／再现知识分子？在他的代表或再现中，又如何代表／再现了身为知识分子的自己——或者更精确地说，如何代表／再现出身于第三世界殖民地、在美国常春藤大学受教且任教数十寒暑，并积极投

[1] 该书其他地方也有类似的说法，如第一章以屠格涅夫的《父与子》、福楼拜的《情感教育》、乔伊斯的《一个青年艺术家的画像》的主角为例，说明：“我们若把近代的公共生活视为长篇小说或戏剧，而不是商业或社会学专著的素材，就最可能看出并了解知识分子如何成为代表——不只是代表某种秘密的或巨大的社会运动，而是代表他们独有的怪异，甚至暴戾的人生风格和社会表现”(14/51)。第二章挑战有关群体和民族的本质论时指出：“知识分子的职责就是显示群体不是自然或天赋的实体，而是被建构出、制造出，甚至在某些情况中是被捏造出的客体，这个客体的背后是一段奋斗与征服的历史，而时有去代表的必要”(33/70)。第五章强调知识分子理应坚持原则，对有权势者说真话：“对权势说真话是小心衡量不同的选择，择取正确的方式，然后明智地代表它，使其能实现最大的善并导致正确的改变”(102/140)。全书最后一段反复斯言：“身为知识分子最困难的一面就是代表经由你的工作和介入所宣告的事情，而不僵化为一种体制或机器人，奉一种系统或方式之令行事。既能成功地达到那个境界，而且也成功地保持警觉、扎实——任何感受到这种欣喜的人，将体会到那种融合是何等的稀罕。”(121/159)

入巴勒斯坦民族自决的知识分子萨义德?[1]

三、长期关怀“知识分子”

前已提及，萨义德对知识分子的兴趣并非始于应邀演讲之时。细查其著作，便会发现早在1975年的第二本专书《开始：意图与方法》即露出端倪。[2] 萨义德在这本最长篇、最理论化，且集中于专一主题的著作中，从长篇小说、文本、批评等方面来探讨“开始”（相对于“源始”）所具有的含义。然而，在这本厚逾四百页的巨著最后一章最后一节，萨义德突然笔锋一转，引进了“知识分子”的主题，援用福柯和德勒兹对知识分子和理论的看法，并说：“我认为福柯和德勒兹把他们去中心的哲学（philosophy of decenterment）视为具有革命性并非没有道理，至少此观点仰赖的是这种知识分子的看法：知识分子自视在本行和其建制的支持（institutional supports）中扮演着反对的角色”（378）。萨义德进一步认为：“这里福柯和德勒兹重新加入了反对的认识论的潮流，这股潮流见于维柯、马克思、恩格斯、卢卡奇（György Lukács）、法农，也见于乔姆斯基、柯尔柯（Gabriel Kolko）、罗素、威廉斯（William A. Williams）和其他人的激进政治写作中。写作是一种掌握语言的行动，为的是做某件事，而不只是为了逐字重复一个观念”（378）。他在结论时并简要阐释“开

[1] 《知识分子论》问世之前由知识分子的角度对萨义德所进行的研究主要有下列几种：侯赛因（Abdirahman A. Hussein）从《康拉德与自传小说》、《开始：意图与方法》、《东方主义》来研究萨义德作品中知识分子的角色；徐贲以批评家—知识分子（critic-intellectual）的角度来比较研究萨义德和兰特里夏（Frank Lentricchia）；哈特（William D. Hart）以文化批评家的角色来探讨萨义德，并置于阿诺德、艾略特、斯威夫特和维柯的脉络中。本文则以《知识分子论》为讨论的焦点。

[2] 他的第一本书《康拉德与自传小说》原为博士论文，虽未明显触及知识分子的议题，但已包含日后的一些主题及关怀，如流亡，文化与帝国主义，语言，书写，再现，文本与作者自我、世界的关系，当代理论及其运用等。就本文的脉络而言，该书至少具有两种意义：首先，他对康拉德的描述（“他是位自觉的外国人，以异国的语言撰写隐晦的经验，而他太了解这一点了”[*Joseph*，4]）以及恒久不渝的兴趣，这种自觉的流亡立下了萨义德一生的基调；其次，就方法论而言，此书运用现象学的方法，并着重于书信及作品所反映出的作者之统一意识，多少可用来说明萨义德对于知识分子此一议题一以贯之的关切。如在接受笔者访谈时，他表示上述有关康拉德的描述“绝对”解释了他对康拉德持久不衰的兴趣，而且说：“我最常回过头来讨论的作家就是康拉德，因为我在康拉德中注意到的是很类似我个人的经验”（182）。而《开始》一书在许多方面代表萨义德的开始——如由作家的解析转到理论的探讨，有关知识分子及专业等的讨论自此书后反复出现。

始”与学术、批评、知识、权力、再现、知识分子等的关系。

在次年与文学批评期刊《析辨》的长篇访谈中——此为萨义德第一篇，也是唯一以书面进行的重要访谈——萨义德对于《开始》一书的结构有如下的说法：前五章是暗示，最后讨论他心仪的意大利历史哲学家维柯的专章则是明言（39）。我们不妨也仿此而说：此章甚或此书所讨论的议题，其实归结到萨义德对于知识分子、学术、理论、批评、知识及权力等的关怀。

此后，他对知识分子的观察层出不穷，而且往往出现在论文或专书的结论或关键处，[1] 有时甚至让人觉得与论述的主题未必密切相关，由此可见他对此议题的执念，其中以知识分子为名的论著包括了《知识分子斯威夫特》（“Swift as Intellectual,” *World*，72–89）、《后殖民世界中的知识分子》（“Intellectuals in the Post-Colonial World”）、《第三世界知识分子与都会文化》（“Third World Intellectuals and Metropolitan Culture”）等，以知识分子为名的访谈也包括了《美国知识分子与中东政治：萨义德访谈录》（“American Intellectual and Middle East Politics: An Interview with Edward W. Said”）和《知识分子与战争》（“The Intellectuals and the War,” *Politics*，304–319）。《流离失所的政治》一书的第三部标明为“政治与知识分子”（“Politics and Intellectuals”）。2001 年出版的《权力、政治与文化》精选了他从 1976 至 2000 年间的 29 篇访谈，其中以知识分子为名的就有三篇：《美国知识分子与中东政治》（323—342）、《知识分子与战争》（357—367）和《〈东方主义〉、阿拉伯知识分子、马克思主义与巴勒斯坦历史中的神话》（“Orientalism，Arab Intellectuals，Marxism，and Myth in Palestinian History”，437–342），而索引中“知识分子”之下便细分了 29 项（470–471）。这个议题对萨义德的重要性还可由下列事实看出：威廉斯（Patrick Williams）所编四册有关萨义德的评论集中，第一册第

[1] 以专书为例，如《东方主义》325 以次，《开始》378 以次，《采访伊斯兰》全书末段（172—173），《世界·文本·批评家》全书末段（292），《文化与帝国主义》全书最后一句（336）。

一部便是“知识分子与批评家：立场与争议”（“Intellectuals and Critics: Positions and Polemics”），收录了十四篇讨论萨义德的论文以及三篇与萨义德的访谈（3–334）。因此，如果说“知识分子”是萨义德毕生最主要的关怀之一，实不为过。

然而更重要的是，“知识分子”这个议题对于萨义德绝不只是研究的议题，纯粹为了满足知识的探索及好奇，而是具有更深刻的实践的意义。他在许多场合指出，1967 年的中东战争是他人生的转折点：在那之前，对他而言学术与政治分属不同的领域；在那之后，两者合而为一。最具体的产物就是中东三部曲。换言之，萨义德身为少数在英美世界握有发言权的第三世界菁英人士，“知识分子”这个课题对他既是理念的探索，也是实践的指针及检验的标准。[1] 里斯讲座以此为题，自然令人产生萨义德“夫子自道”的联想。虽然他在该书序言有意撇清，声称并无自传的色彩，但不论是演讲时的听众或结集出版后的读者，大都不作此想，甚至把此书作为大半生致力于学术及政治活动的知识分子萨义德对于“知识分子”的理论与实践的归纳性看法。这种认定不是萨义德所能轻易否定的。

《知识分子论》是萨义德毕生有关此议题最详尽、有系统的论述。全书不但保有他一贯明白晓畅的风格（相对于其他的文学与文化批评家和理论家），更因为是广播稿而显得平易近人。细察全书的章节结构，便会发现纲举目张的六个重点，大都已出现在过往的作品中（有些更是反复出现），而且彼此密切相关，在此书中更统摄于知识分子的主题下。这点可以 20 世纪 80 年代初期的《世俗的批评》（“Secular Criticism”）一文为例。在提到批评家必须区别本能的根源和社会的认属关系（instinctual filiation and social affiliation）之后，萨义德指明世俗的批判意识（secular critical consciousness），将其连接上知识分子、民族、专业等议题，并表明自己的立场：当代的批判意识处于上述先天的根源与后天的认属关系

[1] 萨义德的政治参与主要集中于巴勒斯坦的相关议题，本文受篇幅所限无法探讨。然而他的政治参与具体呈现了他对知识分子的主张，如世俗的批评的重要性、流亡者的处境、业余之有利、向权势说真话等。有关这些议题的讨论详见下文。

之间，前者与出生、民族、专业有关，后者与社会、政治、经济、历史因素有关，必须慎加选择；而由于不满专业化、职业化、族裔中心论、民族主义所造成的保守气氛，萨义德的抉择是后者（*World*，24–25）。[1]该文简短两段谈到的议题在《知识分子论》中得以申论。为了讨论方便，下文按照《知识分子论》的论点及思路，并佐以萨义德在不同场合的相关论述。[2]

四、知识分子的范围与形成

讨论知识分子的议题时，当务之急就是界定此一名词。萨义德以往在谈到知识分子时，多少把它当成一个不证自明的名词，但在本书则是直接面对，并以此一问题开启他的系列演讲："知识分子究竟为数众多，或只是一群极少数的菁英？"(3/41)。他的提问主要来自有关知识分子的两个迥异观点：葛兰西与班达。萨义德在葛兰西所区分之（主动参与、改变社会的）有机的知识分子与（致力于维持现状的）传统的知识分子之间，[3]选择前者而放弃后者，并配合当前的社会情况，认为今日有机的知识分子"在民主社会中试着获取潜在顾客的首肯、赢得赞同、引导消费者或选民的意见"，其范围甚至含括了广告或公关专家（4/42）。因此，知识分子的数量显然众多，而非限于少数的菁英。

班达的看法则截然不同，认为"知识分子是一小群才智出众、道德高超的哲学家—国王，他们构成人类的良心"，其本色在于"受到形而上的热情以及正义、真理的超然无私的原则感召时，斥责腐败、保卫弱者、反抗不

[1] 萨义德认为批评之所以反对族裔中心论，是因为后者与单一中心论（monocentrism）密切相关（*World*，53）。

[2] 艾希克洛夫特和阿赫鲁瓦利亚（Bill Ashcroft and Pal Ahluwalia）在《爱德华·萨义德：认同的吊诡》（*Edward Said: The Paradox of Identity*）中，以"知识分子"专章总结全书，该章的讨论重点及顺序，与下文相似。

[3] 有关葛兰西对于此二类知识分子的讨论，参阅其《狱中札记选》（*Selections from the Prison Notebooks of Antonio Gramsci*），第5—23页。

完美或压迫的权威”(4—6/42—43)。[1] 符合这种理想色彩的知识分子“数量必然不多，也无法以例行的方式培育出来”(7/45)。此外，萨义德提到了美国社会学家古德诺（Alvin W. Gouldner）和福柯的知识分子观，但显然对于晚近以专业人士姿态出现的知识分子颇不以为然（9—10/46—47)。[2] 其实，早在二十多年前，他就对学院内的前卫批评家表示不满，认为他们不辩论“知识分子在危机时的责任，尤其是在制造或定义危机的角色”，而且“不愿成为一般的知识分子”(“Interview”，38–39)。

为了适应当前社会的需要，符合时代的脉动，萨义德结合了葛兰西较世俗的有机知识分子的观点和班达心目中知识分子的理想形象，提出一己的主张：“我在这系列演讲中的论点所视为当然的，就是原先葛兰西所主张而在 20 世纪末成为现实的情况，但我也坚持主张知识分子是社会中具有特定公共角色的个人，不能只化约为面孔模糊的专业人士，只从事自己那一行的能干成员”(11/48)。在此，萨义德揭露了知识分子与代表 / 再现的关系，其批判角色，反专业主义，以及为弱势伸张正义的立场。

然而知识分子的特色何在——坐而言？起而行？还是兼而有之？两者之间的关系如何？萨义德对此有进一步的阐发，在此可看出他对于行动的强调以及对于语言、时机的重视，也兼顾了思、言与行之间的关系：“知识分子的代表是在*行动本身*，依赖的是……一种怀疑、投注、不断献身于理性探究和道德判断的意识……知道如何善用语言，知道何时以语言介入，是知识分子行动的两个必要特色”(20/57)。这点证诸他在

---

[1] 萨义德认为班达的看法“基本上很保守”，而班达在《知识分子之背叛》(*La trahison des clercs*) 中所描绘出的则是下列的知识分子形象：“特立独行的人，能向权势说真话的人，耿直、雄辩、极为勇敢及愤怒的个人，对他而言，没有什么世间权势是庞大、壮观到不可以批评、直截了当地责难的。”(8/46) 在《世界·文本·批评家》一书中萨义德曾提到班达，有趣的是，当时他注意到的是班达和葛兰西的观点（“有机的知识分子结合反对统治阶级霸权的新兴阶级”）吻合之处，并指出班达“确实错在赋予孤立的知识分子太多社会力量”(*World*，15)。在同书中萨义德也指出班达有关知识分子的定义“无疑过于狭隘且理想化”，但班达有关“知识分子的义务是不顾利弊得失，坚守绝对价值，说真话”的主张则“很有吸引力”(80)。

[2] 萨义德长久以来就质疑、批评专业化及职业化，详见下文。徐贲认为萨义德忽略社会学家有关知识分子的研究（*Situational*，52，57），并说其分析模式与社会学家希尔斯（Edward Shils）、科塞（Lewis A. Coser）迥异。但证诸萨义德在此处征引古德诺，他处借重希尔斯对于近代知识分子的“经典式的定义”(35—36/72—73) 以及米尔斯 (C. Wright Mills) 的看法 (20—22/57—59)，而且早在《世界·文本·批评家》中便称赞科塞的著作是“有关现代西方知识分子最佳的历史综览之一”(79)，可见并非全然如徐贲所言。

坚实的学术基础上批判东方主义，在研究领域上创立典范，为后殖民论述开疆辟土，而在政治上则表现于对巴勒斯坦民族解放运动的关怀与投注，著书立说，四处奔走，大声疾呼，为身体力行立下了楷模。

另一个重要议题则是：知识分子之言与行的目的为何？在这一点上，萨义德显示了与后现代主义截然不同的看法，此点可视为后殖民论述与后现代主义的重要分野，即重视大叙事和急切的历史与政治需求（“*Orientalism*，an Afterword”，56）。萨义德是美国本土引介欧陆理论的重要先驱之一，但第三世界的背景使他无法接受利奥塔所谓的“解放与启蒙的大叙事已消失”（“the disappearance of grand narratives of emancipation and enlightenment”）的论调。相反地，在他看来，世界上许多地方依然渴求公理、正义，亟须争取平等，因此知识分子没有理由舍弃解放与启蒙的理想，反而应坚持全人类的自由、知识、启蒙、解放等普遍价值。在他看来，“知识分子活动的目的是为了增进人类的自由和知识”（17/55），即使在当今的情境中依然大有可为。他批评后现代主义者如利奥塔者流“是在承认自己的怠惰无能，甚至可能是冷漠”（18/55）。[1] 此点充分反映了他的立场——在国际事务上反对双重标准，遵奉普遍原则：“在涉及自由和正义时，全人类都有权期望从世间权势或国家中获得正当的行为标准；必

---

[1] 萨义德对于欧陆的后结构主义者，如德里达（“Interview with *Diacritics*”，37）、利奥塔，迭有批评，尤其不屑鲍德里亚（Jean Baudrillard）一切都是拟像（simulacrum）的论调，此点见于他接受访谈时的说法。访谈者提出鲍德里亚说海湾战争是“超真实的非事件”（a hyper-real non-event），萨义德尖锐地回应：“就那一点，我认为应该把他送到那里——给他一把牙刷和一瓶法国矿泉水”（“Orientalism and After” 86）。对于启发他甚多的福柯则是爱恨交加。他多次撰文讨论福柯，但也经常批评福柯，尤其指责他的抗拒意识不够。然而他在早期作品中以福柯济解构批评之不足（“Interview with *Diacritics*”，34，35–36，40），在《东方主义》中肯定福柯有关知识与权力的看法对于该书的影响（23），在最具理论性的两本专书《开始》和《世界·文本·批评家》中多次引用福柯，《采访伊斯兰》的末章名为“知识与权力”（“Knowledge and Power”），常常见得到福柯的踪影。甚至在《知识分子论》中，萨义德对于美国以世界警察自居，介入海湾战争的做法很不以为然，他认为“此时此地知识分子的职责［是］：挖掘出遗忘的事情，连接起被切断的事情，引用原本可以避免战争及随之而来的人类毁灭的另类作法”（22/59）。这种论调其实响应了他在序言中所提到的“福柯所谓的‘不屈不挠的博学’（“a relentless erudition”），搜寻另类的材料，发掘埋藏的文件，唤回已被遗忘（或放弃）的各类历史”（xviii/36）。在《后殖民世界中的知识分子》中，他也坦承受益于福柯和 R. 威廉斯之处无可估计（“inestimably indebted”，62），但接着便批评他们忽略殖民经验。鲍威曾说：“萨义德和‘历史学家’怀特（Hayden White）是有关福柯最有影响力的英语评论者，批评家经常把他的《东方主义》视为美国唯一可以和福柯本人对于权力和论述的分析分庭抗礼的批判性学术”（*Intellectuals*，212）。有关萨义德对于福柯的批评，见鲍威（*Intellectuals*，220，222，223）。然而鲍威指出：“问题不在于萨义德对福柯的说法是否‘正确’。……在萨义德后来的作品中，福柯是一个必要的敌手，一个关键性因素，让他运用战术来强化自己的立场”（214）。因此，萨义德与福柯的关系错综复杂，值得深究。

须勇敢地指证、对抗任何有意或无意违犯这些标准的行为。”（11—12/48—49）这些显见于他对国际政治的批评，尤其是美国对以色列的外交政策。

五、反对狭隘的民族论与本土论

虽然萨义德对后现代的论调予以严厉批判，但对（尤其和后殖民论述密切相关的）民族论与本土论也保持警觉。他深知自己有关知识分子的定义主要是由欧洲人——更精确地说，从葛兰西和班达——的论点出发，但不以此为限，亟思由自己特定的视角省思相关议题。因此，他一方面把第三世界放入思考的脉络，以济欧洲观点之不足，另一方面藉此省视后殖民情境中知识分子的处境。换言之，特殊的处境让他可以出入于两者之间，并对两者都保持批判态度。

自二战以降，欧洲殖民帝国相继瓦解，许多殖民地纷纷独立，再加上当今信息、交通发达，世界各国一方面企图建立、维持一己的民族认同，另一方面则不能罔顾不同民族、文化之间的密切互动（25/63）。换言之，如何保持一己的特色与认同——或者萨义德所谓的“歧异”（“difference”）与“他性”（“otherness” [26/63]）——却又不自外于国际社会，如何入乎民族、传统之内又出乎其外，如何兼顾本土化与国际化、特殊性与普遍性，都是必须严肃面对的课题。

由第二章的标题——“为民族与传统设限”（“Holding Nations and Traditions at Bay”）——可以看出萨义德以审慎、保留的态度来看待涉及民族与传统的议题。他的立场一方面有别于仅限于欧洲主流的见解，而欲带入涉及后殖民论述的宽广视野，另一方面则避免在带入后殖民的见解时，因过于重视特殊性（specificities）而忽略了对于知识分子的普遍要求。[1] 换言之，他的批判意识不限于针对欧美强权，也表现在时时质疑

[1] 萨义德将后者描述为“窄化的焦点和在地化（localization）的现象”，并认为这些“来自专业化研究令人惊异的发展”（26/64）。

后殖民情境及民族主义，保持警惕。[1] 萨义德说："尽管存在着这些歧异与他性，尽管对于知识分子的普遍观念必然有所减损，但是有关个别知识分子的一些普遍观念——这是我在此处的关怀——似乎不只限用于特定的地方"(26—27/64)。要言之，他的手法是存异而求同：在尊重各民族、传统、文化之特殊性的前提下，对于分属不同民族、传统、文化的知识分子提出普遍的要求。另一方面，他多次强调文化是混杂的，并无纯粹的本质可言，因此不但反对狭隘的本土论，对于把世界化约成几个文明、夸大彼此之间的冲突……这类说法更是口诛笔伐。[2]

萨义德存异求同的方式为：先肯定每个知识分子具有特殊的语言及民族性，而每个语言社群中的表现习惯"主要作用之一就是保持现状，并确保事情能够平稳、不变、不受挑战地进行"(27/65)，因此，积极寻求改进现状的知识分子虽然诞生于特定的语境与民族，却必须据用语言以达到改变现状的目的(33/70)。

关于这方面萨义德有几项论点。首先就是立场的选择："知识分子总要有所抉择：不是站在较弱势、代表不足、被遗忘或忽视的一边，就是站在较强势的一边"(32—33/70)，与胜利者和统治者结合或对立(35/72)。而他的立场则明确而坚定：支持弱势，不以现状为满足，进而"与盛行的正规争辩。"(36/73)

其次，萨义德试图从根本挑战有关民族的本质论。[3] 这点与他在其他

---

[1] 这就是为什么刘禾认为有必要澄清"萨义德 = 反西方主义 = 提倡民族主义"的说法(4)。

[2] 如《第三世界知识分子与都会文化》中说："文化经验，其实所有的文化形式，就历史上、根本上、典型上都是混杂的。"(48)余英时也指出："萨义德虽然主张中东阿拉伯世界各族群建立自己的文化认同，以抵抗西方帝国主义的文化霸权，但他并不取狭隘的部落观点。相反地，他认为文化认同绝不等于排斥一切'非我族类'的文化。……总之，今天世界一切文化都是混合体，都杂有异质的、高度分殊的因子，没有一个文化是单一而纯粹的。"(12–13)因此，萨义德多次批评亨廷顿有关"文明的冲突"(clash of civilizations)的主张。

[3] 身为后结构主义者的萨义德质疑本质论。反讽的是，由于萨义德对东方主义的严厉批判，致使《东方主义》给人的一般印象反倒是强调，甚至强化东西对立。然而，细心的读者会发现，其实该书中不时出现反本质论的说法(108，240，246，273)以及对于建构性的认知，一再提到东方主义是虚构(321，328)，建构(144，148，322)，捏造(1)，创造(148)，人为的(5)。《〈东方主义〉后语》("*Orientalism*, an Afterword")一文指明该书是"明确地反本质论"("explicitly anti-essentialist"，34)。他也提到"不太小心的读者"在读完《东方主义》和《采访伊斯兰》之后，把他当成提倡"东方与西方、伊斯兰教与基督教、西方文化与第三世界文化的对立"("Interview" [with Wicke and Sprinker]，230–231)。在接受笔者访谈时，他更说："东方的观念是极具弹性的，而这也正是我的论点之一。它可以用无数的方式来指涉与'我们'不同的对象"(169)。

著作中经常引用霍布斯鲍姆（Eric Hobsbawm）的“传统之创造”（“the invention of tradition”）密切相关。[1] 在萨义德看来，“至于群体或民族认同的共识，知识分子的职责就是显示群体不是自然或天赋的实体，而是被建构出、制造出，甚至在某些情况中是被捏造出的客体，这个客体的背后是一段奋斗与征服的历史，而时有去代表的必要”(33/70)。申言之，他挑战有关群体与民族的本质论式的说法，认为是在不同时空下经由人的意志与努力所创造出来的，因而须由人类历史、世俗的角度来讨论。这点切合他一向主张的世俗的批评以及来自维柯的启发。[2]

既然知识分子无法改变出生于一种语言、民族的情况，他所能做的就是据用语言来达到改变现状、为弱势伸张正义的目的。有趣的是，此处萨义德特地以伍尔芙（Virginia Woolf)《自己的房间》(“A Room of One’s Own”）为例，说明“知识分子以完全适合当前工作的语言来代表被遗忘的‘较柔弱的性别’”(34/71)，而伍尔芙此作对于女性主义所发挥的巨大功效则是有目共睹的。[3]

在涉及群体和民族时，最强有力的要求就是忠诚与服从（36/73)，不鼓励批评、异议。对此，萨义德的批判立场坚决而干脆：“绝不把团结置于批评之上”(32/70)。在他所举的实例中，除了批评美国欺压原住民(37/73—74)、参与越战和英国发动福克兰群岛战争（the Falklands War）[4] 之外（45/80)，并以世界其他地区的情况来说明知识分子批判意识的重要性：如伊斯兰知识分子应恢复个人的诠释；印度的泰戈尔（Rabindranath Tagore）和古巴的马蒂（José Martí）不因支持民族主义而减低他们的批评；日本因知识分子的误导而走向军国主义与本土主义，不但造成其他

[1] 他曾数度提到霍布斯鲍姆的这个观念，如《文化与帝国主义》(15–16，32，109)，《后殖民世界中的知识分子》(56)，然而《知识分子论》中只提到霍氏一次（73/112)，且未引用此观念。

[2] 详见《开始》末章及《世界·文本·批评家》绪论。

[3] 萨义德较少谈及女性主义，但在 1992 年的一篇访谈中，明确表示了他对女性主义的兴趣，如何“尝试在政治上、知识上连接其他的介入”(“Interview” [with Wicke and Sprinker], 248–49)。在另一篇访谈中，也专节讨论“《东方主义》与女性主义”(“Orientalism and After”，73–75)。本文的匿名审查人之一也指出，《再论东方主义》一文“对女性主义之成果已广为挪用及发挥”。

[4] 又称马尔维纳斯群岛战争，简称马岛战争，是 1982 年 4 月至 6 月间，英国和阿根廷为争夺福克兰群岛主权而爆发的一场战争。——编者注

民族的重大苦难，也险些让自己的民族陷于万劫不复的境地；南非的波尔人虽摆脱英国的殖民统治，却制定了内部殖民的种族隔离政策等(40—45/76—80)。有鉴于这些斑斑史迹，萨义德提醒："知识分子总是很容易且经常落入辩解和自以为是的模式，使自己昧于面对以自己族裔或国家社群之名所犯下的罪行"(45/80)。

凡此种种显示了知识分子与民族、传统之间应保持的关系与距离。再就后殖民的情境而言，虽然民族主义是抵抗帝国主义的必要利器，然而萨义德反对"民族主义……变成了盲目崇拜本土的本质和认同"("Expanding"，115)。就这一点而言，他主张解放（liberation）比独立（independence）更为重要，否则只是以暴易暴（"Interview" [with Wicke and Sprinker]，236–237)。追根究底，这种看法来自法农的启发，因为法农曾经指出"民族主义意识的陷阱"（the "pitfalls of nationalist consciousness"），并警告若不以"社会意识"取代"民族主义意识"，则"未来不是解放，而只是帝国主义的延伸"(*Culture*，267)。在萨义德看来，只有"法农为反专制的运动提供了那种利器"(*Culture*，278)。当然，知识分子与民族之间的关系也有正面之处，如"在黑暗时代，知识分子经常被同一民族的成员视为代表、发言、见证那个民族的苦难"，因此他们肩负着"代表自己民族的集体苦难，见证其艰辛，重新肯定其持久的存在，强化其记忆"这些"极为重要的任务"(44/79)。[1] 然而，"忠于团体的生存之战并不能因而使得知识分子失去批判意识或减低批判意识的必要性"(41/77)，甚至为了长久、广大的利益，更必须坚持批判意识。这种代表与再现应扩及全人类，以便汲取历史的教训，不致重复相同的苦难，阻止并揭露其他或自己民族可能犯下的相同罪行（45/80)。[2]

---

[1] 证诸萨义德有关巴勒斯坦的论述及积极投入，以及在访谈及著作中一再强调巴勒斯坦人流离失所的集体苦难及艰辛，重视历史、记忆及叙事，可见这些主张都来自他亲身的深切体验。

[2] 萨义德在许多场合一再强调但此处并未提及的，就是犹太复国运动如何由以往流离失所，甚至遭到大屠杀的被害者，在独立建国之后反而成为虐待巴勒斯坦人的加害者，尤其可参阅《巴勒斯坦问题》第二章《从受害者的立场看犹太复国主义》（"Zionism from the Standpoint of Its Victims"）及他与希钦斯（Christopher Hitchens）合编的《责怪受害者》（*Blaming the Victims*）。这也是他提倡一体适用的普遍标准、反对双重标准的重要原因。

质言之，萨义德以抽象论证及斑斑史迹说明了批评意识、历史、记忆的重要，以及将其普遍化的必要。这些正是他屡次为巴勒斯坦人大声疾呼、争取正义时所一再强调的。因此，马罗奇推崇“萨义德以作家和知识分子的身份抗议任何形式的压迫，其经验堪称符合了法农认定批评家是‘进步的良心’（*conscience évoluée*）的原则，与受迫害的人团结在一起”(234)。

六、流亡者的处境与况味

“流亡是最悲惨的命运之一”(47/85)，萨义德以这句话开启《知识分子的流亡：放逐者与边缘人》（“Intellectual Exile: Expatriates and Marginals”）一章。在简短叙述古今流亡的不同之后，便将此词以隐喻的方式应用于知识分子身上。他曾以接受西方教育的巴勒斯坦人之双重角度撰写《巴勒斯坦问题》。身为巴勒斯坦裔的美国学者，[1] 萨义德对流亡有着深切的感受，以往也有多种的比喻与明言。1984 年他便以“寒冬心灵”（“the mind of winter”）来形容流亡者的心境，并说：“大多数人主要知道一个文化、一个环境、一个家，流亡者至少知道两个；这个多重视野产生一种觉知：觉知同时并存的面向，而这种觉知——借用音乐的术语来说——是对位的。”在他心目中，“流亡是过着习以为常的秩序之外的生活”，其特色为：“游牧的、去中心的（decentered）、对位的……”(“Mind”，55)。1986 年《最后的天空之后》以生动的照片呈现巴勒斯坦人的日常生活，其中“流亡”一词多次出现，并说“吊诡的是，巴勒斯坦的认同在于流离失所和失落的经验”(120)。在该书 1999 年哥伦比亚大学版新序开宗明义道出：“《最后的天空之后》是一本流亡者之书”（“an

---

[1] 在《认同·权威·自由：君主与旅人》中，萨义德明确提到自己这三重身份及其互动的意义：“我是巴勒斯坦的阿拉伯人，也是美国人，这赋予我的双重角度即使称不上诡异，但至少是古怪的。此外，我当然是学院人士。这些身份中没有一个是隔绝的；每一个身份都影响、作用于其他身份。……因此，我必须协调暗含于自己生平中的各种张力和矛盾。”(12)

exile's book", vii)。1991年发表于南非的演讲《认同·权威·自由：君主与旅人》[1]以君主与旅人两个比喻来对比，指出知识阶层不宜以独霸一方、大权在握的君主自居，而应成为愿意跨越边界、出入不同领域、随遇而安的旅人，无休无止地追求知识与自由。1993年出版的《文化与帝国主义》也自称此书为"一本流亡者之书"(xxvi)。1994年的专书更以"流离失所的政治"为标题，诉说巴勒斯坦人争取自决的奋斗。

在《知识分子论》中，他进一步指出："流亡者存在于一种中间状态，既非完全与新环境合一，也未完全与旧环境分离，而是处于若即若离的困境，一方面怀乡而感伤，一方面又是巧妙的模仿者或秘密的流浪人。精于生存之道成为必要的措施，但其危险却在过于安逸，因而要一直防范过于安逸这种威胁。"(49/87) 书中再度提出了类似君主与旅人的比喻："像马可波罗那样一直怀有惊奇感，一直是个旅行者、过客，而不是（像鲁滨逊那样的）寄生者、征服者或掠夺者。"(60/97) 他的学生也引述他的话："由于疾病和年事渐高之故，我从来没有像现在这样明白这个事实——在任何地方我都没有真正在家／自在的感觉。"("I really don't feel *at home* any place", Lawrence, 24) 诸如此类的说法不仅表现了他对于流亡的所感所思，也印证了流亡的处境对于他的立场与观点有着决定性的影响——当然也包括对于知识分子的看法。[2]

---

[1] 此文原先发表于南非开普敦大学第三十一届达伟纪念讲座，以纪念在种族隔离政策下捍卫学术自由的该校已故副校长达伟。萨义德在《知识分子论》中说："为了更介入政治，每当巴勒斯坦团体请我帮忙，或南非的大学邀我去访问并发言反对种族隔离政策、支持学术自由，我都照例接受"（87/127），所以发表这篇演讲是以实际行动表示支持。此文由开普敦大学以专书形式出版，后来刊登于美国期刊 *boundary 2* 21.3 (1994): 1–18。

[2] 斯蒂尔（Meili Steele）指出萨义德常以流亡者为典范，如《世界·文本·批评家》中的奥尔巴哈（Erich Auerbach）和《文化与帝国主义》中的法农和詹姆斯（Steele, 98）。又如《音乐的阐发》（1991）和《论晚期风格》（2006）中的主要启发来自另一位流亡者阿多诺。1998年第六届美国文学与思想研讨会把本文与李有成的论文《楷模：杜布埃斯、非裔美国知识分子与盖慈的〈十三种观看黑人男性的方法〉》安排于同一场次，因此会中有人询问萨义德和韦斯特对于知识分子的看法有何异同。由于两人的背景特殊且复杂，此处只能简略回答。李有成的论文引述韦斯特的观点："知识分子及政治领袖既不是菁英的，也不是民粹的；而应该是民主的，我们每个人都应不亢不卑地站在公共空间，为公共利益提出我们最好的视境与看法。而这些议论应在互敬互重与相互信任的气氛之下提出来"（李，9）。这种民主、公开、反对权威的论调，自我期许的责任感，对于公共空间的重视也见于萨义德。此外，两人都运用自己所长，善于掌握发言机会，勇于为弱势者仗义执言。然而，在斯蒂尔看来，两人相异之处在于萨义德虽然强调其出身背景等"实证的处境"（"empirical positionality," 101），却很少将其个人及思考置于特定的传统（99, 101），而坚持流亡的身份，以这个角度来观察事物，产生"流亡的批评"（"criticism of exile"）；韦斯特则着重于"着根"（"rootedness"），尤其扎根于四个传统：实用主义、马克思主义、非裔美国文化、基督教（Steele, 102）。由下文可以看出，萨义德更进一步把流亡者以隐喻的方式应用在知识分子身上。

虽然萨义德也描述了若干流亡在外而且表现杰出的知识分子，但较特殊的是他以流亡来比喻留在自己国家的知识分子，更精确地说，以流亡来形容在本国之内而处于权力核心之外的“谔谔之人，这些个人与社会不合，因此就特权、权势、荣耀而言都是圈外人和流亡者”。在萨义德看来，“把知识分子设定为圈外人的模式，最能以流亡的情况加以解说”，并进一步对于“这个隐喻意义的知识分子”有如下的说法：“流亡就是无休无止，东奔西走，一直未能定下来，而且也使其他人定不下来”(53/91)。这种隐喻的用法，所发挥的效用之一就是把萨义德特殊的流亡者身份及感受，普遍化为众多知识分子的处境，把流亡“当成批判距离的恰切象征”(Bové，*Wake*，62)。

萨义德谈到“作为流亡者的知识分子倾向于以不乐为乐”(53/91)，也列举了斯威夫特、奈保尔（V. S. Naipaul）和阿多诺等古今作家和批评家，对阿多诺着墨尤多。[1] 而且，他明白指出：“流亡这种状态把知识分子刻画成处于特权、权力、如归感这种安适自在之外的边缘人物”(59/97)。然而，身为流亡者并非没有乐趣、报偿或“特权”，在这一点上萨义德回到他在许多场合对于“另类”的强调：“流亡有时可以提供不同生活安排，以及观看事物的奇异角度；这些使得知识分子的行业有生气，但未必减轻每一种焦虑或苦涩的孤寂感”(59/96—97)。

这种对于另类的重视并不是为了歧异而歧异，而是为了强调一种更普遍的适用标准，由于这重转折使他得以摆脱类似前文所谓的民族与传统的限制。析言之，套用萨义德有关对位与另类的说法，流亡者—知识分子能同时以过去与现在、他方与此地的方式来观察事情，从而得出有异于只从单一视角所得的见解：“因为流亡者同时以抛在背后的事物以及此时此地的实况这两种方式来看事情，所以有着双重视角，从不以孤立的方式来看事情。……就知识上而言，这意味着一种观念或经验总是对

[1] 在《世界·文本·批评家》中有二文讨论斯威夫特，其中之一以知识分子的角度来重新省思斯威夫特，可以看出萨义德早期对知识分子的一些思索以及对斯威夫特的推崇。

照着另一种观念或经验，因而使得二者有时以新颖、不可预测的方式出现：从这种并置中，得到更好，甚至更普遍的有关如何思考的看法，譬如借着比较两个不同的情境，去思考有关人权的议题”（60/97—98）。

一如前文强调民族的建构性，此处萨义德的另一个重点就是：流亡所提供的比较视角，更能使人看出情境的机缘性（contingency），亦即“视情境为人们一连串历史选择的结果，是人类造成的社会事实，而不是自然的或神赋的（因而是不能改变的、永恒的、不可逆转的）”（60/98）。萨义德于此明白指出此一观念乃系得自他“长久以来心目中的英雄”维柯的启发（61/98），并再度呼应他在《开始》中所强调的复数的“开始”，以及在《世界·文本·批评家》中所着重的“世俗的批评”。[1] 简言之，对于各种事情避免以宗教式的狂热或偶像崇拜式的迷信来面对，而以世俗、现世或常识的方式来处理。

流亡所提供的另一有利之处就是不墨守成规，勇于闯荡，走出前所未有的道路，因为“对于知识分子来说，流离失所意味着从寻常生涯中解放出来……流亡意味着将永远成为边缘人，而身为知识分子的所作所为必须是自创的，因为不能跟随别人规定的路线”（62/100）。因此，他在结尾时指出：

> 知识分子若要像真正的流亡者那样具有边缘性、不被驯化，就得要有不同于寻常的回应：回应的对象是旅人过客，而不是有权有势者；是暂时的、有风险的事，而不是习以为常的事；是创新、实验，而不是以威权方式所赋予的现状。流亡的知识分子回应的不是惯常的逻辑，而是大胆无畏；代表着改变、前进，而不是故步自封。（63—64/101—102）

萨义德对于许多文化及政治议题的勇敢投入、口诛笔伐，体现了此处对

[1] 有关世俗的批评在知识分子此一议题中的意义，详见下文。

于流亡的知识分子的描述与期许。

七、专业之不足，业余之有利

相对于流离失所、无所忌讳的流亡的知识分子，循规蹈矩、墨守成规的作风惯常出现在具有专长的知识分子身上，因为他们往往为了切身的利益（如物质的报偿或职位的晋升）而遵守行规、唯唯诺诺。[1] 萨义德引用雅各比（Russell Jacoby）的说法：他们的目标“主要是为了学术的晋升，而不是促成社会的改变”（71/110）。

早在《开始》一书结尾，萨义德便从维柯的观点对于知识的建制（the institutions of knowledge）有所批评，指出当代学术要针对“知识的建制采取行动”。他兼采福柯和乔姆斯基的观点进一步指出：“这些[代表权力的]建制包括了专业化，意识形态的职业化，以及有层级的价值系统，（借着颁奖和给予声望）把强化传统的解释置于首位……”（379）由此可见，在萨义德的生涯中，很早就萌发了对于知识建制及专业的批评。[2] 尔后出版的《东方主义》是针对多少世纪以来东方研究这个文化建制与帝国产业空前有力的批评。《采访伊斯兰》中批评的对象主要是新闻媒体，明确指出常识与批判性评估（common sense and critical assessment）为人人可得，“既非特殊阶级的特权，也非为一小撮有证照的‘专家’所拥有”（162），并对所谓的专家严词抨击（161—163）。

在撰写《采访伊斯兰》时，萨义德还问：“独立的知识分子有无任何方式来维持自己的独立并且直接为国家工作？”（22）。然而，一如在定义知识分子时必须体认当前的情境，在讨论知识分子与建制的关系时，萨义德也确知现今已不太可能有像从前那样不与建制建立任何关系的独

---

[1] 鲍威在主编《疆界2》的萨义德专号《绪论》开宗明义指出：“萨义德的作品具现了知识（分子）责任（intellectual responsibility）三种必备的优点：知识的广博渊深，历史与学术的严谨，深植于政治道德（political morality）……”此三者缺一不可，否则“知识分子就变成了办事员、怀有特殊利益和职业野心的专业人士”（Bové, “Introduction”, 1）。

[2] 吊诡的是，该书因专业学术价值获颁第一届的年度特里林奖（Lionel Trilling Award）。

立知识分子。在试图“兼顾现实与理想”的情况下，萨义德指出，“仅仅因为知识分子在大学或为报纸工作谋生，就指控他们全都是出卖者，这种指控是粗糙、终致无意义的”(69/108)。在他看来，“知识分子既不该是没有争议的、安全的角色，以致只是成为友善的技术人员，也不该试着成为专职的卡桑德拉（Cassandra)，不但正直得令人不悦，而且无人理睬”(69/109)。然而在挑战现状与令人听闻之间如何拿捏，萨义德并未深究，留待读者各自领会。

萨义德一向对专业化与职业化存疑，以往便多有批评，此处则更为集中与明确，认为当前知识分子的主要危机与威胁来自专业态度：“把自己身为知识分子的工作当成为稻粱谋，朝九晚五，一眼盯着时钟，一眼留意什么才是适当、专业的行径——不破坏、不逾越公认的典范或限制，促销自己，尤其是使自己有市场性，因而是没有争议的、不具政治性的、‘客观的’”(74/113)。

以多年身处学院的经验，萨义德的批评绝非昧于现实或无的放矢。他分析当前的知识分子普遍面临下列的压力与威胁：专业化使其研究范围、兴趣及关怀愈来愈狭窄，失去好奇心、“兴奋感与发现感”；其次是“专业知识和崇拜专家的做法”；专家为寻求自己的见解为权势者所采纳，往往被权力和权威收编，为其效命；个别的知识分子的空间大幅缩小，已今非昔比（76—82/115—120)。

面对着今日专业化的种种威胁与流弊，萨义德的解决之道是正视并提出另类选择作为因应之道，用他的话来说就是：“再现另一套不同的价值和特有的权利”，亦即与专业正好相反的“业余”(amateurism)，因为“这类行为的动力来自关切和喜爱，而不是利益和自私、狭隘的专业化”(82/121)。换言之，他之所以主张用业余性来对抗专业化，原因在于业余性“不为利益或奖赏所动，只是为了喜爱和不可抹煞的兴趣，而这些喜爱与兴趣在于更远大的景象、越过界线和障碍、拒绝被某个专长所束缚、不顾一个行业的限制而喜好众多的观念和价值”(76/115)。

反之，一旦委诸专业化就窄化了公共空间，排除了一般人讨论的机会，使得一些攸关大众、影响深远的事物被少数所谓的专家所垄断，甚至在涉及大众切身权益时遭到蒙骗、出卖。萨义德曾以他心仪的乔姆斯基为例，说明数学家可以邀请这位著名的语言学家演讲，虽然听不懂内容但尊重他的专业，但当乔姆斯基以公民—社会评论者的身份质疑美国外交政策时，却以他不是专家为由贬斥、否定其发言内容及价值。而萨义德以文学学者的身份参与巴勒斯坦政治，抨击美国在外交政策上极尽偏袒以色列之能事，以业余爱乐者的身份在《国家》周刊发表乐评，并撰写《音乐的阐发》，把文化批评引进古典乐评等诸多作为，都是履行他对业余者的看法。因此，以下说法虽然针对知识分子，却是萨义德思考与实践的忠实写照：

> 今天的知识分子应该是个业余者，认为身为社会中思想和关切的一员，有权对甚至最具技术性、专业化行动的核心提出道德的议题，因为这个行动涉及他的国家、国家的权力、国家与其公民和其他社会互动的模式。此外，身为业余者的知识分子精神可以进入并转换我们大多数人所经历的仅仅为专业的例行做法，使其活泼、激进得多；不再做被认为该做的事，而是能问为什么做这件事，谁从中获利，这件事如何能重新连接上个人的计划和原创性的思想。（82—83/121）

与之密切相关的就是知识与权力、权威之间的关系，而“知识分子如何向权威发言”（83/121）当然就成为重要的议题。

八、坚持原则与批判意识，向权势说真话

相对于萨义德心目中的知识分子，于“服侍权势并从中获得奖赏 [的专业人士] 是根本无法运用批判和相当独立的分析与判断精神的；而这种精神在我看来却应该是知识分子的贡献”（86/126）。这也说明了为什么他

那么强调没有利害关系、纯为喜好从事的业余者。

正如先前所主张的，今日的知识分子不可能遗世独立、不与他人往来，也不可能不与任何机构打交道。同理，“没有人能全然自给自足，即使最崇高伟大的自由灵魂也做不到”，因此“要维持知识分子的相对独立，就态度而言业余者比专业人更好”(87/126)。

既然业余者享有更大的相对独立，依自己的喜好而介入若干事物，因此“打动我的是我能真正选择支持的理念与观念，因为它们符合我所相信的价值和原则”(88/127)。这进一步涉及“知识分子的基本问题：人如何诉说真理？什么真理？为了何人、何地？”(88/128)。面对这些基本却棘手的问题，强调建构性、机缘性、反本质论的萨义德只能说：“没有任何系统或方法是宽广、肯定得足以提供知识分子对于上述问题的直接答案。”(88/128) 因此，这里似乎存在着一个困境——如何肯定哪些真理、原则，广为宣扬，甚至生死以之？在有关客观、真理都有不同看法，在“普遍的事物几乎完全消失”(92/131) 的今天，又该如何抉择所应坚持的理念？

对于强调世俗性的萨义德，这不构成问题。他的基本态度是反对权威崇拜、不容歧见、铲除异己的作风。《采访伊斯兰》中倡议“对立的知识”(“antithetical knowledge”)，而产生这种知识的是“很有意地认为自己的写作是反对盛行的正统的人们”(149)。《世界·文本·批评家》中主张批评是对立的、反讽的 (29)。在世俗的世界里（相对于神圣不可侵犯的世界），知识分子必须不迷信任何权威（不管是政治的、宗教的或任何形式的权威），坚持意见与言论自由。此处，他坚决主张：“在意见与言论自由上毫不妥协，是世俗的知识分子的主要堡垒：弃守此一堡垒或容忍其基础被破坏，事实上就是背叛了知识分子的召唤。”(89/128) 换言之，虽然有关“谁的真理？”或“什么真理？”的看法人言言殊，难以寻得共同的答案，但可退一步以言论自由为判准，因为“对于知识分子，严格、深入的辩论是活动的核心，也是那些没有神圣启示的知识分子真正的舞台和背景”(89/129)。因此，拉什迪因《撒旦诗篇》触怒伊斯兰的基本教义派而被下达格杀令时，萨义德不顾个人安危，公开撰文、发言支持拉什迪的言论自由，就是这种理念的具体实践。

如果我们归纳萨义德在这里的看法，可以得出两个基本理念：坚持言论自由，反对双重标准。此两者密切相关，或者如萨义德所说："追求言论自由不可厚此薄彼，只注意一个区域却忽略另一个区域"（89/129）。言论自由是人权的一部分，而人权的适用不应有不同标准，"若要维护基本的人类正义，对象就必须是每个人，而不只是选择性地适用于自己这一边、自己的文化、自己的国家认可的人"（93/132—133），而且"所有知识策略中最卑劣的就是自以为是地指责其他国家中的恶行，却放过自己社会中的相同行径"（92/131）。

萨义德再度举古今的实例加以抨击，如 19 世纪法国的托克维尔（Alexis de Tocqueville）批评美国欺压原住民及黑奴，却为自己国家的海外殖民政策开脱；或美国批评敌对国家的侵略行为，自身却侵略他国并漠视盟邦的暴行。简言之就是党同伐异，不以是非善恶为判准。具体而言，萨义德主张的是"以前后一致的方式维护国际行为标准及支持人权"（97/136），把人权的理想普遍付诸实践。这也印证了他在 1993 年一篇访谈中的说法："我尝试移向某个普遍主义（universalism）的观念，也就是说，必须普遍接受下列的说法：某些民主自由、某些免于这种或那种宰制的自由、免于各种剥削的自由，等等，这些是每个人的权利——而不是我们生活的这个帝国世界的架构"（"Interview" [with *boundary 2*]，14）。

因此，知识分子一方面不该逃避责任，另一方面有鉴于无法事事关切，如何使自己的关切发挥最大的效用，则有赖于"向自己社会构成的和被授权的权势发言，因为这些权势必须向该社会的公民交代，尤其当这些权势被运用于显然不相称、不道德的战争中，或用于歧视、压迫和集体残暴的蓄意计划中"（98/137）。而这一切都是为了更崇高、普遍的理想："说真话的目标主要是规划一个更好的事物状态，更符合一套道德标准——和平、协调、减低痛苦——将之应用于已知的事实。"（99—100/138）

九、世俗的批评之意义

《开始》一书的主要观念来自维柯的启示。全书的讨论归结于维柯的看法，在末章中萨义德条列了几个要点，质言之，便是对比“源始”与“开始”，着重人的努力，贬斥权威（357）。这个立场在《世界·文本·批评家》中《世俗的批评》一文得到进一步的阐发与厘清。该书书名就用上了“批评家／批评者”的字眼，讨论的重点虽然还是文学批评，但视野已经扩展，不但在内容上有意突破他所描述的四种主要文学批评形式（即实际批评、学院的文学史、文学欣赏与诠释、文学理论），强调批评意识，并有意连接上政治与社会关怀。这种对于批评意识的强调及政治、历史、社会脉络的重视，尔后一直出现在他的著作中。而《世俗的批评》一文结语部分所楬橥的人道主义、理想主义色彩以及对批评的期望，显然已不再囿限于文学，而进入更宽广的范畴：“批评必须把自己设想成为了提升生命，本质上就反对一切形式的暴政、宰制、虐待。”他进一步指出：“批评的社会目标是为了促进人类自由而产生的非强制性的知识。”（29）该文最后一句归结到知识分子：“归根究底就是批判的态度，正是因为从事批评和维持批判的立场是知识分子生命的重大面向。”（30）

在该书末章《宗教式的批评》（“Religious Criticism”）中，萨义德再度挞伐任何宗教狂热式的权威崇拜，主张由一般世俗的观点来看待事物，因为世俗态度的好处在于“具有历史感，意识到人的努力，并对文化与系统所崇敬的不同正式偶像抱持着健康的怀疑”（290）。这种对于世俗性的强调在后来的作品中屡屡出现：如《后殖民世界中的知识分子》认为“责怪政治”（“politics of blame”）于事无补，转而提出“世俗诠释的政治”（“politics of secular interpretation”）作为另类的主张（“Intellectuals”, 46）；《第三世界知识分子与都会文化》重申学术与政治的关系（46—47）。廖炳惠在《文学理论与社会实践》一文试图为萨义德在美国批评的脉络中定位，结论中有如下的评语：萨义德“在日渐职业化的文学批评中试图再让文学批评富于文化政治潜能——属于这个世界，不再只是在象牙塔中从事而已”(468)。

在《知识分子论》的末章，萨义德觉得有必要再度强调世俗性的重要，以此来刻画卓然不群的知识分子，将此章定名为“总是失败的诸神”，[1] 并宣称自己“反对改信和相信任何种类的政治神祇”(109/148)。其实，萨义德来自一个有着深厚宗教背景的家庭（外祖父曾将圣经翻译成阿拉伯文），也有自己的宗教信仰，主张“宗教信仰本身既可以理解，又是极个人的事”。然而他无法接受教条式的二分法，“认定一边是完全善良，一边是完全邪恶”，而不允许“活泼的、你来我往的互动过程”(113—14/152)。因此，萨义德如此自我描述：“宁愿保有局外人和怀疑者的自主性，而不愿具有改信者与真正信仰者的热心所传达出的模糊的宗教性质”，他尤其称颂“批判的超然意识”(“sense of critical detachment”，108/148)。

既然要从事世俗的批评，就不可能关在象牙塔里，只进行形而上的思辨，而应积极参与、进入公共空间，“热情的介入、冒险、公开露面、献身于原则、辩论和参与世俗理念”，因为“知识分子的职责就是宣扬、代表特定的看法、观念、意识形态，[并且] 当然期望它们能在社会发挥作用”，也得勇于承担行动的后果和风险（109/148—149)。至于知识分子所代表或服务的对象，绝非眼中“不是门徒便是敌人”(120/158) 的偶像式神祇，而应是“解放和启蒙……代表着穷人、下层社会、没有声音的人、没有代表的人、无权无势的人”(113/152)。

因此，“真正的知识分子是世俗之人”(120/158) 这个说法看似平淡无奇，甚至庸俗、乏善可陈，但在萨义德的思想脉络中却具有深厚的渊源和特殊的意义，[2] 因为其中涉及知识分子的道德，而这不但如萨义德

[1] 典出克罗斯曼（Richard Crossman）所编的 *The God That Failed*。此书出版于冷战年代，以“反共”为目的，收录了六位曾拥抱共产主义而最后放弃的人士的自白，由李省吾译成中文，中译书名由“失了信仰的神”改为“修炼不成的神”，出版时则意译为“破灭了的信心”，并加上副标题“当代六名人的自白”（台北：华国，1951 年 5 月再版）。感谢沈松侨先生提供此书中译本。

[2] 如对知识分子极尽贬斥之能事的约翰逊（Paul Johnson）笔下的“世俗的知识分子”（“secular intellectuals”），指的是 18 世纪宗教逐渐没落之后，不再担任神职人员的知识分子（1），而且高度依附权威，遵守行规（342）。这显然与萨义德心目中从事世俗的批评的知识分子大相径庭。

所说的“以他们在我们这个世俗世界的活动为起点——这些活动在哪里发生？为了何人的利益？是否符合一致、普遍的伦理？如何区分权力和正义？揭露了哪些个人的选择和优先顺序？”(120/158) 也以这个世俗世界为终点，予以评量、定位。

十、小结

“知识分子”为古今中外的文化、社会共同关切的重要议题。萨义德曾如此描述第三世界知识分子与帝国中心的关系：“这些人物向大都会发言，他们所使用的技术、论述以及学术和批评的武器，以往一度完全保留为欧洲人所使用，现在都被用来在西方中心的核心地带作为起义或修正之用。”(“Third”，29) 这个描述正好适用于巴勒斯坦裔美国批评家萨义德的情境，因为他从第三世界知识分子的立场出发，以流亡者的双重角度，根据一己多年的思索与实践，运用英国广播公司所提供的机会，从昔日大英帝国的中心伦敦发言，宣扬自己的理念，对知识分子的角色与地位，他们所面对的危机、威胁及因应之道，提出个人的经验与见解，“作为起义或修正之用”，并以全人类的和平、自由、公理、正义为依归。

前已言及，知识分子此一议题非常复杂，难以处理。萨义德对此议题念兹在兹，多年的关切使其益形复杂。选择在电台向全球的英语大众演讲，尤其困难重重。从《知识分子论》的章节安排可以看出其中的逻辑关系：界定→立足点→流亡→业余者→批判意识→世俗的批评。[1] 在回答

---

[1] 瓦尔泽（Michael Walzer）在《知识分子论》的书评《作为英雄的唯我论者》(“The Solipsist as Hero”，译为《唯我独尊的英雄》或许更贴切）中，对萨义德有很严苛的批评，有些言之成理，有些则未能顾及萨义德的发展脉络而显得偏颇（如对于“世俗”一词的严重误解）。瓦尔泽将本书主题理出下列的等号关系：“知识分子的勇气＝献身于被压迫者＝左派政治＝一生‘对权势说真话’＝寂寞与边缘性”(38)，其中“左派政治”一项是瓦尔泽所添加的。罗宾斯（Bruce Robbins）也把萨义德描述为“美国今日后结构主义左派的一位杰出代表”(“one outstanding representative of the poststructuralist left in the US today”，Robbins，154）。虽然萨义德对马克思派多所不满（可参阅“Interview” [with Wicke and Sprinker]，259–263），然而不容讳言的，他的政治立场是左派的，在访谈中自己也如此承认（精确一点的说法是“世俗的左派分子”[secular leftist]）(Bové，“Introduction”，9)，但是他在《知识分子论》序言中有意排除左派的标签，理由如下：“我多次仰赖的班达是颇为右派的……我尝试主张：不管个别知识分子的政党隶属、国家背景、主要效忠对象为何，都要固守有关人类苦难和迫害的真理标准。”(xii/30–31)

笔者询问其重要观念之间的关联时，萨义德提到两条主线："其中之一就是复杂性与同时性……这包括了'对位'、'另类'和'抗拒'……第二条主线就是强而有力的历史意识，在这方面我回到维柯。"（178）二者又可归结于流亡者的身份以及坚持人类自由、平等的信念——即流亡（另类、业余）和世俗性（批判意识、人世标准）。套用徐贲的观察，前者来自"他作为巴勒斯坦人的身份政治"及其延伸，后者来自"体现为他的批评活动的人道主义政治"（《从》，261）。[1] 此二者都透过行动——主要是适时、果决的语言介入——而落实、代表／再现于知识分子的身上。

依照萨义德的说法，知识分子的代表／再现，其实代表／再现了知识分子本身；而萨义德对知识分子的代表／再现，更代表／再现了身为知识分子的萨义德本人。简穆罕默德曾以"反射的边境知识分子"一词（Abdul R. JanMohamed，"the specular border intellectual"）来描述萨义德者流的处境及意义：

> [反射的知识分子]也许同样熟悉两个文化，发现自己不能或不愿在这些社会"安身落户"。反射的知识分子陷于数个文化或团体之间，却没有一个文化或团体足以发挥充分的力量，因此必须分析、检视这些文化，而不是综合它们；他们运用自己带有罅隙的文化空间作为有利之点，或明或暗地定义团体形成的其他乌托邦式的可能性。（JanMohamed，97）

他们之所以能出入、游离于文化之间，正是由于其流亡的处境，而鲍威的说法再度印证了流亡对于萨义德的特殊意义："对于萨义德而言，流亡是针对文化与系统进行反讽的对立批评之条件，他以此来防卫个别的批判意识的重要性"（Bové，*Intellectual*，271）。

---

[1] 徐贲进一步指出："萨义德本人仔细地对于这两种政治加以区分，指出身份政治只是为维护被压制的身份所采取的第一步抗争，但它本身并不是抗争的目的。只有人道政治才具有解放意义，它的终极价值是身份政治所不能替代的。"在徐贲看来，萨义德代表了"真正的第三世界知识分子的气度和抱负"（《从》，261）。

瓦尔泽在书评中认定《知识分子论》是萨义德的自述、自画像、夫子自道，并批评他是唯我论者。萨义德在该书序言中已预见并婉言驳斥“我对知识分子的社会角色的说法隐含了自传的信息”(xii/30) 这种说法。萨义德的辩驳在一般读者眼中其实只是“此地无银三百两”的说法。因为，知悉萨义德的人自然会在书中读出／读入他的角色，更何况他在许多地方是以个人经验来强化自己的论点，以期增加说服力。[1] 依笔者之见，萨义德的否认实无必要，而且效果不大。相反地，对于许多读者来说，反而是把该书读成萨义德现身说法，为知识分子作见证，更觉得有力、动人。萨义德对于学术的投入，积极参与政治、社会议题的公共空间，甚至一方面因为代表巴勒斯坦而被许多西方人士和犹太人视为暴力及恐怖主义的代言人，[2] 另一方面又因其主张而名列“半打的中东死亡名单之上”(*Pen*，9)，[3] 并勇于承担这些风险，在在证明了他不仅是坐而言的理论家，更是起而行的实践者，以具体的行为履践了自己有关知识分子的理念，这使得他成为众所瞩目的“公共知识分子”(“public intellectual”, Ashcroft and Ahluwalia, 9, 146; Khalidi, 162, 165)。[4] 罗宾斯

[1] 如第一章《让我以自己为例来说明这一点》(12/49)，第五章以《实际的、个人的方式》来谈论业余者(87/126)，第六章以友人的遭遇及自己担任14年巴勒斯坦民族议会独立议员的经验来铺陈自己的看法(103—108/143—147)。

[2] 亚历山大(Edward Alexander)甚至把他扣上了“恐怖教授”的帽子。

[3] 原因之一为他是第一个以英文明白主张要与以色列的犹太人和平共存的巴勒斯坦人(“Expanding”，112)。

[4] 巴伯(Bernard Barber)对萨义德的批评主要有二。他指控萨义德忽视既存的社会系统及其权威(17)，其实这点与萨义德身为流亡者、异议分子的立场正好相左。萨义德在接受笔者访谈时指出：“我的重点在于不负责规划、制定政策的知识分子。”(164)我们甚至可以说，若非既存社会系统之权威如此凌虐，则激发不出萨义德如此深刻、尖锐的批判。巴伯提出的第二点便是：萨义德有关知识分子的定义虽然“有力、高贵，却是乌托邦式的。我们在社会上找不到这类角色，只能在一套未指明，却认定为不证自明的价值、‘真理’中找到”(19)。关于这一点，萨义德本人的社会实践及所发挥的巨大影响提出了强有力的反驳。

本文的另一位匿名审查人提出了一连串重要的问题：“萨义德如何既反对任何形式的本质论，却又能悠游自如的采取抗拒、对位的批判意识，站在公共空间，为公共利益提出最好的看法？”“萨义德的知识分子依傍托付何类传统行事？也就是说，他如何自昔日的范例或历史的考掘里，汲取灵动有机的模式作为眼前生活行为的标杆？”以及“世俗世界里的知识分子如何面对信仰问题？”由于篇幅所限，此处只能简答如下。首先必须指出的是，人既然出生于特定时空、文化，便早已有立场、位置(positioned，situated)，不可能完全超脱“‘任何’形式的本质论”。由前文可知，萨义德的出身、背景使得他采取流亡者的视角，对主流的政治、社会、文学、文化采取另类看法，开拓出新领域。其次，他与文化脉络的互动，包括审查人指出的“马克思主义，福柯的后结构主义，伊斯兰文化等”，是根据其立场、位置之所需，加以据用，来遂行其理念。这也部分说明了为何有人以“‘策略性的’知识分子”(“the *strategic* intellectual”，Marrouchi，257)来称呼萨义德。第三，萨义德认为宗教信仰属于个人的私领域，多次要人提防盲信、宗教狂热式的批评，并揭橥“世俗的批评”以对治。此外，在伊斯兰教盛行的中东地区，萨义德家族数代为基督徒，此又是其身为“边缘人”、“局外人”的写照。

指出，萨义德之“叙事的英雄是作为学院派的反殖民知识分子，作为反殖民知识分子的学院派”（“the anti-colonial intellectual as academic，the academic as anti-colonial intellectual”，Robbins，178）。这种描述实可转用在萨义德本人身上。哈罗（Barbara Harlow）则是将他与巴勒斯坦知识分子——烈士卡纳法尼（Ghassan Kanafani）相比，认为萨义德也“在美国学院和巴勒斯坦的抵抗中，坚持知识分子的批判角色——作为世俗的批评者和反官方论述的史家”(189)。

换个角度来看，若非萨义德多年的社会参与、政治投入，英国广播公司未必会邀请他发表此一系列演讲。因此，萨义德有关业余者的说法可挪用于此：英国广播公司邀请萨义德发表演讲，并不只是因为他在英美文学、比较文学上的杰出专业学术表现，也是肯定他过往以业余者身份积极投入多项活动的努力；而他选择在这个场合（以及此一“公共空间……中的风险和不确定的结果”）来谈论知识分子，更是企盼善用此发言机会“有意努力为这些观点争取新的、更多的听众，而这些观点是我在课堂上从不曾呈现的”(87—88/126—127)。依照萨义德的方式推论，本文所企图代表／再现的萨义德，也代表／再现了笔者的认知，至于可能引起的反应与辩诘，则是进一步的代表／再现。

引用书目

余英时：《历史人物与文化危机》，台北：东大图书公司，1995。

李有成：《楷模：杜布埃斯、非裔美国知识分子与盖慈的〈十三种观看黑人男性的方法〉》，第六届美国文学与思想研讨会论文，台北：台湾“中央研究院”欧美研究所，1998 年 3 月 6 日至 7 日。

克罗斯曼（Richard Crossman）编：《破灭了的信心：当代六名人的自白》(*The God That Failed*)，李省吾译，再版；台北：华国，1951。

徐贲：《从本土主义身份政治到知识公民政治——论第三世界知识分子及其文化批评》，载《倾向》总第 7、8 期合刊（1996 年秋），第 247—272 页。

廖炳惠：《文学理论与社会实践：爱德华·萨伊德于美国批评的脉络》，载《第二届美国文学与思想研讨会论文集》，方万全、李有成主编，台北：台湾“中央研究院”美国文化研究所，1991，第 453—470 页。

刘禾：《理论与历史．东方与西方》，载《读书》丛刊 26，香港：城市资信有限公司，1996，第 3—11 页。

萨义德：《知识分子论》，单德兴编译，台北：麦田，1997。

Alexander, Edward. “Professor of Terror”. *Commentary* 88.2 (1989): 49–50.

Ashcroft, Bill, and Pal Ahluwalia. *Edward Said: The Paradox of Identity*. London and New York: Routledge, 1999.

Barber, Bernard. *Intellectual Pursuits: Toward an Understanding of Culture*. New York and Oxford: Rowman & Littlefield, 1998.

Bové, Paul A. *In the Wake of Theory*. Hanover and London: Wesleyan UP, 1992.

——. *Intellectuals in Power: A Genealogy of Critical Humanism*. New York: Columbia UP, 1986.

——. “Introduction”. *boundary 2* 25.2 (1998): 1–9.

Gramsci, Antonio. *Selections from the Prison Notebooks of Antonio Gramsci*. Ed. and trans. Quintin Hoare and Geoffrey Nowell Smith. New York: International Publishers, 1971.

Harlow, Barbara. “The Palestinian Intellectual and the Liberation of the Academy”. In Sprinker 173–193.

Hart, William D. *Religious Traditions and Secular Criticism: Edward Said as Cultural Critic*. Diss. Princeton U, 1994. Ann Arbor: UMI, 1996. AAT 9410102.

Huntington, Samuel P. *The Clash of Civilizations and the Remaking of World*

Order. New York: Simon & Schuster, 1996.

Hussein, Abdirahman A. *Edward Said: Criticism and Society*. London and New York: Verso, 2002.

JanMohamed, Abdul R. "Worldliness-without-World, Homelessness-as-Home: Toward a Definition of the Specular Border Intellectual". In Sprinker: 96–120.

Johnson, Paul. *Intellectuals*. 1988. London: Phoenix, 1996.

Khalidi, Rashid I. "Edward W. Said and the American Public Sphere: Speaking Truth to Power". *boundary 2* 25.2 (1998): 161–177.

Lawrence, Tim. "Edward Said, Late Style and the Aesthetic of Exile". *Third Text* 38 (1997): 15–24.

Lyotard, Jean-François. *The Postmodern Condition: A Report on Knowledge*. Manchester: Manchester UP, 1984.

Marrouchi, Mustapha. "Counternarratives, Recoveries, Refusals". *boundary 2* 25.2 (1998): 205–257.

Robbins, Bruce. *Secular Vocations: Intellectuals, Professionalism, Culture*. London: Verso, 1993.

Said, Edward W. *After the Last Sky: Palestinian Lives*. 1986. Text by Edward W. Said. Photographs by Jean Mohr. New York: Vintage, 1993.

——. "American Intellectuals and Middle East Politics: An Interview with Edward W. Said." By Bruce Robbins. *Social Text* 19/20 (1988): 37–53.

——. *Beginnings: Intention and Method*. 1975. New York: Columbia UP, 1985.

——. *Covering Islam: How the Media and the Experts Determine How We See the Rest of the World*. 1981. Rev. ed. New York: Vintage, 1997.

——. *Culture and Imperialism*. New York: Knopf, 1993.

——. "Expanding Humanism: An Interview by Mark Edmundson with Edward Said". *Wild Orchids and Trotsky: Messages from American Universities*.

Ed. Mark Edmundson. New York: Penguin, 1993. 103–123.

——. *Identity, Authority and Freedom: The Potentate and the Traveller*. Cape Town: U of Cape Town, 1991. Also in *boundary 2* 21.3 (1994): 1–18.

——. "Intellectuals in the Post-Colonial World" . *Salmagundi* 70–71 (1986): 44–64.

——. "Interview with *Diacritics*." *Diacritics* 6.3 (1976): 30–47.

——. "An Interview with Edward W. Said" . Interview with Joseph A. Buttigieg and Paul A. Bové. *boundary 2* 21.1 (1993): 1–25.

——. "Interview with Edward Said" . By Jennifer Wicke and Michael Sprinker. In Sprinker 221–264.

——. *Joseph Conrad and the Fiction of Autobiography*. Cambridge, Mass.: Harvard UP, 1966.

——. "The Mind of Winter: Reflections on Life in Exile". *Harper's Magazine* 269 (Sept. 1984): 49–55.

——. *Musical Elaborations*. New York: Columbia UP, 1991.

——. *On Late Style: Music and Literature Against the Grain*. New York: Pantheon, 2006.

——. "Orientalism and After" . Interview by Anne Beezer and Peter Osborne. *A Critical Sense: Interviews with Intellectuals*. Ed. Peter Osborne. London and New York: Routledge, 1996. 65–86.

——. Orientalism Reconsidered" . *Cultural Critique* 1 (1985): 89–107.

——. "*Orientalism*, an Afterword" . *Raritan* 14.3 (1995): 32–59.

——. *Orientalism: Western Conceptions of the Orient*. 1978. New York: Vintage, 1979.

——. *The Palestine Question and the American Context*. Beirut: Institute for Palestine Studies, 1979.

——. *Peace and Its Discontents: Essays on Palestine in the Middle East Peace Process*. New York: Random House, 1995.

——. *The Pen and the Sword: Conversations with David Barsamian*. Monroe, ME: Common Courage Press, 1994.

——. *The Politics of Dispossession: The Struggle for Palestinian Self-Determination, 1969–1994*. New York: Pantheon, 1994.

——. *The Question of Palestine*. 1979. New York: Vintage, 1992.

——. *Representations of the Intellectual: The 1993 Reith Lectures*. New York: Pantheon, 1994.

——. "Third World Intellectuals and Metropolitan Culture". *Raritan* 9.3 (Winter 1990): 27–50.

——. *The World, the Text, and the Critic*. Cambridge, Mass.: Harvard UP, 1983.

Said, Edward W., and Christopher Hitchens, eds. *Blaming the Victims: Spurious Scholarship and the Palestinian Question*. London and New York: Verso, 1988.

Sprinker, Michael, ed. *Edward Said: A Critical Reader*. Cambridge, Mass.: Blackwell, 1992.

Steele, Meili. *Critical Confrontations: Literary Theories in Dialogue*. South Carolina: U of South Carolina P, 1997.

Walzer, Michael. "The Solipsist as Hero". Rev. of *Representations of the Intellectual*, by Edward W. Said. *New Republic* 211.19 (7 Nov. 1994): 38–40.

Xu, Ben (徐贲). *Situational Tensions of Critic-Intellectuals: Thinking through Literary Politics with Edward W. Said and Frank Lentricchia*. New York: Peter Lang, 1992.

谁是外邦人？：析论《弗洛伊德与非欧裔》*

一、《弗洛伊德与非欧裔》

晚近全球化的呼声与趋势甚嚣尘上，人际的接触更为频繁，对于人／我的分际更为敏感，有关异己或他者的兴趣益形浓厚，其中尤以德里达的多部作品——如《友谊的政治学》(Jacques Derrida，*Politics of Friendship*)、《告别列维纳斯》(*Adieu to Emmanuel Levinas*)、《论世界主义与宽恕》(*On Cosmopolitanism and Forgiveness*)、《宗教之行动》(*Acts of Religion*)、《关于悦纳异己》(*Of Hospitality*)——较为深入且具代表性。[1] 这些作品探讨的基本上依然是人／我、他／自、异／己之间纵横纠葛的关系。然而，如果"己"就是"异"、"自"就是"他"时，甚至以"异"为"己"、以"他"为"自"，并据以排除其他的"异"、"他"时，情况又如何？落实在现实政治（如中东局势）中又具有什么特殊意义？本文拟从这个角度出发，探讨以流亡者自居的巴勒斯坦裔美国公共知识分子萨义德在生前出版的最后一部作品中，针对这个议题所提出的见解。

2003年9月25日萨义德病逝于纽约，享年67岁。他

---

* 英文原稿"Reading Said Reading Freud: What Is a Stranger?"宣读于2004年5月20日至23日欧美多族裔研究学会（The Society for Multi-Ethnic Studies: Europe and the Americas [MESEA]）在希腊塞萨洛尼基亚里士多德大学（Aristotle University of Thessaloniki）举办的第四届国际会议，主题为"民主社会中的族裔社群"（Ethnic Communities in Democratic Societies）。感谢台湾"国科会"补助出席该次会议。中文由蔡雅婷初译，经笔者仔细修订、改写。本文收入《中外文学》"论悦纳异己"专辑，在此感谢客串编辑李有成教授与傅士珍博士邀稿，及两位匿名审查人提供高见。本文精简、改写版《大师的绝响——弗洛伊德与萨义德的临终之作》刊登于2005年7月23日《自由时报》副刊，收入笔者《边缘与中心》（台北：立绪，2007），第101—106页。

[1] 可参阅傅士珍的《德里达与"悦纳异己"》一文。

在临终之年出版了两部作品：《文化与抵抗：萨义德对话录》收录了萨义德与亚美尼亚裔美国媒体人士巴萨米安的对谈，充分展现出他对恐怖主义、美国外交政策、巴以冲突、中东和平与民主等议题的长久关切，尤其着重于文化与抵抗之间错综复杂的关系；《弗洛伊德与非欧裔》则收录了萨义德应伦敦弗洛伊德博物馆（the Freud Museum）之邀发表的专题演讲，犹太裔女性主义精神分析学者罗斯（Jacqueline Rose）的回应，以及博拉斯（Christopher Bollas）为演讲者和响应者所作的引言。因此，《弗洛伊德与非欧裔》实为萨义德有生之年完成并出版的最后遗作。[1]

巧合的是，萨义德据以讨论的《摩西与一神教》也是弗洛伊德 1939 年逝世前于伦敦完成并出版的最后遗作。萨义德选择以弗洛伊德的遗作为出发点，探讨若干重要议题，其中包括了本质化的认同与差异、接纳与排拒、知识与权力、考古与建国、重新创造传统、犹太复国主义，而他所采取的策略则是围绕着宰制者如何运用“非欧”（“non-European”）的观念来排拒“外邦人”（“strangers”）。萨义德开宗明义指出：“在这篇讲稿中，我将以两种方式运用‘非欧’一词——一是指弗洛伊德当时，另一是指 1939 年他过世后的期间。今日阅读他的著作，此两者皆极为相关。”(13/23) [2] 依笔者之见，萨义德藉由这种积极、主动的学术介入，具现了他在《知识分子论》中所谓的“知识分子行动的两个必要特色”，也就是“知道如何善用语言，知道何时以语言介入”(20/57)。[3]

本文试图将《弗洛伊德与非欧裔》置于萨义德的学思历程与毕生关怀的脉络中，指出弗洛伊德与萨义德相似之处，提供萨义德对弗洛伊德

---

[1] 本次演讲几经波折。最初是维也纳弗洛伊德学会（the Sigmund Freud Society of Vienna）邀请萨义德于弗洛伊德 5 月 6 日诞辰发表 2001 年弗洛伊德纪念讲座（the 2001 Freud Memorial Lecture），后来主办单位基于所谓的“中东政治形势及其结果”的考虑而撤回邀请，即使萨义德要求说明，对方也未提出进一步解释。伦敦弗洛伊德博物馆立即邀请他发表同一篇演讲，萨义德遂于 12 月 6 日于伦敦亚非学院（School of Oriental and African Studies）发表，座无虚席。细节可参阅收录于此书中罗斯的说法（78—79）及《文化与抵抗》（84—87，100—101）。至于维也纳弗洛伊德学会撤回邀请的真正原因，可能涉及他的“掷石事件”，可参阅金韦有关此事件的报道，以及萨义德在接受沙维特（Ari Shavit，见 Said，*Power*，445-446）和笔者访问时对此事件的说法（本书第 238—239 页）。有关萨义德本人对此事件的详细说明，可参阅《弗洛伊德、犹太复国主义与维也纳》（“Freud，Zionism，and Vienna”）一文。

[2] 引文根据易鹏翻译的《佛洛伊德与非欧裔》，唯视实际行文略有更动，前后两个页码分指英文原著与中译本。

[3] 引文根据笔者翻译的《知识分子论》，前后两个页码分指英文原著与中译本（台湾版）。

文本再诠释的微妙解读，并探究其中涉及的社会、政治、文化等相关要点。特别要指出的是，此书清楚有力地呈现了如何透过对弗洛伊德《摩西与一神教》的创意阅读与重新解读，展现知识分子的介入，积极有益的对话，种族之间的宽容、相互了解与真诚和解。

二、萨义德与弗洛伊德

如果我们追溯萨义德与弗洛伊德的渊源，便会发现萨义德于1966年出版的第一本专书《康拉德与自传小说》，根据康拉德自1885年至1924年间的书信与短篇小说，探究这位流亡海外的波兰裔英国作家的意识，其中曾简短提到弗洛伊德三次，而且都集中在《战争与死亡时代的思索》（"Thoughts for the Times on War and Death"，1915）一文。[1] 萨义德的第二本书《开始：意图与方法》研究对于"开始"的兴趣如何产生特定的书写，并将"开始"与"源始"对比，指出前者是"世俗的、人为的、不断重新检验的"，后者则是"神圣的、神话的、特权的"（xiii）。书中检视的众多文本之一便是弗洛伊德的《梦的解析》（*The Interpretation of Dreams*）。萨义德在讨论这部精神分析的经典之作时，试图分析弗洛伊德的文本策略如何创造出"他的文本……舞台、场景，使梦之解析得以产生"（*Beginnings*，161）。萨义德断言，自己对此划时代巨著中"弗洛伊德的文本实践"之分析，"不仅可以运用到弗洛伊德的其他文本，也可以运用到尼采一般的文本理论"。尤有甚者，这个分析还"关系到其他现代作家对文本的态度"（163）。[2]《开始》一书荣获第一届的年度特里林奖，并树立起萨义德在学术界的声望。

然而，综观萨义德的作品便会发现其他批评家，如维柯、福柯、阿

---

[1] 此书原为萨义德的哈佛大学博士论文。波兰裔小说家康拉德以英文创作在英国文学史上留名，他的流亡身份和笔下呈现的西方帝国主义令萨义德感触颇深，曾多次撰文探讨，是萨义德毕生最钟爱的作家之一。

[2] 萨义德主张弗洛伊德的文本实践产生了"两种实际的、文本的结果"：（一）他的文本成为持续校订的产品，"建构得有如［刮去原文重复书写之］羊皮纸"（165）；（二）由于他的"分析方法"，每个梦都有自己的"情节"，以致"梦的连续就像小说情节一样，是观察意象运行的另类方式"（166）。

多诺、威廉斯、赛萨尔、乔姆斯基、法农、葛兰西、R. 詹姆斯、卢卡奇、恩古吉（Ngũgĩ wa Thiong'o）等人，在萨义德的学思历程中似乎比弗洛伊德更为重要。[1] 而他本人更是享誉国际的后殖民论述奠基者之一，也是大力提倡巴勒斯坦民族权利的政治行动分子。但是，随着最后力作《弗洛伊德与非欧裔》的出版，萨义德在生命将尽之时再次回归弗洛伊德。由是观之，萨义德在批评界崭露头角之作《开始》中所仰仗的重要作家/思想家之一就是弗洛伊德，而生前最后之作《弗洛伊德与非欧裔》也集中于弗洛伊德。

更仔细审视就会发现弗洛伊德与萨义德之间存在着某些相似之处。第一，《摩西与一神教》和《弗洛伊德与非欧裔》都是这两位重要思想家有生之年出版的最后一部作品，甚至连书名都相似。第二，这两本书都展现了萨义德所谓的“晚期风格”。这是他晚年最感兴趣的主题之一，在《弗洛伊德与非欧裔》中也约略提到（28—31，47，74）。[2] 第三，两人当时都流亡在外：弗洛伊德于 1938 年德国入侵奥地利前夕，离开维也纳前往伦敦，翌年逝世于伦敦；萨义德则一直以流亡者自居，在任何地方都感到格格不入，终至客死于旅居四十载的纽约。第四，两人晚年时都恶疾缠身：弗洛伊德多年罹患下颚癌，前后历经 33 次手术；萨义德则在 1991 年诊断出罹患血癌，自 1994 年起就不断进行各种治疗。最重要的是，两人都是强而有力、具有创意的读者，或者该说，重读者（re-readers），他们的读法挑战成规，颠覆传统，发人深省，往往令读者耳目一新。就本文而言，弗洛伊德对圣经重点人物摩西的解读，以及萨义德对弗洛伊德解读摩西的解读，就是最好的证明。

---

[1] 这点可由底下的例证看出。2000 年出版的《流亡的省思及其他》（*Reflections on Exile and Other Essays*）收录了他从 20 世纪 60 年代至 2000 年的 46 篇论文，其中弗洛伊德只出现两次；2001 年出版的《权力、政治与文化》搜集了他从 1976 年至 2000 年的 29 篇访问记录，其中弗洛伊德也只出现 4 次。

[2] 其实，有关“晚期风格”的说法来自阿多诺 1937 年讨论贝多芬的论文《贝多芬的晚期风格》（“Late Style in Beethoven”，In*Raritan* 13.1 [1993]: 102–07），再度证明了阿多诺对萨义德的启发。详见萨义德身后于《伦敦书评》所发表的《晚期风格的思索》（“Thoughts on Late Style”），以及 2006 年由伍德根据他的遗稿编辑而成的《论晚期风格：反常合道的音乐与文学》。可参阅本书《未竟之评论与具现：导读〈论晚期风格〉》，第 67—77 页。

三、《摩西与一神教》

在正式讨论萨义德对弗洛伊德的解读之前，宜先对《摩西与一神教》的背景资料稍有认知。《摩西与一神教》总共包含三篇文章，旨在指出摩西其实并非两千多年来人们所认定的犹太人，而是埃及人。弗洛伊德在第一篇文章开门见山地表明了立场：

> 要证明一个被其民族赞誉为最伟大子民的人其实并非该民族的成员，这的确不是一件轻松愉快的事情，尤其是当证明者本人也是这个民族的成员时更是如此。然而，任何维护所谓民族利益的考虑都不能使我们置真理于不顾。再者，澄清事实可能使我们在知识上获益。（*Moses*，7/1）[1]

这个开宗明义的声明至少传达了以下几项信息：第一，尽管犹太人的身份令弗洛伊德一生遭到不少歧视，但他依然认同犹太人；[2] 第二，作者本人自认此书否认或剥夺了摩西身为犹太民族最伟大子民的身份；第三，身为犹太民族一员的弗洛伊德在否认或剥夺摩西的犹太人身份时，既无欣喜之情，亦非妄动之举；第四，在权衡真理与民族利益之下，弗洛伊德毅然决定维护真理；第五，他相信事实水落石出之后将有助于我们知识的增长(虽然并不确定弗洛伊德此处所说的“我们”究竟意指何人)。

读者看到这个声明时，理所当然会期待弗洛伊德在破解摩西的犹太人身份此一艰巨任务时，能提出条理分明、内容精辟的论点。而且，正如萨义德以往所观察的，弗洛伊德是“具有组织、体系的作家，不致率

---

[1] 萨义德采用的是琼斯（Katherine Jones）的英译本，一般较为通行的是斯特拉奇（James Strachey）的英译标准版，两译本的措辞虽有不同，但都忠实于作者的主要论点。笔者寓目的三个中译本中（译者分别为徐进夫、李展开和杨绍刚），最晚近的杨译宣称是进行中的弗洛伊德全集研究与翻译计划的成果，却将第一篇文章的标题误为“犹太人——摩西”（应为“埃及人——摩西”），与上述两英译本及其他中译本迥然不同，由此可见积习之深甚至影响到学术翻译。本文主要根据李展开的译文，唯视实际行文略有修订，前后两个页码分指斯特拉奇的英译本和李展开的中译本。

[2] 详见弗洛伊德的《自传》（*Autobiography*）。

尔成章”(*Beginnings*, 161)。虽然《梦的解析》一反弗洛伊德的常态，呈现为“有计划的分裂，把意象串联（image clusters，即梦）解体成破碎零散的思维——尽管他的研究对象引人注意的正是它们惊人的（也可能带有非理性、扭曲的）统一组成”(*Beginnings*, 161)，但这不仅说明了为什么萨义德把《梦的解析》和若干现代小说相提并论，而且提供了研究其他文本可能的进路。与《梦的解析》相较，《摩西与一神教》架构之混乱更令人讶异。根据斯特拉奇的说法：

> 读者对《摩西与一神教》的最初印象可能就是结构上某种非正统性甚或怪异：三篇文章长短迥异，两篇序言同时出现在第三篇文章的开头，而第三篇序言则出现在该篇文章中间，不断的复述与反复——这般没有规律是弗洛伊德其他著作中所未见的，而且他本人也指出这些地方，并不只一次为此向读者致歉。(*Moses*, 4)

而斯特拉奇便以“这本书写作时的外在环境”来说明文本中这种纷乱杂沓的现象（4）。

这本书在组织与比例上的混乱远超乎读者的想象，以致让人觉得弗洛伊德并不是一次就提出前后一贯的论述，而是针对同一个题材前后写了三次。更精确地说，在第一篇文章中，弗洛伊德根据词源学主张“摩西”是埃及名字，然而这个论点难以解构这位重要圣经人物长久以来的身份。在第二篇文章中，弗洛伊德多方运用当时的考古与历史发现，为他的大胆论点提供了实质的证据。在第三篇文章中，弗洛伊德将个人心理与群体心理加以比拟，把“被压抑者的回返”(“the return of the repressed”）这个观念从个人的童年时期运用到一个民族（犹太人）在历史上的形成期。再就比例而言，第一篇文章简短粗略，第二篇文章较长，而第三篇论文竟比前两篇加起来还要长得多。至于弗洛伊德的论点，虽然三篇论文都在企图瓦解摩西的犹太身份，但第一篇文章的论证方式与效力显然不及其他两篇。此外，弗洛伊德的措辞也显露了晚年流亡海外、面对生命无常的日薄西山的心境，如他在第二篇文章结尾感叹，“觉得自己不再有力气”把这本书衔接上25年前他在《图腾与禁忌》(*Totem and Taboo*，1913) 中所提出的论点 (*Moses*，53)。而在出亡伦敦之后才出版的第三篇论文之前，附了第二篇序言，弗洛伊德在序中慨叹世事难料，讶异几个月前自己还置身奥地利，如今已远在他乡 (*Moses*，57)。

总之，《摩西与一神教》的出版印证了生命的无常和人事的沧桑。尽管全书章法紊乱、比例失调 (展现了萨义德所谓的“晚期风格”)，但其观点却证明了弗洛伊德确实是“心智的探险家……同时也是一位对惯常或既定疆域、系谱的翻转者及重划者”(Said，*Freud*，27/38)。简言之，尽管恶疾缠身，流亡在外，晚年的弗洛伊德依然敢于从事颠覆自身传统的大不敬之举。如果我们套用弗洛伊德的书名来说，《摩西与一神教》严重挑战了摩西身为犹太人的“图腾与禁忌”。

四、受害者变成加害者

虽然过去70年来弗洛伊德有关摩西的论点并未被广为接受，但不容否认的，吸引萨义德的正是弗洛伊德对本质化的身份 (essentialized identity) 这个观念的质疑与挑战。同样身为流亡者与挑战西方既有知识体系的异议分子，萨义德在《弗洛伊德与非欧裔》中善加运用弗洛伊德的论点，不仅将《摩西与一神教》置于其历史脉络，观察这本书在弗洛伊德所处的时空环境下的意义，也探究弗洛伊德的观念与当前世界的关联，特别强调对现今巴以冲突的意义。萨义德在多篇文章与访谈中曾再三强调，1967年的中东战争是他人生的转折点，因为在那之后，学术与政治对他来说不再是截然划分、互不相干的两个领域。[1] 在《弗洛伊德与非欧裔》中，我们再度看到了学术与政治的结合，并且集中于萨义德长期关切的一些议题，包括巴勒斯坦人的处境与犹太复国主义。

---

[1] 尤其证诸于《东方主义》、《巴勒斯坦问题》与《采访伊斯兰》的中东三部曲。

萨义德的立论方式既具策略性，又发人省思。萨义德以弗洛伊德的《摩西与一神教》为出发点，集中于以“非欧”来划分“我们”与“他们”的这种观念与作法。自《东方主义》这部披荆斩棘的巨作于 1978 年问世以来，萨义德就一直在挑战这种东／西二元对立，因为宰制者以这种思维与方式排除他者，并且正当化自己的宰制与殖民。弗洛伊德对摩西的重读，揭去了这位伟大犹太人的神秘外衣，使他摇身一变成了非犹太人。萨义德在这种颠覆性的读法中，找到了自己介入与批判的空间。

身为巴勒斯坦裔的流亡者，萨义德的主要论点如下：在弗洛伊德的时代，犹太人不论在欧洲居住多少世代，都还被当成非欧洲人，因而屡遭歧视；但二战结束后，漂泊离散的犹太人在中东建立以色列国，完成了两千多年以来的心愿，但在成功建国后却产生了宰制者的地位与心态，而排拒本土的阿拉伯人。简言之，阿拉伯人被隐喻成了“非欧”（异），而以色列人则成了“欧”（己）。对萨义德而言，先前不幸沦为受害者的犹太人，本应对被歧视者的痛苦具有深切的体会与同情，但在建国之后竟然摇身一变成为巴勒斯坦人的加害者，这种现象不但理不能容，更是情何以堪。[1]

历史上有关反闪族思想的论述不胜枚举，相关的剖析与批判也所在多有，其中齐泽克的论述在此尤其相关。他在《意识形态的崇高客体》（*The Sublime Object of Ideology*）中指出：

> 反闪族思想的基本伎俩就在于把社会敌对（social antagonism）替换成美好的社会结构、社会主体与犹太人这种腐蚀力、毁坏力之间的敌对。因此，根据这种敌对的观点，并不是社会本身“无可救药”，而是把毁坏的源头安置在一个特定的实体：犹太人。（125）

[1] 如前所述，萨义德也涉及其他议题，如晚期风格、考古与建国、知识与权力等。但因篇幅所限，本文集中于有关“外邦人”的议题。

换言之，为了创造出一个同质社会的幻象，必须创造出外邦人、外来者甚或外敌，以便将社会内部的敌对投射其上。因此，“‘犹太人’以闯入者的姿态出现，他们自外部引进的东西会造成社会架构的失序、解体和腐化——它看来像是外在的确凿因素，如果消灭这个因素就能使我们恢复秩序、稳定与认同”(127—128)。齐泽克进一步指出，“社会并不是因为犹太人而无法达到完整的认同，而是因为其本身敌对的性质、内在的障碍，而将这种内部的负面性‘投射’到‘犹太人’的形象上”(127)。

从齐泽克的论点明显可见，形成犹太人饱受创伤的形象之因果关系已被翻转。因此，齐泽克试图补救这个错误，强调：

> “对于意识形态的批判”（criticism of ideology）必须翻转极权凝视中的因果关系：“犹太人”非但不是造成社会敌对的确凿原因，反而只是某种障碍的具体呈现——阻碍社会达成完全的认同，成为一个封闭、同质的整体。（127）

对齐泽克来说，“反闪族思想的‘真相’当然就是透过对犹太人这种创伤形象的负面关系，建立起我们立场的认同”(176)。

值得一提的是，萨义德演讲会的主持人博拉斯对于迫害者和被迫害者之间的关系也提出类似的见解。他语重心长地指出，“在检视迫害结构时，我们不只必须注视迫害者将什么投射到被迫害者身上……也必须考虑拒绝承认他者确实存在……”(6) 对博拉斯而言，“这种正面与负面幻觉的结合……造就了这种客体关系”，在精神分析看来，这种客体关系“不只是毒害的，而且还具精神病征”(6)。因此，博拉斯强力主张：

> 由这个角度看来，被迫害者之所以存在，是为了含纳迫害者身上所不要的破坏性，而迫害者同时坚持被迫害者就像残渣之属，令人作呕，以致无法承认其存在，除非排除在眼界之外，直到消灭为止。(6)

博拉斯这个说法放在齐泽克的洞见之后，似乎也在批判反闪族思想是个迫害结构，包含了反对犹太人的正面和负面的幻觉。果真如此？为了实验起见，以上来自博拉斯的引文特意删除了两处括号说明。完整的引文如下：

> 在检视迫害结构时，我们不只必须注视迫害者将什么投射到被迫害者身上（比方说，把以色列的暴力投射到巴勒斯坦人身上），也必须考虑拒绝承认他者确实存在（此处指以色列不愿承认巴勒斯坦人的存在）。（6）[1]

换言之，博拉斯认为，当今在以色列的犹太人不再是被迫害者，反而成为了迫害者。整个情势已经逆转。

举世皆知犹太人长久以来一直是反闪族思想之下的受害者，尤其是第二次世界大战期间的大屠杀更以血淋淋的事实印证了这一点，因此战后以色列的建国主要出于这种普遍的认知以及犹太复国主义者多年来锲而不舍的努力。根据萨义德的定义，犹太复国主义“追根究底是一种‘不变的’理念，表达出对犹太人政治与宗教自决的渴望——对犹太建国的渴望——而实行于这块应许之地”（*Question*，56）。然而，原先世代居住在这片土地上的阿拉伯人又该何去何从？萨义德将犹太复国主义者连接上欧洲帝国主义者，表示“犹太复国主义看待巴勒斯坦的方式，基本上与欧洲帝国主义者一样，视为无主的领域，却吊诡地‘充斥’着卑劣，甚且多余的原住民”（*Question*，81）。[2] 1948 年以色列建国之后，当地的巴勒斯坦人变成犹太复国主义的受害者，遭到以色列人各式各样的磨难

[1] 有关萨义德对以色列“消灭原住人口”（“extermination of indigenous population”）政策和“歧视巴勒斯坦公民政策”（“discriminatory policies regarding Palestinian citizens”）的批判，详见《权力、政治与文化》，第 47—48、第 379 页。然而，必须强调的是，即使在以色列内部也有不少支持和平、正义与公平对待巴勒斯坦人的声音，但尚不足以影响政府的政策。

[2] 在同一章中，萨义德也检视了犹太复国主义、欧洲帝国主义与殖民主义的关系，预示了二十多年后有关“非欧”议题的研究。

与迫害。

“受害者摇身一变成了加害者”，这种说法在萨义德有关巴勒斯坦的论述中反复可见，尤其是在《巴勒斯坦问题》和《最后的天空之后：巴勒斯坦众生相》二书。[1] 在《巴勒斯坦问题》中，萨义德从巴勒斯坦人的立场出发，提供大量的历史证据以及详细、有条不紊的论点，来探究这个复杂却经常为人忽视的问题。在《最后的天空之后》中，萨义德试图为巴勒斯坦人提出另类观点，透过萨义德个人式和历史性的随笔，搭配德裔瑞士籍人道主义摄影师摩尔拍摄的 120 张有关巴勒斯坦的照片，生动地再现了巴勒斯坦人的日常生活。[2] 这种视觉和文字相辅相成的再现模式，恢复了巴勒斯坦人身为有血有泪、有喜怒哀乐的“人”的形象，破除了他们不是难民就是恐怖分子的刻板印象。

巴勒斯坦人沦为以往的受害者的受害者，这种处境和感受或许最显见于《巴勒斯坦问题》第二章，该章章名直指问题的核心“受害者眼中的犹太复国主义”（“Zionism from the Standpoint of Its Victims”）。在此章中，萨义德分析犹太复国主义长期建国计划的历史与“细节策略／施行细则”（“a policy of detail”），批判犹太复国主义者如何迫害当地的巴勒斯坦人。此外，他哀叹巴勒斯坦人无法成功地抵抗犹太复国主义者的细节策略以及强加在他们身上的不公不义。他从犹太复国主义的受害者的角度出发，呼吁寻求公义、解放、和平共存。萨义德强烈主张：

> 我的假定是：以色列之所以发展成社会政体是由于犹太复国主义的主张——要达到殖民巴勒斯坦的目标，必须是犹太人为了自己而行

[1] 类似看法也屡见于他的政治文集中，如《流离失所的政治：巴勒斯坦自决的奋斗，一九六九——一九九四》、《和平及其不满：中东和平进程中的巴勒斯坦》、《和平进程之结束：奥斯陆之后》（*The End of the Peace Process: Oslo and After*，2000）以及《从奥斯陆到伊拉克及路线图》（*From Oslo to Iraq and the Road Map*，2004）。

[2] 其实这是萨义德担任联合国巴勒斯坦问题国际会议顾问期间的成果。萨义德推荐摩尔负责这项任务，而当时他自己由于积极投入争取巴勒斯坦民族权利的政治活动，担任巴勒斯坦民族议会独立议员，依然被以色列禁止返回故乡。因此，流亡在外数十载的萨义德不得不诉诸他惊人的记忆力、个人经验和知识训练，来为他从摩尔数以千计的照片中挑选出的 120 张照片撰文。此书的抒情感性、随兴逸致，以及图文并呈的方式，是萨义德作品中所仅见的。详见本书《摄影 · 叙事 · 介入：析论〈最后的天空之后〉》，第 133—177 页。

> 动，同时也要遣走巴勒斯坦人；再者，犹太复国主义在有关巴勒斯坦蓄意且公开宣布的看法中，首先意图减少、然后消灭当地人，在这一切手段失败之后，最后是要征服这些当地人，以确保以色列不会只是其公民的国家（这当然包括了阿拉伯人），而是“所有犹太人”的国家，拥有过去或现在任何国家从未拥有的对土地和民族的主权。阿拉伯的巴勒斯坦人一直试着抵抗并取代的，就是这个异常的想法。（*Question*，84，楷体为笔者所加）

我们可以明确地说，身为巴勒斯坦流亡知识分子的萨义德，将反抗高压统治视为毕生志业，而经过他数十年来的努力，多少改变了世人对巴勒斯坦人的刻板印象。[1]

五、解构异／己

正如博拉斯在为萨义德所作的引言中指出，《巴勒斯坦问题》处理的议题之一就是“拒绝承认他者存在的心理，或者拒绝以精神分析的方式来思考他所提出的问题”（Bollas，5）。这种拒斥的心理甚至濒临幻想的边缘。萨义德的回应人罗斯曾在《幻想国度》（*States of Fantasy*）一书中，将自己擅长的精神分析用来探讨“国家地位的症候群”（“the symptom of statehood”，10）。对于这位具有良知及反省力的犹太学者而言，以色列“这个国家渴望其流亡在外、漂泊离散的潜在公民返乡，那种热切的程度不下于把它土地上先前的居住者排除在他们的建国梦之外”。简言之，以色列建国的代价就是巴勒斯坦民族自决的权利。而且以色列人一直运用考古学来证明自己拥有这片土地，这便是知识与权力关系密切的最佳例

[1] 另一项积极作为就是他与著名的钢琴家暨指挥家巴伦博伊姆通力合作，透过音乐致力于以色列人和阿拉伯人的相互了解。这项计划成为两人毕生最大的志业。详见两人的对话录《并行与吊诡：音乐与社会之探索》。

证。[1] 萨义德明确指出，"对以色列人来说，考古学用以佐证位于以色列的犹太身份，并合理化特定的殖民屯垦"（*Freud*，50/65）。就是这种认同与合理化，造成了原先这块土地上数以百万计人民的流离失所。

这正是弗洛伊德阅读摩西的深意。而为了打从一开始（"beginning"）[2] 就挑战犹太人的身份，萨义德诉诸弗洛伊德这位"非犹太的犹太人"（"the non-Jewish Jew"），因为他是"异端思想家"以及"最先被本身社群迫害、驱逐的先知及反叛者"之一（*Freud*，52/67—68），更因为他对摩西身份的颠覆性解读。在萨义德眼中，弗洛伊德对"重建犹太身份的原初历史"的努力，其实是试图"解构"数千年来围绕着摩西的传奇性而且同质化的犹太身份。在萨义德看来，弗洛伊德在证明摩西是埃及人而不是犹太人时，大大撼动了"我们"（犹太人／以色列人或"欧"）与"他们"（阿拉伯人／巴勒斯坦人或"非欧"）之间的二元对立。

因此，在萨义德解读弗洛伊德有关摩西的解读中，发现了"即使对最易定义、最易认定／认同的（identifiable）、最冥顽的群体身份——对他［弗洛伊德］来说，就是犹太身份——还是有内在限制阻碍其完全摄入一个，而且是唯一的身份（Identity）"（*Freud*，53—54/69）。萨义德针对弗洛伊德的良苦用心和身份的疑义进一步发挥如下：

> 弗洛伊德上述限制的象征即是，犹太身份的原创者本身就是一个非欧埃及人。换句话说，身份无法仅就其本身来进行透彻思考或通透工作；如果没有抑制不了的根本起源断裂或瑕疵（radical originary break or flaw），它就不可能建构或甚至想象自己；因为摩西是埃及人，所以永远在身份之外，在此身份之内有如此多的人驻足，而且蒙受其害——后来也许甚至得胜。（*Freud*，54/69—70）

---

[1] 萨义德受到福柯的影响，长期以来都对这个主题深感兴趣。在《弗洛伊德与非欧裔》中，萨义德也讨论到形同"最出类拔萃的以色列专门科学"的考古学（45—46），考古学与"国家意识形态"（47）的关系，若干犹太历史学家与巴勒斯坦的对反的叙事（counter-narratives）所提出的修订主义式之挑战，详见第45—50页。

[2] 前面提到，对萨义德而言"开始"是人为的、建构的，这种看法类似霍布斯鲍姆的"传统之创造"（"the invention of tradition"）。

有关以色列人的部分就讨论到此。对于被当成“他者”，成为自己土地上的流亡者或外邦人的巴勒斯坦人来说，弗洛伊德的解读又有何意义？更进一步，对于类似处境下的人或关心公理正义的人来说，弗洛伊德对摩西的解读又有何启发？在萨义德眼中，弗洛伊德的想法之“力量”在于“它本身可以透露，也同时可与其他被围困的身份对谈——不是借发放像容忍或慈悲这样的慰藉物，而是相反地将它视为混浊、残缺、不稳定的世俗伤痕而投以注意……”（*Freud*，54/70）

因此，弗洛伊德在生前最后的论述中重读圣经中的摩西，推翻其犹太身份。在萨义德看来，这种解读留给我们的问题就是：“如此决然不确又全然未决的历史可能真正被写成吗？以何种语言、用什么词汇？”（*Freud*，55/70）然而，这种对本质化认同的质疑，以及对确定历史、强势历史、官方历史的挑战，正提供了弱势者抵抗与论述的空间，得以向迫害者进行反扑与逆写。因此，长期关注巴勒斯坦族人权益的萨义德，将这种认同与历史的未定论引申到当前的巴以关系和中东局势，得出了相当乐观的结论：

> 这[如此决然不确又全然未决的历史]可不可能在犹太人与巴勒斯坦人的土地上、在这个双民族的国家中，成就不是如此危脆的基础？*在这个国度中，以色列与巴勒斯坦都是彼此历史与内在现实的一部分，而不是各自的对手*。我个人相信是有可能的——一方面因为*弗洛伊德对身份无解的认识*是如此意义丰富的例子，也因为他费心力阐明的情况，事实上在非欧世界里比他所猜想的还要更为普遍。（*Freud*，55/70—71，楷体为笔者所加）

明确可见的是，萨义德借着召唤弗洛伊德有关摩西的非犹太人（即埃及人）身份的颠覆性诠释，将它联结上当今以色列人和巴勒斯坦人之间的处境，并引申为统治者与被统治者之间的处境，再度赋予弗洛伊德新生，也证明了萨义德确实是积极介入世界与文本之间的批评家。[1]这也呼应了萨义德在其名文《世俗的批评》结语时动人的主张："批评必须把自己设想成为了提升生命，本质上就反对一切形式的暴政、宰制、虐待；批评的社会目标是为了促进人类自由而产生的非强制性的知识"(*World*，29)。而《弗洛伊德与非欧裔》这部临终之作，再度展现了萨义德作为献身于普世的启蒙与解放的批评家、知识分子、人文主义者的独特角色。

六、小结

综上所述，我们可以如此提问：如果认同／身份（identity/Identity）是创造或建构，那么"外邦人"具现了所谓"本质上的差异"——这里所谓的"本质"或"差异"完全由宰制团体来定义，重要的不是定义本身，而是为了达到辨别异／己、人／我、他／自、外／内的目的。果真如此，"谁是外邦人？"这个提问也就别具意义了，这也就是为什么弗洛伊德解构摩西的犹太人身份并重构其埃及人身份如此具有意义。质言之，如果连摩西这位长久以来在建立最明确定义的犹太人身份中不可或缺的角色，甚至被尊奉为犹太民族最伟大的子民，都能被证明是非犹太人，那么犹太／非犹太、欧／非欧，甚至我们／他们之间的界限从根本上就被质疑、推翻。如果能搁置这种本质化的思维及作为，和平共存的可能性理应更高。进言之，从"异"者观之，则无人不异，甚至与自己都觉得疏离、离异；[2]从"同"者观之，总是能找到共同的属性。如此说来，又何必如此"自外"于人？又何不视人如己？

因此，"谁是外邦人？"笔者的回答是：每个人都不是，但也都是！

---

[1] 此处指涉的是萨义德在《世界·文本·批评家》一书的重要论点：批评家是中介世界和文本不可或缺的行动者。

[2] 如克莉丝蒂娃所谓的"异／己"（Julia Kristeva，"strangers to ourselves"），参阅其《异／己》（*Strangers to Ourselves*，trans. Leon S. Roudiez [New York: Columbia UP，1991]）。

引用书目

弗洛伊德：《摩西与一神教》，李展开译，北京：三联书店，1989。

金韦：《萨义德的“石头”事件》，《当代》162(2001年2月)，第4—11页。

傅士珍：《德里达与“悦纳异己”》，《中外文学》34.8（2006年1月），第87—106页。

萨义德：《知识分子论》，单德兴编译，增订版，台北：麦田，2004。

萨义德：《佛洛伊德与非欧裔》，易鹏译，台北：行人，2004。

Bollas, Christopher. “Introducing Edward Said”. *Freud and the Non-European*. By Edward W. Said. London and New York: Verso, 2003. 1-9.

Freud, Sigmund. *Autobiography*. Trans. James Strachey. New York: Norton, 1935.

——. *Moses and Monotheism*. Trans. Katherine Jones. New York: Vintage, 1967.

——. *Moses and Monotheism: An Outline of Psycho-Analysis and Other Works*. London: The Hogarth Press and the Institute of Psycho-Analysis, 1964. Vol. XXIII (1937-1939) of *The Standard Edition of the Complete Psychological Works of Sigmund Freud*. Trans. from the German under the general editorship of James Strachey. 24 vols. 1953–1974.

Rose, Jacqueline. “Response to Edward Said”. *Freud and the Non-European*. By Edward W. Said. London and New York: Verso, 2003. 63–79.

——. *States of Fantasy*. Oxford: Clarendon, 1996.

Said, Edward W. *After the Last Sky: Palestinian Lives*. 1986. Text by Edward W. Said. Photographs by Jean Mohr. New York: Vintage, 1993.

——. *Beginnings: Intention and Method*. 1975. New York: Columbia UP, 1985.

——. *Covering Islam: How the Media and the Experts Determine How We See the Rest of the World*. 1981. Rev. ed. New York: Vintage, 1997.

——. *Culture and Imperialism*. New York: Knopf, 1993.

——. *Culture and Resistance: Conversations with Edward W. Said*. With David Barsamian. Cambridge, Mass.: South End, 2003.

——. "Freud, Zionism, and Vienna". *Al-Ahram Weekly On-line* 525 (15–21 Mar. 2001). 17 Sept. 2005 <http://weekly.ahram.org.eg/2001/525/op2.htm>.

——. *Freud and the Non-European*. With an intro. by Christopher Bollas and a response by Jacqueline Rose. London and New York: Verso, 2003.

——. *Joseph Conrad and the Fiction of Autobiography*. Cambridge, Mass.: Harvard UP, 1966.

——. *On Late Style: Music and Literature Against the Grain*. Ed.Michael Wood. New York: Pantheon, 2006.

——. *Orientalism: Western Conceptions of the Orient*. 1978. New York: Vintage, 1979.

——. *Parallels and Paradoxes: Explorations in Music and Society*. With Daniel Barenboim. 2002. New York: Vintage, 2004.

——. *Peace and Its Discontents: Essays on Palestine in the Middle East Peace Process*. New York: Random House, 1995.

——. *The Politics of Dispossession: The Struggle for Palestinian Self-Determination, 1969–1994*. New York: Pantheon, 1994.

——. *Power, Politics, and Culture: Interviews with Edward W. Said*. Ed. and intro. Gauri Viswanathan. New York: Pantheon, 2001.

——. *The Question of Palestine*. 1979. New York: Vintage, 1992.

——. *Reflections on Exile and Other Essays*. Cambridge, Mass.: Harvard UP, 2000.

——. *Representations of the Intellectual: The 1993 Reith Lectures*. New York: Pantheon, 1994.

——. "Thoughts on Late Style" . *London Review of Books* 26.15 (5 Aug.

2004): 3–7.

——. *The World, the Text, and the Critic*. Cambridge, Mass.: Harvard UP, 1983.

Simmel, Georg. "The Stranger". *On Individuality and Social Forms: Selected Writings*. Ed. Donald N. Levine. Chicago: U of Chicago P, 1971. 143–149.

Žižek, Slavoj. *The Sublime Object of Ideology*. London and New York: Verso, 1989.

摄影·叙事·介入：析论《最后的天空之后》*

流亡是一连串没有名字、没有脉络的画像。

——萨义德，《最后的天空之后》，12

但我不知道相片能否或是否道出事物的真相。有些东西已经消失了。而我们唯一拥有的就是再现。

——萨义德，《最后的天空之后》，84

一、萨义德唯一的文字影像书

在萨义德等身的著作中，《最后的天空之后：巴勒斯坦众生相》可谓独树一帜，最引人瞩目。[1] 首先，这本书的缘起颇为曲折，迥异于萨义德其他著作。1983 年萨义德担任联合国“巴勒斯坦问题国际会议”（International Conference on the Question of Palestine [ICQP]）的顾问，建议联合国赞助德裔瑞士摄影师摩尔拍摄巴勒斯坦难民的计划。[2] 然而这些黑白相片正式展出时，在主办单位的压力下，除了标示国名或地名外，没有任何文字说明。正是由于这种压抑与噤声，让萨义德觉得不吐不快，反而促生了这本书，“代

---

* 本文为台湾“国科会”计划部分研究成果，宣读于 2003 年 3 月 15 日台湾中兴大学台湾人文研究中心举办的“边缘再思：文化、伤痛、再现”学术研究会，后收入《管见之外：影像文化与文学研究——周英雄教授七秩寿庆论文集》（台北：书林，2010），谨此感谢主编李有成教授与冯品佳教授邀稿，洪敏秀博士提供相关的摄影理论、资料以及对初稿的意见。

[1] 此书中译有金玥珏的简体字版《最后的天空之后：巴勒斯坦人的生活》与梁永安的繁体字版《萨依德的流亡者之书》，本文虽曾参酌，但以自译为主。为方便查阅，文中讨论之相片页码以斜线区隔，依序为原书、简体字版、繁体字版（后者未收录的相片以“缺”标示）。

[2] 由萨义德担任此国际会议的顾问，以及会议主题与他的专著《巴勒斯坦问题》完全相同，便可看出他在将巴勒斯坦问题国际化／联合国化上所扮演的重要角色。

表了我们双方很个人的投入”（*Politics*, 123）。

其次，这本书的缘起虽然复杂，但置于萨义德本人的学思历程中却有脉络可循。萨义德曾多次表示，1967 年中东战争之前，学术与政治对他而言分属不同领域，但这次大战使得他的政治意识苏醒，之后两者相辅相成。因此，所谓的中东三部曲（《东方主义》、《巴勒斯坦问题》、《采访伊斯兰》就是这种思路下的产物。《最后的天空之后》也不例外，试图以不同的方式结合学术和政治，为处于弱势、长期被迫、遭国际漠视的族人发言。[1]

第三，这是萨义德众多作品中唯一的文字影像书，从人道摄影师摩尔数以千计有关巴勒斯坦人的相片中精挑细选出 120 张，搭配萨义德兼具理性与感性的文字，细分为“巴勒斯坦众生相”、“状况”、“里面”、“冒现”、“过去与未来”、“贝鲁特的沦陷”（“Palestinian Lives,”“States,”“Interiors,”“Emergence,”“Past and Future,”“The Fall of Beirut”）等主题，书写并呈现流离失所的巴勒斯坦人，旨在提出迥异于西方主流媒体的另类再现，打破世人对巴勒斯坦人的刻板印象。

第四，萨义德编撰这本书时已去国多年（他于 1947 年离开耶路撒冷），由于当时担任巴勒斯坦民族议会独立议员（1977 年起任职，1991 年因病请辞），以色列当局不准他返回故土。因此，他在筹备会议、策划展览、挑选相片、撰写文稿期间是流亡在外，完全不知何时，甚或此生能否返回故土，只得选择以这种特殊的方式介入。具体手法便是透过精挑细选的外籍摄影师的相片，仰赖自己惊人的记忆力、家族经验、民族历史、丰富学养，运用相当个人化、生活化、抒情式的笔触，重新建构出巴勒斯坦人的日常生活与艰难处境。这说明了为什么这本书的副标题为“Palestinian Lives”（“巴勒斯坦众生相”），以示所呈现的是身为芸芸众生的巴勒斯坦人平常生活中的不同面向。

---

[1] 萨义德在此书出版时与拉什迪的对谈中提到，撰写本书的观点是试着联结自己身为英文教授和巴勒斯坦人的双重身份（*Politics*，123）。

二、学术与政治的具现

《最后的天空之后》具现了萨义德多年来的学术理念与政治坚持，其荦荦大者如下。首先便是“流亡（者）”的处境与发言位置。在本书1999年哥伦比亚大学版的新序中，萨义德开宗明义道出：“《最后的天空之后》是一本流亡者之书（an exile's book），撰写于20世纪80年代中期，尝试着在距离巴勒斯坦遥远的地方，以主观的方式来处理巴勒斯坦众生相”(vii)。流亡（者）可说是萨义德的执念（obsession），他在数十年的作品中，对此一主题不但有理论的探讨（甚至2000年出版的论文集便取名为《流亡的省思及其他》[*Reflections on Exile and Other Essays*]），在比较个人、抒情的著作中，也对这种处境有生动、感人的描述（如其回忆录《乡关何处》）。这些当然与他的殖民地成长经验以及后来成为“巴勒斯坦裔美籍学者／知识分子”的身份密切相关。底下文字更具体而微地呈现了这种微妙位置及其效应：

> 大多数人主要知道一个文化、一个环境、一个家，流亡者至少知道两个；这个多重视野产生一种觉知：觉知同时并存的面向，而这种觉知——借用音乐的术语来说——是对位的（*contrapuntal*）。……流亡是过着习以为常的秩序之外的生活。它是游牧的、去中心的（decentered）、对位的；每当一习惯了这种生活，它撼动的力量就再度爆发出来。（*Reflections*，186）

由萨义德本人的学术志业与政治立场，常可以看出他如何善用这种多重视野，作出独特的贡献。

流亡对于萨义德不仅具有字面上的意义及切身的领会，其隐喻的意义也发挥了很大的效用，最明显可见的便是他对知识分子的看法。萨义德一向甚为关切知识分子的议题，数十年如一日。[1] 他在《知识分子论》一书中特辟专章《知识分子的流亡：放逐者与边缘人》，以流亡者的位置与意义来思考知识分子的角色与作用。因此，知识分子便如流亡者一般，与权力核心维持着批判的距离，从边缘的位置发声，彰显批判意识，提出有别于主流的看法，对权势说真话——不论所面对的权势是政治的、宗教的、学术的……而《最后的天空之后》则是流亡于美国的巴勒斯坦裔知识分子，继中东三部曲之后，转而由学术论述、媒体研究之外的日常生活与摄影切入，所呈现的另类关怀。[2]

为了凸显他出入于多重文化之间的视角，萨义德在诸多论述中借助音乐的术语，拈出“对位”一词，以示重视同时并存的其他声音与另类看法。[3] 而他在接受笔者访问，谈到自己反复使用的一些重要用语之间的关系时，所提到的第一条主线就是“复杂性与同时性（complexity and simultaneity）。那对我来说很重要。也就是说，当你听到一件事时，也听到另一件。这包括了‘对位’、‘另类’和‘抗拒’”（本书第 204 页）。因此，《最后的天空之后》无疑是针对有关巴勒斯坦人的形象提出对位、另类的观点，以抗拒主流媒体所呈现的刻板印象。

而与《东方主义》等书一脉相承的，就是对于再现的省思，尤其着眼于知识与权力的关系。尽管萨义德对福柯有所不满与批评，但福柯对萨义德的影响却是显而易见的（就其中东三部曲而言，尤见于《东方主义》之首与《采访伊斯兰》之末）。[4] 如果说《东方主义》和《采访伊斯兰》是从知识与权力的关系，分别检视西方学术与媒体对视为异己的东方（即中东）之再现，那么《巴勒斯坦问题》则是从巴勒斯坦人的角度，重新省视犹太复国主义及其结果，巴勒斯坦人的历史，提出有别于西方

---

[1] 详见笔者《永远的知识分子萨依德》，尤其第 219—222 页。

[2] 拉什迪在与萨义德的对谈中指出，此书特殊之处在于前三本书“集中于东西文化之争辩，而《最后的天空之后》更集中于巴勒斯坦性（Palestinianness）的核心之内在争辩或辩证”（*Politics*，122）。

[3] 萨义德有关对位的定义，可参阅《音乐的阐发》（*Musical Elaborations*，1991），第 102 页以及《文化与帝国主义》，第 51 页。

[4] 有关萨义德对于福柯的批评，详见《福柯，1927—1984》与《福柯与权力的想象》二文。但他在后文结尾也以福柯的“学生”自居（245）。

主流社会对中东世界、巴以关系的另类诠释与历史。相较于萨义德以往的文字呈现与论述，图文并茂的《最后的天空之后》也是一种另类。

在为族人请命、进行抗争时，萨义德以普世人权、公理正义为诉求，反制西方主流世界的不公不义，批判其采取双重标准。他在不同场合中一再重申，返乡与自决是不可剥夺的基本人权，这也是西方世界一致肯定的权利。然而，西方世界一方面认定人权具有普世的价值与意义，因而相当关切与介入南非、萨尔瓦多等国的人权状况；另一方面在涉及巴勒斯坦人的人权问题时，却慑于以色列的因素而视若无睹或避而不谈。萨义德多次对此现象加以批判，认为这不是伪善，便是双重标准。在他眼中，巴勒斯坦正是人权议题的试金石。他对以色列的长久批评也在于此。萨义德是最早公开主张巴以和平共存的巴勒斯坦人之一，呼吁双方都应认清且承认彼此的历史与苦难，甚至为此遭到死亡恐吓也不改其志。在他看来，以色列的建国有其历史背景（尤其二次大战时纳粹对犹太人的大屠杀使得西方人深怀内疚），但巴勒斯坦人多少世纪以来居住于该地也是不争的事实。他最不能接受的便是昔日的受害者在建国、掌权之后，摇身一变成为今日的加害者，使得世居该地的巴勒斯坦人成为受害者的受害者。

为了达到这个目的，再叙事化（re-narrativization）是必要的。因为若要对抗主流世界的历史观，就必须提出另一套历史观，即使不能取而代之，也要试图分庭抗礼，至少不被全盘抹煞。而这正是巴勒斯坦人最弱的一环（*After*，20）。拉什迪曾提到萨义德一直批评巴勒斯坦人“没有严肃地努力去使其故事建制化，给它一个客观的存在”，萨义德也承认其说法：“奇怪的是，在公认的杰作中，任何巴勒斯坦历史的叙事都不曾被建制化”（*Politics*，119）。长此以往的结果是：世人听闻、接受、相信的，就是盛行的那套有利于犹太复国主义及 1948 年建国的以色列之说法，而视该土地上原先的住民如无物。因此，萨义德在许多场合中强调叙事、故事、历史的重要，呼吁巴勒斯坦人要发展出一套有关自己的历史的说法。先前的《巴勒斯坦问题》正是这方面空前的尝试，从历史、地缘、政治等角度切入，诉诸英文世界的读者；相对地，《最后的天空之后》除了透过生动的相片呈现巴勒斯坦人生活中的点点滴滴，更藉由萨义德的文字增添了个人与集体记忆的面向，民族的历史，有血有肉的故事，既有日常的况味，又有历史的纵深，更令读者／观者动容，其叙事、诠释与批评充分发挥了位于世界与文本之间的批评家的角色，作用在于"提升生命"，"反对一切形式的暴政、宰制、虐待"，以达到他心目中"批评的社会目标：为了促进人类自由而产生的非强制性的知识"（*World*，29）。[1]

以上分别针对萨义德一向关切的流亡、知识分子、对位与另类、知识与权力的再现、公理与正义以及再叙事化的必要等议题，指出《最后的天空之后》在这位巴勒斯坦裔美国公共知识分子的学思历程与毕生奋斗中所具有的意义。下文析论他有关摄影的看法，并据以解读《最后的天空之后》中的若干视觉文本与文字文本。

三、萨义德的摄影观

萨义德虽然自称在视觉方面的敏感与造诣不如听觉，[2] 但其相关见解依然颇具意义，有助于我们进一步了解《最后的天空之后》。萨义德在《意义的凸显》（"Bursts of Meaning"）一文中评论伯格（John Berger）和摩尔合作的摄影集《另一种诉说之道》（*Another Way of Telling*），[3] 并针对摄影提出若干观察：

> 其实，相片摘引／引用现实（a quotation from reality），含纳历史世界的痕迹，这种特殊状态使得它自身带有一种不那么轻易被收编的暧昧……因此，每张相片都是选择（要被拍摄的那一瞬间）的结果，虽然相片的意义端赖其观看者的能力来赋予它过去和未来，将间断的

[1] 此处有关批评家的角色与作用，有意指涉萨义德的《世界 · 文本 · 批评家》以及他所强调的世俗的批评。

[2] 参阅笔者《知识分子论：萨义德访谈录》，本书第 206 页。

[3] 此书有张世伦的中译本《另一种影像叙事》，书名中的"叙事"一词更接近前文所说的"再叙事化"。

> 瞬间重新插入持久的延续。(*Reflections*，150–151)

这段文字言简意丰，可引申出如下一些看法：

第一，相片是节录、截取（甚至“劫掠”）自历史世界的痕迹，是瞬间的切片，因而注定是选择性的、片面的；[1]

第二，既然是选择性的、片面的，相片本身便具有暧昧性，难有统一的说法，抗拒被特定的立场收编而产生定于一尊的诠释；

第三，相片虽然是摄影者在特定瞬间的选择之产物，但摄影者却无法垄断其意义，而“只是”提供视觉文本，时而附上一己的文字说明（文本）；

第四，此视觉文本的意义（萨义德用的是复数形的“meanings”）主要是由观看者建构出来的，而建构的方式是时间性的（而非空间性的）：赋予被截取、孤立的那个时刻（历史的切片）过去与未来，各自以叙事／故事将其贯串起来，仿佛具有前后、承启、因果；

第五，因此，相片固然是摄影者在特定时空下的瞬间产物，但其意义却是观看者从各自的立场与角度所建构出来的，不仅提供各种“观看之道”，也企盼各尽所能，各取所需，提供“另一种诉说之道”或“另类的叙事／故事”，在此场域中竞逐诠释权。[2]

至于观看、解读、诉说、叙事的方式，以及其所代表的意义，萨义德有进一步的阐释：

> 阅读或诠释相片就是结合人类对协调的期盼和表象的语言。摘引的相片愈丰富，创意性诠释的范围就愈宽广，拍摄的瞬间也就愈能达到“另一种意义”。这种新意义诞生于当“面对事件［相片的主

---

[1] 此一意涵由中文的“‘摄’影”一词也可看出。

[2] “观看之道”有意指涉伯格的名作 *Ways of Seeing*，而“另一种诉说之道”或“另类的叙事／故事”则指涉其 *Another Way of Telling*。

> 题］时，将它延伸并结合其他事件，因而拓展［相片的］范畴”。这一切就像水里的一颗石头，打破了连续叙事的单向之流，这种单向之流宣告了新闻从业人员、政府论述与科学专家所谓的“历史”，而私人的主观经验则否。因此，只要诠释相片的语言不像大多数的记号学论述那样变得“化约和反对”，相片就具有潜在的起义性质。（*Reflections*，151）

换言之，解读或诠释相片出于人类对协调的期盼，其方式是透过结合这种人性需求与表象的语言；愈是丰富、精彩的相片，诠释的空间就愈宽广，也愈可能对摄影的当下一刻产生更繁复丰饶的另类意义——尤其是藉由与其他事件的联系与引申——搅扰、打破主流社群那种单向的、连续性的大叙事与大历史，激起回流甚或逆流。相片——尤其是弱势者的相片——所呈现的正是不入（主）流的、隐晦的、多向的、断裂的、非连续性的私人主观经验和个人小故事，只要不诉诸化约或反对式的解读，就有可能产生对位的意义，另类的空间，具有起义或反抗的潜能与效应。

萨义德固然推许伯格和摩尔二人合作的《另一种诉说之道》，但也指出该书的两个问题：第一，“伯格未能如卢卡奇和葛兰西那般处理意识形态渗透文化的力量（the power of ideology to saturate culture）”；第二，伯格着重于往昔，认为“相片处理的是记忆与过去”，却未放眼于未来，然而萨义德关切的是“对立政治”（oppositional politics）的中心议题：“做什么？（what to do?）”他并借箸代筹，期许伯格能结合“其美学和行动”(152)。其实，此处所指出的两个问题，正是以流亡者自居，从边缘发声的萨义德最关切之处。质言之，置身于当前处境中，在主流意识形态多方笼罩与渗透之下，如何在透过摄影来面对过去的同时，思索出行动纲领，并付诸具体作为，使美学和行动合而为一，交互为用，进而发挥平反、起义的效应，反制强势者与主流者无所不在的意识形态与渗透，并防范于未来。

若要针对《最后的天空之后》进行更理论性的铺陈，我们可以说此书所呈现的摄影观，直指摄影作为再现的技术或工具，其承载过去的人、事、地、物，特别是时间的效应与负担，其中涉及的权力关系，以及相关的政治与伦理诉求与结果／效应。这种见解多少呼应了塔格在《再现的负担：论摄影与历史》（John Tagg，*The Burden of Representation: Essays on Photographies and Histories*）中的看法。塔格开宗明义指出再现的负担与困境。他修正“相机是采证的工具”（“The camera is an instrument of evidence”）之说，认为“证物”本身已不复存在，因为相机摄取的影像所代表的真实已“触摸不到”（1）。塔格同样受到福柯的启发，将摄影视为“论述实践”（“discursive practices,” 119），强调摄影所创造出的不同场域（“sites”）与社会形构（“social formation”），指出“其作为技术的状态因投注的权力关系而异。其实践的性质依赖于定义及运用它的建制与能动者（agents）”（118）。因此，我们要研究的与其说是相片本身，不如说是摄影作为论述实践，“它做了什么？其存在条件为何？它如何折射，而不是反映其脉络？它如何启动，而不是发现意义？我们必须如何自我定位以接受其为真实？这么做的后果如何？”（119）

与上述相关的就是“引用”之说，因为摄影是自一去不返的现实中所截取的片段／片断，其“引用特性”（“citational character”，Cadava，xvii）至为明显，与过去和未来的关系也值得注意。其实，伯格在《另一种诉说之道》中便已指出“相片不是翻译表象，而是引用它们”（“Photographs do not translate from appearances. They quote from them”，96）。此外，摄影如同文字，具有践行效应（performative effects）。卡达瓦（Eduardo Cadava）自本雅明（Walter Benjamin）有关“摄影与历史之引用结构”得到启发，强调“没有一个文字或影像是不受到历史萦绕缠扰的”（Cadava，xvii）。另一方面，他也指出“影像是语言与历史之间的扣连原则”（“the image is a principle of articulation between language and history”），因此“影像在本质上涉及意义生产的历史行动”（“Images are essentially involved in the historical acts of the production of meaning”），其结果也涉及“摄影结构之建构，而这些摄影结构既产生并重新设定历史理解”（“the construction of photographic structures that both produce and reconfigure historical understanding”，Cadava，85）。[1]

对于一向缺乏叙事与论述的巴勒斯坦人而言，萨义德透过摩尔的镜头所呈现的族人众生相，一方面据以建构并铺陈巴勒斯坦人的历史，另一方面希望藉此达到平反与起义的效应，为族人争取更美好的未来，其中的引用来自过去，于当今加以阐发，意图开创未来。萨义德运用自己的文字与论述将摩尔的相片脉络化，这种行动具有创新之意，因为即使相片中的景物不再，人事全非，但透过作为现实之引用的相片，以及萨义德对相片的引用与阐发，成就了另一层意义的再现，亦即，在摩尔的影像再现之外／之上，添加了文字再现，目标在于为长久以来销声匿迹的巴勒斯坦人创造一个更符合公理正义的未来。简言之，萨义德在本书中试图完成伯格与摩尔之书未竟之业，结合美学与行动，其中引用自过去的相片成为艺术品（art-work），而此艺术品经由能动者的介入于未来发挥作用（art works）。[2]

因此，我们可藉由萨义德上述的观察以及对摄影的反思，来省视他大力促成的与摩尔（同样是伯格的合作者）之合作成果——虽然笔者在进行图像文本及文字文本的解读时，必然出于片面的摘引与挪用，并且试图在本文的脉络中建立起不同的联系与叙事。

四、流亡、引用、叙事与再现

由《最后的天空之后》的缘起可知，此书实为压抑下的反抗、平反或起义之作——所谓的“压抑”，就短期而言，是对该次摄影展的压抑；就中期而言，是自 1948 年以色列建国以来对巴勒斯坦人的压抑；就长期

---

[1] 这些让人联想到本雅明在《摄影小史》（“A Small History of Photography”）中有关观者如何从相片中联结过去、现在与未来的观点（Benjamin，“Small”，243）。

[2] 感谢洪敏秀博士提供有关摄影的相关理论及观察。

而言，是西方殖民主义数个世纪以来对中东民族的压抑。下文拟分就流亡、引用／摘录、叙事与再现进一步讨论。

(一)流亡与游移／犹豫的身份

前文提及流亡对萨义德的特殊意义与重要性，简言之，流亡者处于异文化之间的位置，既出入于不同文化，却又不完全属于其中任何一个，因而显得格格不入，具有异质、繁复、对位、矛盾与混杂诸种特质。这种既入又出，既近又远，既亲又疏，既即又离的尴尬、暧昧位置，产生了“双重视界”（“double vision”，*After*，6），尤其显见于书中所使用的代名词。萨义德本人也觉察到这一点，特别在书前指出，在指涉巴勒斯坦人时，代名词因为不同的情境而出现了第一、第二、第三人称等不同的称谓：“这些转换看似突兀，但我觉得它们复制了‘我们’如何体验自己，‘你们’如何感受别人的注视，你们如何在孤寂中感觉到‘你们’和‘他们’之间的距离。”（*After*，6）

我们可以进一步指出：当萨义德以不同人称称呼巴勒斯坦人时，其实显示的是自己复杂、尴尬、暧昧的位置——在使用第一人称的“我们”时，他把自己和巴勒斯坦人视为同一族群，亦即“我们”是血脉相连、休戚与共的共同体；在使用第二人称的“你们”时，是将族人视为相对于“我”的人，成为自己言说的对象（addressee）；在使用第三人称的“他们”时，则把族人视为自己与当时言说对象（很可能是读者）之外的、被谈论或描述的第三者。这些不同的人称具现了萨义德飘忽不定的认同与游离状态，能使他维持远近不一的批判距离，针对眼前的情境与对象，灵活运用不同的心态与角度来观察、省视特定的现象。尤其是萨义德在撰写此书时，依然被以色列当局蛮横无理地拒斥于故土之外，无法亲履其地，访视受难中的族人，只能凭恃自己的记忆、感情与想象，跨越时空的限制，以书写来再现族人，铭刻一位流亡者的心声。

然而，此处的记忆、感情与想象在相当程度上仰赖于摩尔相片中的人、事、物与情境的触发。对萨义德而言，撰写《最后的天空之后》时最主要的定位便是身为流亡美国的巴勒斯坦知识分子，面对自己大力促成的摄影任务所获致的具体成果，充分发挥自己的记忆、感情与想象，结合个人与集体的遭遇、经验与历史，赋予一张又一张的相片“过去和未来，将间断的瞬间重新插入持久的延续”（*Reflections*，151），呈现出另类的巴勒斯坦形象，以正视听，呼喊正义，企盼达到平反与“起义”的效应。

(二)引用／摘录

若从引用／摘录的角度来看，又可引申出不少意义。首先，引用在本质上就注定是“断章取义”的，然而与其批评其“断章取义”，不如进一步探讨究竟是何人（who）在何时（when）、何地（where）、如何“断”章“取”义（how）？“断”的是什么“章”，“取”的是什么“义”（what）？用于何处？理由为何（why）？结果如何？换言之，引用本身就是去脉络化与再脉络化的结果，重要的是在“一出一入”之间造成什么“出入”（what’s the difference）？这些出入确实有何意义或效应（is it a difference that really makes a difference?）？

就本书而言，引用主要在三方面：书名、相片、素描／随笔／叙事。书名《最后的天空之后》来自巴勒斯坦民族诗人达维希（Mahmoud Darwish）。在萨义德心目中，达维希是“具有多面向的诗人”，他既是“流亡诗人”，也是“最早的一位所谓反抗诗人”，“他当然是位公共诗人，却也是很个人的、抒情的诗人”，并有如下由衷的推崇：“以今天世界的标准，他肯定是最佳的诗人之一”（*Culture and Resistance*，161–162）。[1] 萨义德在扉页中引用达维希的《大地正向我们围拢》（“The Earth Is Closing on Us”）：

> Where should we go after the last frontiers,
>
> where should the birds fly after the last sky?

[1] 萨义德在一篇文章中曾提到，两人出席巴勒斯坦民族议会，“达维希撰写建国宣言（the Declaration of Statehood）”，萨义德则“协助重新草拟并翻译成英文”（*Reflections*，326），由此可见两人之志同道合，共同致力于巴勒斯坦民族自决与独立建国。

在最后的疆界之后，我们该何去何从，
在最后的天空之后，鸟儿该飞往何处？

对照此诗英译就会发现，这里连引用本身都不完全忠实，而是将原先三个问句中的两句（“Where should we go after the last frontiers? / Where should the birds fly after the last sky? / Where should the plants sleep after the last breath of air?”）化为一句。原诗的幽微精妙之处——如对铺天盖地而来的巨大磨难之具体描述，过去与未来的对比，在似乎没有明天的极大苦难中对未来依稀怀抱着些微的希望与憧憬——则在简短的引用中遁入了背景，等待有心人挖掘。这使得扉页的引用或摘录，有若“天问”般的叩问与沉痛，透露出“叫天天不应，叫地地不灵”的悲惨处境。书名则是进一步浓缩，而且去除问号，颇引人寻思——既然已是“最后的天空”，如何还有“之后”？若是“最后”还有“之后”，那么巴勒斯坦人的悲惨处境伊于湖底？抑或，巴勒斯坦人的处境已沦入谷底，可望由剥而复，否极泰来？副标题“巴勒斯坦众生相”与正标题相互为用，点出全书的主旨，一方面指明陷于困境的是巴勒斯坦人，另一方面表示他们依然（不得不）活着、过日子，在各式各样的磨难中坚忍，期盼在山穷水尽、“最后的疆界”、“最后的天空”“之后”，能柳暗花明、缔造新生，打造出一片新天地。

虽然扉页的引用并不全然精确，书名更是精简，但阅读全书却又相当程度“还原”并“扩大”了达维希全诗给人的感受。《最后的天空之后》透过摩尔的相片与萨义德的文字之中介，使得凝练的诗思再现为一帧帧生动的相片和一篇篇深刻、动人的文章，透过图与文的互动，充分发挥了萨义德在其他地方所强调的“细节的训练”（“discipline of detail”）以及“阐发”（“elaborations”）。[1] 质言之，原先引用的诗作在去脉络化

[1] 萨义德多次提到巴勒斯坦人不注重细节与叙事，以致很难与以色列人争取历史和地理的诠释权，处处受制于人，因而倡议巴勒斯坦人要留意于“细节的训练”。“阐发”则是以细致的工夫产生阐扬和发挥的作用，萨义德曾撰写《音乐的阐发》，将批评与文化理论引进乐评，提供独特的观点。

与再脉络化之后，与摩尔的相片和萨义德的散文三者交互为用，呈现了“巴勒斯坦众生相”，并发挥了“画龙点睛”的效用。

仔细寻思便会发现，书中的相片不只是引用，而且是“双重引用”。第一重引用如萨义德所说，相片是来自现实的引用，也就是摄影师身临其境，瞬间截取、拍摄的结果。即使如此，这些相片依然有其特殊之处。因为有别于其他对巴勒斯坦人的呈现，此处是巴勒斯坦裔美国学者萨义德积极介入，邀请德裔瑞士人道主义摄影师摩尔，深入当地居民的日常生活所拍摄的结果，其动机、心态、过程、结果迥然有异于西方主流媒体的呈现。[1] 第二重引用则是萨义德从摩尔拍摄的数以千计的相片中精挑细选出 120 张，加以分门别类，撰文阐释。[2] 此处的引用既涉及拣选，也涉及依照特定类别加以分类、排列，并进行论述性的诠释和引申，形成相关视觉文本的去脉络化与再脉络化。

再者，萨义德的文字文本就某个意义而言也是引用。一向以流亡者自居的萨义德与故乡之间原本就有一段距离，而在引用并配合这些相片撰写文字时，由于未能获准回归故土，亲临其境，以致对空间、时间、心理上的距离感更加强烈。吊诡的是，萨义德在面对自己大力促成所拍得的族人日常生活相片时，却因为对相片中的地方与人物可望而不可即（他甚至能指认出一些相片中自己熟悉的人与物），反而产生更深切的感怀。在撰写这些文字时，流亡异域、不得返乡的他所能动用的主要就是记忆，以这些相片作为提示（prompt），藉此检索、引用并重组自己记忆库中的相关信息，针对当时情境及诉求对象，勾引并铺陈出恰切的文字。[3] 从萨义德的书写

---

[1] 此处所谓的“介入”、“双重引用”可由“影像／辩证”的角度加以观察（参阅 Cadava xvii，43）。有关萨义德对西方主流媒体的不满，由《采访伊斯兰》一书的副标题明显可见：“媒体与专家如何决定我们观看世界其他地方的方式”（“How the Media and the Experts Determine How We See the Rest of the World”）。

[2] 萨义德在与米切尔（W. J. T. Mitchell）的访谈中提到，摩尔寡言而谦虚，这些相片是他费时数周从摩尔众多档案相片中挑选的，摩尔只是偶尔表示不同意见，但并未反对（“不是他的选择，是我的选择”，Mitchell，39）。但摩尔本人在接受张泉访谈时则说，为了选取此书中的相片，他在萨义德的纽约公寓住了大约十天，“在进展顺利的同时，也互相作了妥协：他选出的照片更知性，更残酷，和文字的联系也更直接，我则倾向于不那么激烈或者更理想化的照片”（张，24）。

[3] 如笔者询问萨义德如何为此书撰文时，他回答：“我让自己——我不知道成不成功——我让直觉、记忆、联想来引导自己，而不是让形象与形式的抽象力量来引导。因此对我而言，这些形象中的每一个都暗示了我记忆中的某件事、某个经验。”（本书第 206 页）

策略可以看出，基本上是以相片为出发点，用抒情的笔触、理性的论述来打动、说服读者，兼且记述、见证与平反，并结合民族的集体意识，达到“个人的便是集体的”（the personal is the collective）之效用，而由于巴勒斯坦人的地位特殊，涉及中东的地缘政治，又有“个人的便是政治的”（the personal is the political）之效用。[1]

(三)叙事与再现

与萨义德的书写密切相关的，便是其中的叙事，这又涉及引用、摄影、文字、诠释与历史（个人的或集体的）。伯格对此提供了相当精辟的见解：

> 所有的相片都是暧昧的。所有的相片都是取自连续（continuity）中。如果那个事件是公共事件，这个连续就是历史；如果是个人事件，那么被打破的连续就是人生故事。……断裂（discontinuity）总是产生暧昧。然而这种暧昧经常是不明显的，因为只要相片与文字并用，就共同产生了确定的效应，甚至教条式肯定般的效应。（*Another*，91）

在他看来，相片与文字的相辅相成在于相片“是无可辩驳的证据，但意义却薄弱”，须由文字来诠释与补充，而文字本身往往过于空泛，须由无可辩驳的相片来赋予“特定的真确性”（specific authenticity），“两者合并就变得很有力”（92）。

因此，《最后的天空之后》中不管述说的是个人的故事或族人的历史，大抵由相关的相片所激发、促生，进而将这些自现实中引用、截取以致孤悬于时间之流之外的相片，依据各自的情境及个人的感受与记忆，赋予过去与未来，重新插入时间之流。因此，这些相片本身固然凝结、捕捉自特定的瞬间——否则这些瞬间稍纵即逝、一去不返、渺无踪

[1] 此处“个人的”既可指相片中呈现的个人，也可指萨义德本人。

迹——但文字却赋予它们时间的面向、历史的纵深，以及个人与集体的感受、意识与叙事。也正因为如此，全书的再现是图文互补、互证的（不仅是"一图抵千言"，而且是"一图须千言"、"千言须一图"），有别于萨义德其他的纯文本论述，更吸引读者的目光。

就再现的方式和效用而言，这种相片与文字交相为用的方式，一方面有别于纯文本的再现，另一方面也与纯影像或（新闻）影片的呈现不同，而是介于两者之间：固然比纯文本的再现更为生动、具有临场感（有图为证），也不似观看纯影像般脱离脉络，或影片般难以掌控，而允许观者随着自己的兴趣、关注与速度，或快或慢地观看、阅读、思索与消化，不仅着重图文之间的互动，甚至由此引申并建构出自己的观感与意义。

五、图文互映互证

摄影师摩尔与中东的渊源远早于与萨义德合作的这个计划，而一般读者之所以认识他，主要是因为他与著名文化评论家／作家伯格合作、出版的《另一种诉说之道》。他在《最后的天空之后》的三页短序中（*After*，7–9）——严格说来只有两页，因为第一页接续萨义德之文——附上自己的简要年表，从这种史实式的"自我再现"中可以看出摩尔如何看待自己与中东，尤其是巴勒斯坦，长久以来的关系。早在 1949 年，大学刚毕业、年方 24 岁的摩尔，便被国际红十字会派往中东处理巴勒斯坦难民问题，次年红十字会援助结束后，继而担任联合国的"地区官员"（"area officer"）。1967 年，赴以色列和约旦河西岸两周。1979 年，在传译陪同下再度前往以色列和西岸占领区一个月，发现巴勒斯坦人的处境比 30 年前更为恶劣（*After*，8）。由此可见，摩尔与中东的渊源甚深，曾经执行过多项人道任务，对巴勒斯坦人的关怀数十年如一日——短序中提到巴勒斯坦人"很贴近我的心"（"something very close to my heart"，*After*，7）。这种人道关切、民胞物与之心，表现在他斥责以色列海关官员视阿拉伯人如无物的狂妄心态（*After*，9）。

全书的相片主要拍摄于1979年、1983年和1984年，前者出自摩尔的一个月之旅，后者则与萨义德密切相关，此外尚有1967年、1978年和1980年的作品，最早的一张甚至摄于1950年（92/84/150），“属于那种我寄给父亲的日常作品”（张，23）。摄影作品前后历时三十余年，显示了摩尔对巴勒斯坦人的长期关注。萨义德在与米切尔的访谈中提到《最后的天空之后》的编排过程：先将挑选出的相片摊在地板上数星期，区分为系列，再区分为含纳系列的四组，把书分为四部，每部加上标题，最后在不同的位置以不同的方式安插相片（Mitchell，35–36）。这种分类或权宜之计其实已是摘引／引用（去脉络化）与插入（再脉络化）了。萨义德搭配长短不一的文字，以个人与集体的故事与历史加以铺陈、诠解，以期凸显这些相片在新脉络中的意义，达到忠实再现苦难族人之目标。特别的是，这些文字的长度往往介于一般相片图说与专文之间，比图说详细（与当初展览时不同的是，书中的相片已附图说），却又不像专文般长篇大论，令人望而生畏，穿插的照片更让人时时往返于图文之间。此外，这种看似驳杂不一的写作方式，反而提供书写者更大的弹性，长短由之，以尽兴／尽性为要——有话便长，无话便短，既求尽作者之兴，又期尽相片之性，可谓极尽阐发之能事。因此，段段文字有如vignette(小文／小图），不仅各有特色，并共同烘托出“最后的天空之后”的氛围，为相片提供了感情的厚重与历史的纵深。

全书中除了极少数名人的相片之外（如巴解领袖阿拉法特[121/113/190]、民族诗人达维希[158/150/243]），基本上是关于巴勒斯坦人的日常生活百态，尤其是在漂泊离散的艰厄困苦中所展现的生命韧性。这些巴勒斯坦人在自己的家园内、外都是流亡者（“[e]xiles at home as well as abroad”, 11），尽管被视为异己，遭受到苛刻的待遇，他们仍努力维持生命的传承与尊严。全书的相片以婚礼开始（10/10/33），以示即使在苦难中，人生大事也不因而中断；第二张相片中的母子（13/3/36）显示虽然身处流亡、家徒四壁，但生命依然延续，世代相传；书中不同年龄

巴勒斯坦民族诗人达维希 1984 © Jean Mohr / Musée de l'Elysée, Lausanne

人士的相片，呈现了不同生命阶段的巴勒斯坦人之面貌与多样性；各行各业的相片更深入日常生活细节，让世人得窥他们的维生之道及个中甘苦；一些流亡海外人士的相片则呈现了巴勒斯坦的离散社群（Palestinian diasporic community）；若干相片更见证了巴勒斯坦人如何勇敢面对人生，苦中作乐，在个人与民族的命运低潮中依然怀抱希望。

面对这些相片时，萨义德对自己、摄影者、被摄者的状况了然于心，其中透露出相当程度的无奈。他说："流亡是一连串没有名字、没有脉络的画像；大都是没有解释、无名无姓、沉寂缄默的影像。我注视着它们，没有精确的轶闻知识（"without precise anecdotal knowledge"）可以仰仗，但它们写实之精确却比单纯的信息更令人印象深刻。"（12）暌违故土数十载的萨义德因为以色列当局的禁令，"无法接触到被拍摄到的真人，只能透过一位欧洲摄影者来为我观看他们。而我想象他也透过口译者与他们交谈"（12—14）。至于摄影者与被摄者之间的关系则有些纠葛复杂。一方面他们秉持待客之道，任凭手持相机的摩尔穿梭于他们之间拍照，并未严加拒绝；另一方面，让一位明显的外来者如此来拍摄身处苦难困厄中的巴勒斯坦人，而被摄者浑然不知拍摄的相片将如何被再现，这种情况难免让被摄者“存在着一种尴尬，不确定为什么他们被观看和记录——却无力阻止”(14)。所幸的是，摄影者是对巴勒斯坦民族怀抱长期人道关切的摩尔，而整个计划的筹划者是流亡在外的族人萨义德，目的在于透过国际组织向世人争取对巴勒斯坦人的了解与支持。简言之，礼貌、拘谨、尴尬、犹豫而无力阻止被拍摄的巴勒斯坦人，透过口译者来沟通及对话的欧洲摄影者摩尔，以及透过摄影者来观看自己族人的流亡者／书写者萨义德，三者的合作尽管与常态的纪实摄影相较不免有所缺憾，但在当时的历史与政治情境之下已属难得。严格说来，相片中的巴勒斯坦人难逃萨义德的名著《东方主义》扉页所引述并暗批的：“他们不能再现自己；他们必须被人再现”(“They cannot represent themselves; they must be represented”)，但至少当时他们自己欠缺发声的管道，再现他们的是有着多年渊源的摄影师和流亡在外的族人，而再现的成果不仅在当时发挥了纪实、见证，甚至某种平反、起义的作用，并藉由出版进一步传扬，其践行效应难以估计。

萨义德在书中提到自己与摩尔的计划时说道：“我们绝不是嘻嘻哈哈、无足轻重的人（cheerful nonentities)，在不特定的地方从事某个小计划；我们代表的是一股具体的力量，而其散布的、非集中的力道甚至连我们自己都未能轻易辨识。但是那赋予我们所做的事一种破碎的尊严(a fragmented dignity)。比方说，摩尔有关工作或学习中的巴勒斯坦人一整个系列的相片所呈现的强度与严肃，就与相片的插曲式、无故事的性质（the episodic and storyless nature）冲突。”他接着列举一些相片，并指出“这些相片沉静而有力，其共同主题是传递出专注和警觉”。萨义德认为：“摩尔的风格是透明的（transparent)：他让我们看到巴勒斯坦人自力更生的过程，甚或再现他们超脱了真实情境的残酷限制，其临即感惊人地强烈。”(145)

摩尔的风格是否透明，也许见仁见智，对于经历过后结构主义洗礼的人来说尤其如此。然而值得注意的是，对后结构主义了如指掌的萨义德，竟选择以“透明的”一词来形容摩尔的风格，也盛赞其中的临即感，可见他对摩尔的写实／纪实功力之肯定——至少该说摩尔的相片符合这位流亡海外者心目中的族人形象。至于他所撰写的文字，就相当程度而言是提供这些具有插曲式、无故事性的相片更多的真切感、叙事性与历史感。最明显的就是萨义德以一页三栏（阶段、时期、特征）的图表，简要地将巴勒斯坦的历史与趋势分为四个阶段（1948 年之前，1948 至 1967 年，1967 年至今，未来趋势），并扼要说明各个阶段的特征（111）。

简言之，第一阶段的二元社会（Dual society）是因为英国与犹太复国主义相对于巴勒斯坦的不对等势力，导致犹太复国主义霸权（Zionist hegemony）和巴勒斯坦人的屈从与离散。第二阶段则分为两方面：在以色列境内由于政治操控与社经政策，造成巴勒斯坦人地位低落，形同一国两制的“内在殖民主义”（internal colonialism）；西岸和加沙走廊则仰赖约旦和埃及，不时遭到收编与压迫。第三阶段为 1967 年中东战争至撰写此书时，以色列占领西岸和加沙走廊，致使两地转而仰赖以色列，而以色列的内在殖民现象益形恶化。最后阶段则是萨义德对巴勒斯坦前景的预测，他非常悲观地认为，“终极目标是历史上的巴勒斯坦被犹太化”（Zionization of historical Palestine），甚至族人会被驱赶到其他阿拉伯国家（111）。[1] 这大抵就是萨义德当时对巴勒斯坦人的历史叙事与未来预测，可以看出巴勒斯坦虽然早在英国殖民和以色列占领之前便已存在，但在近代却一再遭到外来势力的欺压与统治，使得他们在自己族人世居之地沦为次等居民，受到压迫、排挤与驱逐，而未来的命运更是堪忧。

全书的相片（除了一张之外）虽然来自第三阶段，但由于萨义德所提供的宏伟架构，让观者得以向过去与未来延伸，增加其历史纵深与未

---

[1] 萨义德有关巴勒斯坦的历史叙事与未来展望，详见《巴勒斯坦问题》。拉什迪在与他的对谈中肯定此二书“针对犹太复国主义这个历史现象，提供了很有用、不感情用事的批判”，而萨义德也强调：“在讨论犹太复国主义对巴勒斯坦人代表什么时，绝对必须集中在犹太复国主义特殊的历史与脉络”（*Politics*，121）。

观看相簿的两妇人 1984 © Jean Mohr / Musée de l'Elysée, Lausanne

来向度。本文由于篇幅所限，只能挑选若干相片加以解读，如此说来又是摘述的摘述，引用的引用，情况多少类似书中的一张相片，摄影者自两位妇人背后拍摄她们正在看相簿（61/53/缺）。原先的相簿已是自众多相片（“现实的摘引”）中挑选、排列、组合而成，两位手持相簿的妇人是观看者，自她们背后拍摄的摩尔又从后摄／后设的角度呈现观看者同时是被观看者，我们身为《最后的天空之后》的观者／读者又透过摩尔的镜头及萨义德的挑选与文字，同时观看、阅读相簿中的相片、相簿本身和正在观看相簿的两位妇人，并且想象正在用相机拍摄、记录并造成这种多重观看效果的摩尔，以及萨义德挑选这张相片，再排列、组合成这本书时所欲达到的效果，有如一层层向外扩散的涟漪效应。

此书既然为“巴勒斯坦众生相”，因此大都为日常生活中的男女老少，较正式的便是类似肖像之作，尤其是单人（近）照，其中既有知名人士（如前述的阿拉法特 [121/113/190]、达维希 [158/150/243] 以及政治人物、大学教授、银行家、编辑、文学人物 [113/105/176，116/108/181，117/109/182，118/110/183，159/151/245]），但更多的是不知名人士，而正由于是不知名的市井小民，反倒（吊诡地）因其独特性与代表性被选入——独特性主要来自相片本身的美学价值或特定的历史意义，代表性则来自影中人背后往往隐藏着一群遭遇和命运相似之人。如 1983 年拍摄于安曼的巴喀难民营（Baqa’a camp）的男子侧照（90/82/148），便让人从这张满布皱纹却没有表情的脸孔上，读出了岁月的沧桑与生命的沉重。关于这位戴着头巾、蓄着短髭的农夫，萨义德如此写道：“对于过去、历史变迁、个人观看方式的任何觉知，必然会影响一个人解读农夫相片的方式。”萨义德从这张脸孔上所读出来的不只是他的身份与背景，也不只是“原型农夫的深刻、沉默、坚忍的悲哀，没有政治或历史细节或发展”，更能够从中“辨识出不同的东西：自漫长、紧张的历史中所积蓄的力量，对现在感到挫折与愤怒，对未来极为担忧”（91）。

相反地，另一张摄自拉马拉（Ramallah）难民营的男子相片则透露出

温和坚强的难民 1984 © Jean Mohr / Musée de l'Elysée, Lausanne

迥然不同的信息（128/120/201）。这张戴着头巾、正视镜头的脸庞上，最醒目的就是右眼上裂成“米”字般星纹的镜片和盈盈的笑容。相较于前一张农夫的相片，这里的破裂与不完美跃然纸上，尽管“米”字星纹挡住了此人的右眼，但衬托着左眼和底下一张温和、充满笑意的脸孔，让人不禁想象到底需要多大的心量才能让他如此苦中作乐、乐天知命，带着这种“压抑不住的欢乐”（128）。萨义德认为这张相片有如“象征着我们生活中挥之不去的某种双重性：难民与恐怖分子、受难者与加害者，等等”，但他也对自己这种想法不满，毕竟相片中的男子未曾流露出任何“悲情或软弱：他的面孔坚强而温和；微笑的表情显然发自真诚……；而他散发出欢迎、适度自信的态度，很吸引人。斑痕是在他的镜片上，而不是在他身上；他的另一只眼睛似乎很管用，即使视线有些模糊，但该看到的多少都能看到”（128）。总之，破损的镜片非仅无损于此人的形象，而以盈盈笑脸正视镜头更凸显出他的坦荡与自信，尽管儿子遭遇麻烦，此人却依然能笑脸面对镜头与人生。[1]

萨义德对这张相片的引申也值得思索："不管他看（或被看）得多清楚，他的视线总是会受到某些妨碍，而对任何注视他的人也总是会有某些小小的困扰。任何美好、完整的事物，都不至于美好、完整到否决不好的，反之亦然。因此，每当你重新检视这张相片时，这种古怪地平衡的不平衡（this curiously balanced imbalance）都会以某种方式一直搅扰着你。"（129）此处萨义德似乎必须借助强调的矛盾语法（"'古怪地'、'平衡的不平衡'"），才能形容他对这张相片的观感。而他进一步指出其效应为"意识上的不平衡（an imbalance in consciousness），仿佛我们在世上承担起巴勒斯坦人的身份时，还不能把我们历史的狂乱无章和我们宣称而且显然谐调的政治、社会、文化个性完全调和起来"（129）。换言之，从这张相片（及其予人的平衡／不平衡感）引申的矛盾象征涉及巴勒斯坦人的身份，以及巴勒斯坦人观看和被看的方式。或许因为观看与被看的缘故，这张相片曾被当成此书封面，不禁让人寻思，透过一个完好的镜片和另一个满是裂痕的镜片，所看到的究竟是什么样的人和世界？而其他观者又从这张相片中看到了什么？

相对于知名与无名人士的相片，另一张由不知名而到"知"名的相片更引人思索萨义德对于"精确的轶闻知识"的说法，以及相片、指认／命名、记忆的关系。他初看到一张老妇的相片时（85/77/138，1984 年摄于安曼），认为是"一张属于我们家居生活的面孔"（84）。但六个月后他偶然出示这张相片给妹妹看时，妹妹当场认出相片中的老妇是法拉吉太太（Mrs. Farraj），这个指认顿时让萨义德回忆起与她的渊源：初识于 1946 年的婚礼，双方因此结为姻亲，而她女儿／新娘是当时年方 11 岁的萨义德在"真实人生中遇到的第一位美女"；再见于 20 世纪 50 年代；如

---

[1] 萨义德在与拉什迪的对谈中，就相片中的人物提供了更明确的信息：此人一只眼睛被子弹击中而失明，其子因故被判无期徒刑（*Politics*，123）。

萨义德的旧识法拉吉太太 1984 © Jean Mohr / Musée de l'Elysée, Lausanne

今再次在摩尔的相片中见到，几乎让他"惊呼热中肠"。[1] 他接着写道：

> 她的相片联结到我、我妹妹、我朋友、她的亲戚、她的相识、她曾去过的一些地方，仿佛像一张地图般将我们全都聚拢……但所有这些联结得以见光，是在我看过相片之后、我们决定采用它之后、我把它排序之后的一段时间。我一认出她是法拉吉太太之际，相片表面所暗含的私密立即化为鲜有秘密的明白。她是一个真实的人物——巴勒斯坦人——拥有我们里面的真正历史。但我不知道相片能否或是否道出事物的真相。有些东西已经消失了，而我们唯一拥有的就是再现。（84）

[1] 萨义德在与米切尔谈到这张相片由未知（the unknowable）到知道（the knowable）的过程时，表示这个发现令他吃惊，却同时感到有些怅然若失，而"在这两种感受之间则是这张十分真实的脸孔，在这张脸孔上有我无法描述的东西"（Mitchell，37）。

换言之，相片有如多重记忆之钥，透过它能开启不同的记忆之门。法拉吉太太的相片，对萨义德而言，虽然最初开启的只是一般的记忆库，但透过同样由它开启的萨义德妹妹的记忆库，让萨义德得以重启尘封数十年的记忆，串联起一则则轶闻知识，明确地“重新插入”，与影中人建立起私密的联结，让一切关系各就各位。而这些不仅仅是在萨义德看到相片、决定采用以及排序之后，更是在“一位倾听的摄影者”（“a listening photographer”，84）真实记录以及一位书写的流亡者精彩解读之后，使得原先隐藏的“一生的插曲”（“a lifetime of episodes”，84）得以重见天日。即使“有些东西已经消失了”，而“我们唯一拥有的就是再现”，这些再现也足以重建起相当程度的个人、家族、民族的轶事、插曲、关系与意义，呈现出相对于宰制者的另类叙事与历史。

如果说法拉吉太太的相片是以个别的、特定的名称与方式让萨义德得以钩沉出新，重拾记忆，重建链接，重新诉说，那么第四部“过去与未来”中连续四张无名女子的相片（161—163/153—155/248—150 [缺第三张]）则是以普遍性隐喻了女性的一生，并再度联结上巴勒斯坦人的经验与历史。值得注意的是，此处萨义德结合了文学典故与政治现实，并且认为爱尔兰民族诗人叶芝（W. B. Yeats）的两首诗提供了“一套始料未及的参照”（“an unexpected set of references”，157）。他先以叶芝的名诗《丽达与天鹅》（“Leda and the Swan”）一诗中天神宙斯化身天鹅强暴凡间女子丽达的神话典故，隐喻以色列的占领——“一股外在势力强力且蛮横地介入平民百姓的生活”（157）。萨义德提到“我们需要一种新意识”（159），而他在把有关族人的存在之想法整理成“连贯的散文”时，感受到这些分歧的存在形成“多重、几乎绝望的戏剧之对位（counterpoint）——如果称不上是杂音（cacophony）的话——而我们每人都知道这些与自己的存在同时发生”（159—160）。他感叹“没有足够强大的民族权威能把我们团结起来”，并痛斥美国外交政策的伪善与不公不义，对巴以采取双重标准（160）。为此，他特地挑选了四张相片，显示女子一生的四个阶段——在难民营中不知愁滋味的微笑少女，豆蔻年华、笑容明媚的女学生，于纽约针对支持以色列游行的反示威蒙面女子，以及在难民营中历尽沧桑、饱经忧患的白发老妪。萨义德语带义愤地说："我要对这些伪君子说，瞧，真正仔细瞧瞧这系列照片吧，它们再现的是年华老去的普遍过程……这过程由童年的快乐期待，到欢乐青少年的开放，再到围攻之下的巴勒斯坦人的强烈防卫意识，最后成为现代受难者饱含忧思与磨难的象征。"（161—62）萨义德敦促观者从这几张相片中观看到的不是非我族类的巴勒斯坦人，而是人生的过程与人类的通性，以期激发观者的同情心与同理心。

"年幼—青春—成年—老年"这个动态过程也引发了萨义德对变迁、无常的省思以及对本质的质疑。他引用叶芝的《在学童之中》（"Among School Children"）一诗，指出"我们也受制于时间、发展、变迁和衰退，而这个事实必然消除了把巴勒斯坦人视为一种永远无家可归与恐怖的本质化典范之任何观念"（162）。换言之，巴勒斯坦人当前的困境和外界对他们的刻板印象，有可能随着时间的流转和主客观条件的更迭而变化，不致长久陷于无助的深渊，永无翻身之日。萨义德将这种"认知与责任"（162）相提并论，并沿用叶芝的诗句及说法，主张巴勒斯坦人与自己历史的结合，应该"有如舞者和舞蹈般合而为一，藉此能够不把自己视为哀伤或无家可归的空洞存在（disembodied presences of Sorrow or Homelessness），而是如同我们的诗人和作家所看待我们的那般：由于我们奋斗和失败的历史（以及其他事物）之结果，具体存在于我们经验的整体"（164）。由以上的讨论可以看出，萨义德如何出入于相片、文学、国际政治、巴勒斯坦历史之间，巧妙而有力地结合了表面上看似无关的领域，在控诉强权与不公的同时，提出了自己对相片的解读、对文学的品鉴、对人生的体验、对历史的领悟以及对族人的期盼。

巴勒斯坦人的困境与期盼也具现于书中所呈现的内外之别，而这个内外之别主要来自以色列的高压统治与迫害，其中最明显的就是各地的难民营。萨义德则想方设法运用联合国这个国际势力，让摩尔得以突破封锁与限制，进入探索内情，让巴勒斯坦人的处境能够公诸于世。其中

饱含忧思的老妪 1979 © Jean Mohr / Musée de l'Elysée, Lausanne

最具象征意义的一张就是站在微开的难民营入口的幼童（50/42/85）。这张相片被编排在第二章《里面》之前，其意义不言而喻。萨义德在该章伊始对于“来自里面”（*min al-dakhil*）一词的解释更扩大了其意义：“在1967年之前，它指的是住在以色列境内的巴勒斯坦人；1967年之后，这个词扩大为包含约旦河西岸、加沙以及戈兰高地的居民；而自从1982年以来，它也指住在黎巴嫩南部的巴勒斯坦人（以及黎巴嫩人）。”（51）换言之，“里面”所指涉的范围随着以色列的武力扩张而不断扩大。此外，萨义德也提到此词意涵的转变，相对于流亡在外的族人，这些在“里面”的巴勒斯坦人，原先因为受到帝国主义和犹太复国主义的宰制，而带有“令人轻蔑的意义”，但随着在外的族人地位日益低落，这些“生活在边缘上、枪口下、围栏和特殊区块里的巴勒斯坦人，获得了我们其他人所没有的某种荣耀”（51）。这种说法令人神伤。然而，果真如此？

这张相片——扩大地说，全书中的相片——明显地与这个说法形成强烈的对比。门口的幼童大概才三四岁，很可能从一生下来就是“生活在边

由里向外窥探的幼童 1983 © Jean Mohr / Musée de l’Elysée, Lausanne

缘上、枪口下、围栏和特殊区块里的巴勒斯坦人”，然而观者从这张相片中实在难以得到他“获得了我们其他人所没有的某种荣耀”的结论，反而是一种截然不同的感受。小孩站在难民营入口微开的门缝，眼光看向左方某处，深色的大门上布满了白色的涂鸦，予人残破无序之感，一侧的围墙与另一侧的波浪板更增添了这种气氛。至于“里面”的情况如何，观者只能越过围墙与大门的上沿窥视。涂鸦的入口与破败的围墙之后——更正确的说法是“之内”——支架的蔓藤、简陋的楼层以及屋顶四处可见的天线，让人不难想象在“里面”的巴勒斯坦人过的是什么样的日子。

这种内外之隔在另两张相片中得到进一步的阐发。在一张摄于 1967 年六月战争之后数日的相片中（42/34/75），前景是一位戴着军帽的以色列军官，从窗外向内窥视的是靠近拉马拉的卡兰迪亚（Kalandia）的一个年幼村民。以色列军官脸上丝毫看不出胜利的喜悦，他的左手介于托腮与掩面之间，仿佛陷入沉思，额头上的皱纹、低垂的眼帘以及眼眶下的眼袋与横纹，都予人岁月的沧桑与生命的深沉感，头上则是象征着责任与战争的军帽。一层玻璃之隔的男孩右手扒在窗户上，额头紧贴着玻璃，以致鼻头被挤压得略显扁平，好奇的他仿似要竭力窥视另一个（在相片中）内在，其实对他而言是外在、陌生的入侵者的世界。屋内的军官陷入幽微沉郁的内心世界，窗外的男孩则亟欲一探外来者——不仅这位以色列军官，也包括了由他直视镜头所暗示出的摄影者——的世界，军官之手向内、男孩之手向外也加强了内外的对比，而这一切都由透明的玻璃窗分隔成内外两个截然不同的世界，而挤压的鼻头仿佛有意突破这个内外之别，却因未能成功反倒更强调了此界限之牢不可破。

同样隔成内外两个世界的则是前一张相片。如果说男孩与军官之照所展现的是内与外、向外与向内、年轻与世故之隔，那么两位老妇与黎巴嫩官员之照所呈现的则是另一种向往与期盼（41/33/74）。这张相片的前景或“之内”依然是身负公职的男性，车窗之外的则是两位老妇。观者由图片说明得知此照拍摄于 1983 年黎巴嫩南部的拉希戴难民营（Rashidyé camp），一位当地官员正在为国际红十字会收取难民家属的信

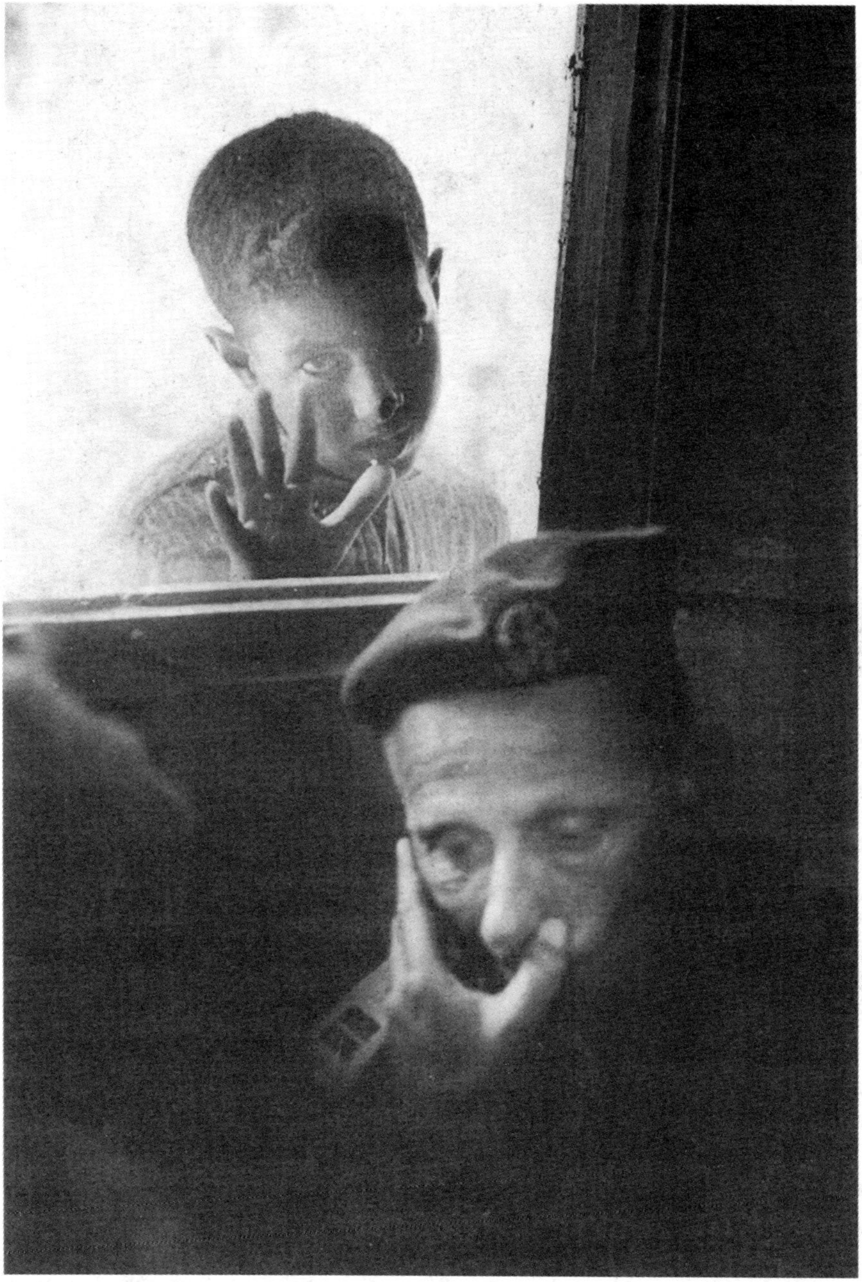

男孩与军官 1967 © Jean Mohr / *After the Last Sky* 42

两位老妇与黎巴嫩官员 1983 © Jean Mohr/*After the Last Sky* 41

件。男子的目光没看镜头，而是向着车外的老妇，他的右手拿着文件／信件，左臂搁在车窗全开的窗沿上，有如在解释，但也可能是表示爱莫能助，而竖起的左手掌也有加强内外之隔的意味。两位老妇都戴着白色头巾，左边的一位双眼微眯，眼巴巴讨好似地在向男子询问或交涉，她的左手腕不自觉地伸入车窗内，从男子手持的文件／信件底下露出无名指上的大戒指，暗示了家人的存在。右边稍后方的老妇带着一脸祈求／乞求的笑容，仿佛希望透过这位官员／信差得到好消息。这张相片本身显示出的内外之隔，实则来自另一个更大的内外之隔：相片中的老妇与命运相同的难民，急着透过官员／信差与难民营外、在战火中生死未卜的家人亲友取得联系，而这个更大的内外之隔来自以色列的武力攻击，以致这些难民不仅无法与家人亲友在一起，甚至生死两不知。

总之，这三张相片显示的是不同的内外之别／之隔，幼童所显示的是不识愁滋味的内外之别，只是站在难民营出入口，好奇地望着外面的世界；男孩多少感受到外在势力闯进他的世界，并且极力窥探看似在内、实则是外的大人及武装世界；两位老妇则饱经世故，备受战争的苦难，亟盼透过坐在车内穿梭于难民营与国际人道组织之间的信差与外面的家人亲友取得联系。三张相片各以不同年龄与背景的人物来呈现大历史环境之下卑微的个人遭遇：老妇固然殷切盼望与在战乱中失散的家人亲友联系，男孩的好奇与幼童的天真更反衬出情境之可悲、可悯、难以突破，信差的任务是协助在内与在外的人传递讯息，期盼能为战乱中的受困者／受害者纾解苦难，而以色列军官一脸肃穆的神情似乎也暗示了相当程度的身不由己，以及在战争中没有任何人是真正的赢家。

至于战争的伤痕，以及其荒谬与反讽，在书中屡屡浮现，构成全书最重要的主题，尤其是当中的“战废品”（war trash）更是直击（“直接目击／攻击”）战争的残酷与人性的愚痴。[1] 广义而言，书中的各个难民营及其中的难民都是战废品，因为他们的家园毁于无情的战火，流离失所，

---

[1] 此处挪用哈金有关韩战的长篇小说之名《战废品》（*War Trash*），他笔下的朝鲜战争战俘有如在战争中报废的物品，遭人贱弃。

有些与家人亲友失去联系，甚至生死不明。全书最名副其实的战废品就是沙喀阿先生（Mr. Shaqa' a，114/106/178 [图说有误]），相片摄于 1980 年的日内瓦，穿西装、打领带的他与身边穿着正式服饰的男女透露出这可能是一个相当重要的国际场合。脸上带着笑意的沙喀阿先生比周遭的男女矮了一截，身体斜倚着，手拄拐杖，身上的西装超过了半身，裤管底下露出两只有如铁锤般的义肢，原来他是在一次袭击中失去了双腿。相对于这个正式的场合与满脸的笑容，铁锤般的义肢重击着观者的心，提醒世人战争的残酷无情。

家园的毁损也是一种战废品。1983 年摄于黎巴嫩南部埃恩－尔－希尔维（Ein-el-Hilwé）难民营的一张相片中（39/31/71），前方是一位戴着头巾、足趿拖鞋的女子，在行进中转过头来看向左方的镜头，另一侧则是断垣残壁，让人想见战火之猛烈无情，数支依然耸立的天线暗示这里曾经是住家，如今却是钢筋外露，屋毁人去（人亡？），抚今思昔不禁令人神伤。然而，这并不是单一事件，因为图说除了标明时地之外并写道："时间流逝：摧毁，重建，再摧毁"，有如陷于一再循环的噩梦，

行经断垣残壁的女子 1983 © Jean Mohr / Musée de l'Elysée, Lausanne

不知何时才能终结。此张相片后来被选为萨义德与希钦斯合编的《责怪受害者：虚伪的学术与巴勒斯坦问题》（*Blaming the Victim: Spurious Scholarship and the Palestinian Question*）一书封面，形成另一种的去脉络化与再脉络化，用于反击媒体与学界混淆事实，罔顾是非，对受害者进行二度伤害。

财产的毁损则是另一种战废品。1983 年 5 月摄于黎巴嫩南部布尔杰－舍马里难民营（Bourj el-Shemali camp）的一张相片中（21/13/49），“开膛破肚”的汽车足以让人想象当时冲突之惨烈（很可能有人伤亡），这个战废品虽已不堪用，却成了孩童们难得的游乐器材，右侧的小男孩双手撑在引擎盖旁咧嘴而笑，车内的小女孩扶着已无玻璃的前窗探出头好奇地望着镜头，两人身上的时髦衣着“几乎肯定是来自慈善捐赠”，背景的低矮房舍应是他们的住家，车子四周的草地上盛开着朵朵小花，显得遍地生机，处处形成强烈的对比：孩童／成人（天真无邪／残酷无情，不识哀愁／满怀愁苦），自然／人为（自然景观／机械文明 [甚至于暗示杀

春天、孩童与战废品 1983 © Jean Mohr / Musée de l’Elysée, Lausanne

人机器]，好生之德/嗜杀之性)。即使是生机盎然的春天，依然笼罩着肃杀之气。这些孩童既已生活在冲突的后果中（“他们是难民——难民的孩子”)，却又不知一再的冲突可有休止的一天，甚至自己将来会不会被卷入其中，成为人类自作孽的战争中的一员——不管是受害者、加害者，或两者皆是。

在笔者看来最能显示战争的荒谬与反讽的，反倒是一张无人的相片(27/19/55)。这张相片1979年摄于贝尔谢巴（Bersheeba）的一处贝都因人营地，画面的中心是小菜园里用木柱套上破衣和杂物拼凑而成的“稻草人”(scarecrow)。背后几条横越的带刺铁丝散发出隔离/隔绝甚至些许肃杀之气。此处的“稻草人”产生两种截然不同的联想：一为吓阻鸟雀前来啄食的稻草人，只不过它的装饰（躯干上的衣饰和用透明塑料袋凑合的双手）过于因陋就简，让人怀疑是否真能发挥作用，或只是聊备一格，敷衍了事；二为在战场上纪念阵亡将士的十字架，因为垂直的木柱和水平的双肩的确引发这种联想，出人意表的是，顶端套的不是阵亡

战废品的战废品？ 1979 © Jean Mohr / Musée de l’Elysée, Lausanne

者的钢盔，而是一只旧鞋。尽管这两种联想相距甚远，却吊诡又巧妙地结合在这张相片中，一方面延续着稻草人本有的“虚张声势”以及可能的些许实用价值，另一方面又传递着国殇的壮烈情怀——十字架本身原有的宗教、牺牲甚至代罪羔羊的意味也已早在其中了。最唐突且令人忍俊不禁的，当然就是以旧鞋当头，把原先戴在头上的钢盔，换为踩在脚下的皮鞋，却也可能同样是阵亡者的遗物（“战废品”甚至“战废品的战废品”，即“国殇的旧鞋”）。南辕北辙的联想被十字架形的稻草人强力结合在一块，却又向上下左右发散。以鞋为头既是废物利用，又暗示了人类的颠倒愚痴，本末倒置。即使画面中没有任何人，却透过单纯的构图传达出丰富的意涵，尤其是对人性的荒谬错乱与战争的残酷无情提出了强有力的反讽与控诉。这些在在反映了摄影者敏锐的观察、高超的技巧、独特的眼界与人道的胸怀。

尽管摩尔拍摄身为弱势的巴勒斯坦人，致力于呈现他们的众生相，却不乏对摄影的反思，先前两位妇人观看相簿就是一例。此外，被拍摄者也未必那么被动，而是有可能回应，甚至反应／反击，这些也引人深思。全书中最明显的两个例证都与小孩有关。1979 年摄于特尔谢巴（Tel-Sheva）的相片中（64/56/106），一个赤脚小男生面带笑容，在中距离对着镜头丢掷石块（空中的那颗石块清晰可见），与书中其他被拍摄的人物相较，男孩表现出积极主动与活泼好玩，在满脸的笑意与天真中看不出任何恶意或攻击之意。然而，置于以色列／巴勒斯坦的脉络中，这张相片似乎预示了后来的“因地发打”（*Intifada*），也就是 1987 年起为了反抗以色列的统治，手无寸铁巴勒斯坦人——尤其是青少年——只得就地取材，捡拾地上的石块丢向以色列军队，宣泄心中长期的不满、失望、挫折与愤怒。类似的活动以后也屡次爆发。萨义德对这种自发性的抗议／抗暴行动，多次予以正面评价。

最具反思性的相片特意安排在全书之末、后记之前。相片的前景是两个穿着夹脚拖鞋、摆出半蹲姿势的耶路撒冷小女孩，右边一位直视镜头，左边那位被她扶着的女孩则模仿摄影师的动作在拍摄摩尔，底

丢掷石块的男童 1979 © Jean Mohr / Musée de l'Elysée, Lausanne

下的说明文字是："摄影师被拍摄"（"The photographer photographed", 167/159/255）。小女孩可能只是好玩地模仿，但无意的动作却被摄入摩尔的镜头，被萨义德选入本书，而且成为压卷之作。萨义德在搭配的文字中刻意打消巴勒斯坦人的被动性，强调他们的主体性，指出他们之所以陷入如今的困境，责任不完全在巴勒斯坦人本身，也在观者。他在最后一段中说：

> 然而，我愿意认为，这样一本书不仅向读者讲述了我们，也以某种方式解读了读者。我愿意认为，我们并不只是这些相片中被人看见或注视的人：我们也注视着我们的观察者。我们巴勒斯坦人有时忘掉这一点——在一个接一个的国家中，对巴勒斯坦人的监视、限制和研究，正是削弱我们地位和阻止我们民族成就的政治过程的一部分，以致我们只是沦为对立与不平等的"他者"，总是居于守势——我们也在注视，我们也在细察、衡量、判断。我们并不仅仅

反拍摄影师的小小摄影师 1979 © Jean Mohr / Musée de l'Elysée, Lausanne

> 是某人的对象。我们并不仅仅是被动地站在那里，让任何人因为任何理由想看就看。如果你们最终无法了解我们这一点，那么我们就不允许自己去相信，这完全是我们自己的失败。再也不会了。（166）

萨义德以这些文字结束，其中的深意不仅在为巴勒斯坦人申诉，也鼓励他们去拥有自主性和主动权，更深自反省，积极介入，进行反击，因为他们“并不仅仅是被动地站在那里”，“也在注视”，“也在细察、衡量、判断”，这种反观和反视，具体而微地呈现在最后这张相片中。而且，就整体观之，全书的缘起与作用也是某种意义的反省、反观、反击与因地发打（抵抗与起义），却比萨义德其他的论述更抒情、更个人化，虽然看似片段，但配合上相片和图说却更动人，发挥更大的效应。

六、摄影 · 介入 · 和平

萨义德在全书之末提到，即使在《最后的天空之后》即将付梓时，返乡之梦依然遥不可及。[1] 尽管如此，此摄影计划的发想、孕育、成形乃至成书的过程中，萨义德始终扮演着积极介入与主导的角色。其中摩尔的相片对他而言已经不只是单纯的美学作品，更是糅杂了个人记忆、集体经验、种族苦难、政治诉求、人权呼吁、正义伸张等兼具美学、行动、人道与意识形态之作，配合上他的文字，处处试图向世人呈现有关巴勒斯坦人的另类观点，透过摄影与叙事，积极介入，在为族人做见证的同时并赋予力量，冀望族人在飞越了“最后的天空之后”，能找到一片不再被人监视、遭人限制、自由自主的栖身之地。

这个对于自由与和平的憧憬，出现于全书倒数第二张相片（165/157/254）。相片中有四个孩童，但位于下方与右侧的小孩都不完整，左后侧的小孩

[1] 萨义德于 1991 年被诊断出罹患白血病，并因与阿拉法特理念不合，辞去巴勒斯坦民族议会独立议员一职，次年才得以带着家人重访巴勒斯坦，一践多年的未竟之旅，踏上阔别 45 年的故乡，亲眼目睹留居当地的亲友与族人，这时距离此书出版已 6 年。

手托小鸟的男孩 1979 © Jean Mohr / Musée de l'Elysée, Lausanne

即使露出整张脸孔，却也只是陪衬，因此焦点位于正中间的男孩。绽放着笑容的他眼睛微眯，咧开的嘴巴露出两排白牙，他的左手拇指竖起，其余四指内扣，食指上站着一只小鸟，鸟头微垂，双爪紧抓着，似乎有些畏缩，却又仿佛等待机会振翅高飞。这张相片拍摄于 1979 年靠近拉马拉的塞尼尔村（Senjel），旁边的说明是"获救的小鸟"（"Rescued bird"）。小鸟是否在战火中受伤，我们不得而知，但男孩与小鸟的默契与亲密却明显易见，而即使生活在困境中的小孩依然有能力照顾更弱小的生物，提供庇护，维护一线生机。这张相片也曾用作《最后的天空之后》的封面，其象征意味不言而喻。

萨义德在为这张相片撰文时，提到摩尔的相片之特殊，并把这些相片连接上族人的命运："我们是自己置身的任何情境中的移民（migrants），也可能是混种（hybrids），却不属于任何情境。这是我们身为在流亡中、一直在迁徙中的民族，生活里最深的延续。"（164）萨义德认为族人置身于这种情况已久，以致有时未能察觉，但"摩尔一些相片中所捕捉的瞬间，偶尔提供了这种可能性”，其中“兴奋、活力和喜悦跃然纸上，并有力地对你诉说，但带着一种优雅的直接，提醒你迁徙并不一定若非逃跑，就是流亡”（164—65）。他并进一步从男孩的相片中看出，“在他那欢乐却脆弱的胜利中，能看到暗示着一时的成功和短暂的潇洒，而这些是我们之间许多人在人生中发展出来的：身为巴勒斯坦人经常就代表着能做主而不宰制，欢乐而不伤人”（“mastery without domination，pleasure without injury to others”，165）。

手托小鸟的男孩，灿烂明朗的笑容中充满了爱意与生机，正是这种主而不宰、乐而不伤的最佳写照。诗人问道：“在最后的天空之后，鸟儿该飞往何处？”但愿一只经过将养生息的小鸟，能振翅飞向光明的曙光，为下一代叨来欢颜、希望与和平。

引用书目

伯格（John Berger）、摩尔（Jean Mohr）：《另一种影像叙事》（*Another Way of Telling*），张世伦译，台北：三言社，2007。

张泉：《Jean Mohr 重返耶路撒冷》，[上海]《生活月刊》34（2008 年 8 月），第 22—24 页。

单德兴：《永远的知识分子萨依德》，萨义德著：《知识分子论》增订版，单德兴编译，台北：麦田，2004，第 213—246 页。

萨义德：《萨依德的流亡者之书：最后一片天空消失之后的巴勒斯坦》，梁永安译，台北：立绪，2010。

萨义德：《最后的天空之后：巴勒斯坦人的生活》，金玥珏译，北京：新星，2006。

Benjamin, Walter. “A Small History of Photography.” *One-Way Street and Other Writings*. Trans. Edmund Jephcott and Kingsley Shorter. London: New Left, 1979. 240–257.

——. "Theoretics of Knowledge; Theory of Progress." Trans. Leigh Hafrey and Richard Sieburth. *Benjamin: Philosophy, History, Aesthetics*. Ed. Gary Smith. Chicago: U of Chicago P, 1989. 43–83.

Berger, John, and Jean Mohr. *Another Way of Telling*. New York: Pantheon, 1982.

Cadava, Eduardo. *Words of Light: Theses on the Photography of History*. Princeton, NJ: Princeton UP, 1997.

Darwish, Mahmoud. "The Earth Is Closing on Us." *Victims of a Map*. Trans. Abdullah al-Udhari. London: al-Saqi Books, 1984. 13.

Mitchell, W. J. T. "The Panic of the Visual: A Conversation with Edward W. Said" . *Edward Said and the Work of the Critic: Speaking Truth to Power*. Ed. Paul A. Bové. Durham and London: Duke UP, 2000. 31–50.

Said, Edward W. *After the Last Sky: Palestinian Lives*. 1986. Text by Edward W. Said. Photographs by Jean Mohr. New York: Columbia UP, 1999.

——. *Covering Islam: How the Media and the Experts Determine How We See the Rest of the World*. 1981. Rev. ed. New York: Vintage, 1997.

——. *Culture and Imperialism*. New York: Knopf, 1993.

——. *Musical Elaborations*. New York: Columbia UP, 1991.

——. *Orientalism: Western Conceptions of the Orient*. 1978. New York: Vintage, 1979.

——. *Out of Place: A Memoir*. New York: Knopf, 1999.

——. The Politics of Dispossession: *The Struggle for Palestinian Self-Determination, 1969–1994*. New York: Pantheon, 1994.

——. *The Question of Palestine*. 1979. New York: Vintage, 1992.

——. *Reflections on Exile and Other Essays*. Cambridge, Mass.: Harvard UP, 2000.

——. *Representations of the Intellectual: The 1993 Reith Lectures*. New York: Pantheon, 1994.

——. *The World, the Text, and the Critic*. Cambridge, Mass.: Harvard UP, 1983.

Said, Edward W., and David Barsamian. *Culture and Resistance: Conversations with Edward W. Said*. Cambridge, Mass.: South End, 2002.

Said, Edward W., and Christopher Hitchens, eds. *Blaming the Victims: Spurious Scholarship and the Palestinian Question*. London and New York: Verso, 1988.

Tagg, John. *The Burden of Representation: Essays on Photographies and Histories*. Minneapolis: U of Minnesota P, 1988.

《最后的天空之后》之不同封面

图 1：New York : Pantheon Books, 1986.

图 2：London and Boston: Faber and Faber, 1986.

图 3：London: Vintage, 1993.

图 4：New York: Columbia University Press, 1999.

书空咄咄知谁解？：萨义德之中东和平梦想

> 记得此处和各处都与巴勒斯坦站在同一阵线……也要记得有许多人为之献身的理念——尽管困难重重，艰难险阻。为什么？因为这是一个正义的理念，崇高的理想，为争取平等与人权的道德追求。
>
> ——萨义德

2008年年底，以色列以哈马斯（Hamas）接连发射火箭炮攻击该国南境为由，不顾国际的强烈反对声浪，以陆海空三方的绝对军事优势攻击加沙走廊，长驱直入，接连三周，造成1300名巴勒斯坦人丧生，其中包括不少无辜平民。晚近以色列在公海上以武力公然阻挠跨国人道组织将救援物资运往巴勒斯坦地区，济助平民百姓，引发国际上的普遍挞伐。类似的大小事件每隔不久便会出现。笔者从报章、电视、网络上看到相关报道时，都不禁心想："如果萨义德依然健在，不知会如何痛心疾首，口诛笔伐？"

犹记得2001年8月，笔者在纽约哥伦比亚大学第三次也是最后一次访问萨义德，当时中东战火正殷，以色列军队进出巴勒斯坦地区如入无人之境。笔者特地询问他对中东局势的看法，他语气急切地答道："以色列和巴勒斯坦目前的关系糟透了，我对和平的前景极为悲观。"痛切之情溢于言表。两年后，萨义德病逝纽约，结束他"格格不入"的流亡者的一生，骨灰依照遗愿运回阿拉伯故土，洒在象征和平与永恒的黎巴嫩雪松林间。然而，萨义德毕生的梦想——中东和平与巴勒斯坦建国——依然遥遥无期。

综观萨义德的一生，便会发现他的巴勒斯坦背景不仅使他一生处于流亡者的状态，更形塑了他的学术生涯、人生观与世界观。萨义德 1935 年出生于耶路撒冷，自小便就读殖民地的英国和美国学校，1951 年赴美，先于寄宿学校求学，后于普林斯顿大学与哈佛大学取得学位，一路接受的是西方的菁英教育，之后任教于学术重镇哥伦比亚大学长达 40 年。他刚出道时，以欧美主流作家和理论家的研究奠定学术地位，如 1975 年出版的第二本书《开始：意图与方法》获得了第一届年度特里林奖。然而，真正为他树立国际学术声望的，则是 1978 年出版的《东方主义》，这本书与他的巴勒斯坦背景密切相关，也是他第一本结合学术研究与政治关怀的著作。

萨义德在许多访谈中提到，自己原先以学术研究为职志，但 1967 年的中东战争让他深受震撼，决心不再深锁于学院中，而要关怀世局，尤其是把眼光放在自己出生的中东，因此在《东方主义》一书结尾，就可看到萨义德对西方世界所再现的当代中东形象的不满与批评。之后的写作则学术与政论并重，其中政论文章环绕着中东议题，尤其是巴勒斯坦民族的艰苦处境与建国梦想。

检视他一生的著作便会发现，以中东为主题的超过三分之一，即使不以中东为主题，相关的议题也不时出现，由此可见中东与巴勒斯坦对他的重要性，以下便是除了《东方主义》之外相关主题的其他专书：

1979　《巴勒斯坦问题》

1981　《采访伊斯兰：媒体与专家如何决定我们观看世界其他地方的方式》

1986　《最后的天空之后：巴勒斯坦众生相》

1994　《流离失所的政治：巴勒斯坦自决的奋斗，一九六九—一九九四》

1994　《笔与剑：萨义德对话录》

1995　《和平及其不满：中东和平进程中的巴勒斯坦》

2000　《和平进程之结束：奥斯陆之后》

2003　《文化与抵抗：萨义德对话录》

2004　《从奥斯陆到伊拉克以及路线图》

此外，1988 年他与希钦斯合编《责怪受害者：虚伪的学术与巴勒斯坦问题》一书，搜集许多具有反省与批判意识的作品，探讨西方（尤其是美国）的亲以色列、反巴勒斯坦的学术界，证明许多人如何假学术之名来责怪遭受迫害的巴勒斯坦人，落井下石莫此为甚。1999 年的《乡关何处》大多集中于他的早年生活，对自己的出生与青少年提供了颇为仔细的描绘，为那个已经逝去的中东世界留下了第一手的见证，他的一些好友、文学学者甚至认为是他最好的一本书。

由上述可知，萨义德有关中东的著作可分为几方面：论述、政论、对话、个人抒发。质言之，萨义德最早两本有关巴勒斯坦的书，《巴勒斯坦问题》和《采访伊斯兰》，发挥了他身为学者的研究与论述功力，分别从历史与媒体的角度来剖析、反驳西方主流社会对巴勒斯坦的过去与现在的无知、误解与错误再现。这些论证严谨，既有历史的追根究底，也有对当代西方媒体的通盘观察与批判，或显或隐地运用了一些如知识、权力与再现的关系等理论，为以往被销声匿迹的巴勒斯坦人发言，呈现不为人知的面向。

另一个主要类型则是政论，数量最多，其中多为专栏之作，虽然篇幅较短，对象却是一般大众，而他也主要透过这些论述发挥了公共知识分子的角色。这些著作包括《流离失所的政治》、《和平及其不满》、《和平进程之结束》（*The End of the Peace Process: Oslo and After*）和《从奥斯陆到伊拉克以及路线图》，是他多年来随着巴勒斯坦人的处境以及中东局势进展所撰写的系列政论，对象由原先的欧美人士，扩及中东读者。我们可以发现这些政治评论文章一方面针砭时事，论断曲直，另一方面也呈现了作者相当一致的立场与见解。就宏观的意义而言，可视为中东局势的纪事（chronicle），就微观的意义而言，则代表了萨义德个人多年的密切观察、记录与评论。

除了正式的论述和政论之外，另一种比较特殊的类型就是对话录。萨义德一生接受过许许多多的访谈，学术的、通俗的兼而有之，藉此传扬自己的观感与理念，其中有两本的主题与中东密切相关，访谈者都是亚美尼亚裔的媒体人巴萨米安。由于访谈的性质不同于一般文章，《笔与剑》和《文化与抵抗》可说是他众多著作中理念呈现的简易版及综合版。访谈者针对中东和巴勒斯坦的主题提问，萨义德则侃侃而谈，一问一答之间，问者称心，答者尽兴，传达出各自的关怀、观察与感想，比起其他论述，访谈的内容更为多元且平易近人。

其实，在萨义德的作品中，除了本行的文学之外，其他与艺术相关的一为摄影，另一更重要的为音乐。前者即上列的《最后的天空之后》，后者则包括了 1991 年的《音乐的阐发》、2002 年他与犹太裔钢琴家 / 指挥家巴伦博伊姆的对话录《并行与吊诡：音乐与社会之探索》，以及身后出版的《论晚期风格：反常合道的音乐与文学》和《音乐的极境》。这些作品一方面展现了他在文学之外的广泛兴趣与深入探讨，有如“文艺复兴时代的通才”，另一方面也主张艺术除了有独立的美学意义与价值之外，还有促进和解、追求和平的入世与淑世的作用。这些不仅与他的巴勒斯坦背景息息相关，也反映出了他的人文主义关怀以及人道主义色彩。

以《最后的天空之后》为例，其缘起及图文并呈的方式在萨义德的著作中极为特殊。1983 年，他担任联合国巴勒斯坦问题国际会议的顾问，有鉴于世人长久在西方主流媒体笼罩下，对巴勒斯坦人形成刻板印象——戴着头巾的恐怖分子、蒙着面纱的穆斯林女子、流离失所的难民等——于是邀请曾前往中东拍摄巴勒斯坦人的德裔瑞士摄影师摩尔再度前往拍摄。萨义德自摩尔拍得的数以千计的照片中挑选出 120 张，以不同的风格——如历史的、个人的、抒情的、议论的等——撰写长短不一的文字，以搭配摩尔的照片。全书分为“巴勒斯坦众生相”、“状况”、“里面”、“冒现”、“过去与未来”、“贝鲁特的沦陷”等主题，图文并茂地再现巴勒斯坦人的艰苦处境，他们的历史，流离失所，在苦难中展现的韧性，在看似无望的景况中依然坚毅地过日子。正如此书的副标题“巴勒斯坦众生相”所示，照片与文字着重于巴勒斯坦人日常生活的面向，如全书伊始便是一张新郎迎娶新娘的照片，显示即使处于流离失所的情境，生活依然如常进行。

摩尔的摄影一向以浓厚的人道色彩著称，透过他的黑白照片揭开了长久被掩蔽的巴勒斯坦人的神秘面纱，让世人得以一窥其日常生活面貌，发觉巴勒斯坦人其实和我们一样是芸芸众生，挑战、颠覆了以往的刻板印象。由于呈现的主题特殊，角度迥异于西方主流媒体，而萨义德的文字更赋予这些照片历史的纵深，较论述性的文字更隐含了知识与权力、宰制与被宰制的关系，令人联想到包括福柯在内的相关理论，也响应了《东方主义》、《巴勒斯坦问题》和《采访伊斯兰》中的主题，却是以更图像、生动的方式呈现。文中偶尔穿插的萨义德个人回忆，更为全书增添了抒情与见证的色彩，多多少少预示了后来的回忆录。简言之，由此书我们亲见人道主义的摄影家与怀抱着孤臣孽子之心的流亡者／知识分子如何共同成为弱势者的见证与喉舌，致力于传达他们的困境，争取应有的认知。

书名《最后的天空之后》出自巴勒斯坦民族诗人达维希的诗作《大地正向我们围拢》，扉页引用了其中的两行：

> Where should we go after the last frontiers,
> where should the birds fly after the last sky?
> 在最后的疆界之后，我们该何去何从，
> 在最后的天空之后，鸟儿该飞往何处？

有如“天问”般的问句，让人深切感受到巴勒斯坦人所面对的残酷、无奈之困境。萨义德以此为书名，强调巴勒斯坦人前途茫茫，甚至穷途末路之感不言而喻，其中蕴涵的悲痛也发人深省。

因此，文图并现的《最后的天空之后》可说是萨义德作品中最特殊的一本，也是许多人——包括笔者在内——最喜爱的一本。透过生动的照片与深刻的文字，表现出当时因为担任巴勒斯坦民族议会独立议员而无法返回故乡的萨义德——当时尚不知此生能否重返故土——以半百之年在海外向往、怀想留在故土的族人，力求国际社会认识巴勒斯坦人的真实面貌，以期促进他们的权益与福祉。

再就音乐而言，他自小受母亲熏陶而喜爱音乐，赴美后也持续学习钢琴，具有职业演奏的水平。他对于文学与文化理论，尤其是对法兰克福学派阿多诺的钻研，更让他在传统的音乐研究之外另辟蹊径。他自1986年起为《国家》周刊撰写音乐专栏，一直到2003年病逝为止。这些以及在其他地方发表的乐评，都收入《音乐的极境》，让人见识到他身为乐评家的一面。至于《音乐的阐发》，系根据1989年5月于加州大学欧文分校发表的年度韦勒克图书馆讲座，他以批评家与爱乐者的双重身份，将西洋古典音乐置于文化与社会脉络，写出截然不同的乐评。1989年8月笔者赴该校英文暨比较文学系担任傅尔布莱特博士后研究员一年，曾听系上资深教授米勒提及，韦勒克图书馆讲座是该校的年度盛事，邀请国际知名的文学与文化批评家发表三场演讲，一般都在演讲厅举行，但萨义德的演讲场地却破例换到备有钢琴的教师俱乐部（Faculty Club），方便他随讲随弹，以演奏来印证自己的说法。后来出版时书中附有乐谱，虽然少了一份临场感，但自有爱乐者能从中进一步领会他的诠解与论证。

对一般人而言，比较平易近人的则是他与巴伦博伊姆的对话录《并行与吊诡：音乐与社会之探索》。犹太裔的巴伦博伊姆本身是杰出的钢琴家，也曾担任美国芝加哥交响乐团指挥暨德国柏林国家歌剧院音乐总监。他与萨义德都是移民，热爱音乐，关心中东和平，因此结为好友，1995年10月至2000年12月之间，多次针对音乐、社会、政治与文化等议题进行对话，整理出此书中的六篇对话录。两人虽然分属犹太裔和巴勒斯坦裔，但共同的理念就是巴以双方应该相互承认，和平共存。两人不仅坐而言，并且起而行，效法德国文豪歌德晚年致力于不同文化之间的交流与相互了解，于1995年在德国魏玛组成了“东西合集工作坊”，邀请以往不相往来、对立甚至彼此仇视的以色列和阿拉伯年轻音乐家共聚一堂，由萨义德带领讨论，巴伦博伊姆指挥演奏，透过对话与音乐，化解双方的歧见与敌视，一点一滴地建立起交流与互信，为中东和平尽一份心力。巴伦博伊姆在挚友去世后的纪念文章中提到，这个以音乐来化解双方误解、消弭昔日仇恨、促进中东和平的工作坊（后来成为东西合集管弦乐团），为萨义德晚年全心投入的最重要志业。在他去世之后，遗孀继续其遗志，使其成为国际间独具特色的音乐团体。

从以上可知，萨义德念兹在兹于巴勒斯坦民族的历史、现状和前途，积极运用自己在西方取得的有利位置，四处奔走，著书立说，竭尽所能地为自己的民族寻求出路，为世人指点中东问题的解决之道，数十年如一日，死而后已。在他看来，世界安全的重点之一在中东和平，而中东和平的核心则在巴勒斯坦问题，巴勒斯坦问题没有解决，就不能奢言中东和平，而中东没有和平，世界安全也就没有保障。这点由本·拉登企图以美国对巴勒斯坦的态度作为发动“9·11”事件的借口，便可得到充分的印证。

萨义德时而苦口婆心，循循善诱，时而金刚怒目，口诛笔伐，但总是试图以坚实的事例，有力的论证，说之以理，有时更动之以情，极力让世人体认巴勒斯坦人的处境。他将自己的学术研究结合生命关怀、民族自决与和平大业，透过各种方式宣扬，在其中可以看到几个反复出现的主题。首先，他主张以色列人和巴勒斯坦人都要坦然面对彼此的历史与现状，相互承认，而不是昧于对方的长远历史和存在现实，一意孤行地只顾自己的立场和利益，视对方如无物，必欲除之而后快，这种心态和做法不仅不可行，而且会为彼此带来无穷的仇恨与灾难。在他看来，世人皆知犹太民族和以色列的历史，却鲜少有人知道世居当地的巴勒斯坦民族的历史，因此《巴勒斯坦问题》对历史着墨甚多。

其次，巴以双方应在相互承认的基础上，平等相待，致力于和平共存，因为以暴制暴只会引来更多的暴力，陷入恶性循环，以致冤冤相报，永无宁日。他严厉批评以色列的高压统治和武力侵犯，认为那是以最先进的武器来欺压弱势。另一方面，他虽然同情巴勒斯坦自杀炸弹客的行径，理解那是在多年的无助、挫折、愤怒、绝望之下的产物，却明白表示无法接受这种激烈手段，因为不仅无补于事，反而造成对生命的摧残与和平的斲丧。相反地，他屡屡以甘地、金恩、曼德拉等人的和平反抗为楷模，力陈唯有站在道德的制高点上，才能赢得世人的支持，甚至对手的敬重，如此才可望获致长治久安的和平。

上述的情况当然涉及巴勒斯坦人的民族自决以及流亡海外者的返乡权。萨义德认为民族自决和返乡权都是不可剥夺的人权，巴勒斯坦民族理应有权决定自己的前途。而多年被以色列禁止入境的他，对流亡有着切肤之痛的感受，《最后的天空之后》具体呈现了一位久居海外、无法返乡者的故乡之思。因此，多年来他既承认以色列已经存在的现实，也坚持巴勒斯坦人的民族自决与返乡权，并主张以此普世价值向世人积极游说，争取巴勒斯坦人应有的权利。

当然，巴以之间除了历史的纠结和现实的冲突之外，还涉及更广泛的国际外交。在这方面，萨义德秉持流亡者与边缘者的角色，不畏强权，多年来坚持向权势说真话，针对以色列、美国，甚至巴勒斯坦领导阶层多所批评。他对以色列最大的指责就是犹太民族在历史上曾经漂泊流浪两千余年，饱受种种欺压、驱逐，甚至屠杀，因此一直企盼建立起属于自己的国家，历经千辛万苦，二次大战后终于在国际强权的介入下，于1948年建国。萨义德从历史上可以理解犹太人的千年苦难和寻求安身之所的愿望，但也明白指出他们的建国其实是建立在别人的痛苦上，因为该处并非空无一人的荒地，而是世世代代有人居住，这导致了数百万当地人流离失所，许多人不是沦为难民，就是成为以色列的次等国民。在他看来，身为昔日受害者的以色列人，理当最能了解流离失所、受人宰割的痛苦，但在完成了自己的建国梦之后，反而成为加害者，处心积虑、无所不用其极地宰制巴勒斯坦，予取予求。巴勒斯坦人除了日常生活处处受到以色列的监控，如屯垦区、检查哨，几乎寸步难行，甚至不时遭到优势武力攻击，造成大批平民百姓伤亡。这种由受害人转为加害人的情形，在他看来完全违反了公平正义原则，是最不可原谅之处。

以色列之所以会如此，美国的支持是最大的因素。萨义德对美国的外交政策迭有批评，指出美国虽然对于外交的公约与人权的原则有一套说法，也用这些来要求其他国家，甚至严词指责，仿佛自己是国际上公理与正义的化身。但这一切在面对以色列时便完全走样，形同虚设，其偏袒的态度简直匪夷所思，在官方态度与军事、经济等方面，大力支持以色列，相较之下，欧洲各国则有比较持平的看法与做法。因此，他痛批美国政府的伪善，揭发其言行不一的双重标准。另一方面，他对美国的左派知识分子也表示失望，指出这些人虽然自认是开明的自由人士，但只要事涉以色列，往往就噤声不语。当然也有例外，如著名的犹太裔美国语言学家乔姆斯基，就多次以具体事证来揭露美国官方的行径，尤其在外交政策上违反公理正义之处。他的严谨态度和道德勇气赢得萨义德的推崇。然而，像乔姆斯基这样的人毕竟是少数。因此，萨义德认为巴勒斯坦议题是国际社会和美国知识界的试金石，可以用来检验人权与公理正义的普世价值。然而，大体说来，美国的官方、媒体与民间偏袒以色列的情形颇为明显，而这也是以色列有恃无恐的最大原因。

对于巴勒斯坦，他则秉持知识分子的奉献精神，提供经验，善尽言责，甚至担任巴勒斯坦民族议会独立议员长达14年。身为哥伦比亚大学教授的他，本来尽可在学院里过着安逸舒适的日子，却选择充任族人的喉舌，甚至因此危及自己和家人的安全。早年他积极投入巴勒斯坦民族解放运动，以自己对于欧美主流社会的认知，协助巴勒斯坦解放组织转型，使得原先国际公认的恐怖组织领导人阿拉法特能登堂入室，前往联合国大会发表演说。然而，后来由于见解歧异，再加上他认为巴勒斯坦领导阶层无知、贪腐、无能，在与以色列谈判时未能坚持原则，争取族人最大利益，于1993年率尔与以色列签下了奥斯陆协议，于是割袍断义，对阿拉法特带领的领导阶层严词批评，以致他为自己族人争取权益的著述竟然在巴勒斯坦当地被禁，实为莫大的讽刺，但也可看出他坚持理念与理想的一面。

在萨义德的个人生命与学术生涯中，巴勒斯坦是一个核心议题。他在学术上著书立说，赢得国际声望，公认是后殖民论述的重要奠基者；

另一方面，他也运用个人独特的发言位置，为族人发声，让世人注意到巴勒斯坦人的艰难处境和不公待遇，致力于改变世人对巴勒斯坦人的刻板印象。他多才多艺，著作等身，其中有相当大的比例集中于巴勒斯坦问题。如果说他的研究著作累积其国际学术声望，那么他有关巴勒斯坦的著作，尤其是政论，则为他建立起公共知识分子的形象。在巴勒斯坦相关议题上，他以不同的方式切入：以论述来呈现另类的观点与历史，挑战主流学术与媒体所呈现的巴勒斯坦形象与中东问题；以政论来记录并评论巴勒斯坦和中东情势的进展，为历史留下个人的见证；以访谈和对话来传扬个人的理念，尽力争取支持；以个人抒发来呈现巴勒斯坦人的日常面貌，让世人得以见识他们同为芸芸众生的一面。而这些都与知识、权力与再现的议题密切相关，也涉及人权与公平正义等普世价值。

然而，这一切都涉及他的自我定位。虽然他一路接受最好的教育，任教于学术重镇数十载，在学术上享有崇高的地位，却一向以流亡者及边缘人的角色自居。从他对于以色列、美国，甚至巴勒斯坦领导阶层的批评可以看出，正如他在《知识分子论》中所指出的，知识分子永远站在权势的对立面，运用自己的知识与才能，对权势说真话，为弱势者伸张正义。重要的是，他坚持自己的立场与理念，数十年如一日，藉由各种方式促进世人对巴勒斯坦与中东问题的了解，提出个人的主张，即使频频遭遇挫折与威胁，依然不改其志。更难得的是，他将理念化为实际行动，早年积极介入政治活动，为族人谋取最大权益。但一发现与当权者理念不合，便选择站在权力的对立面，口诛笔伐，并转而以文化与艺术的方式来促进中东和平的早日实现，尤其是与犹太裔的巴伦博伊姆共同透过音乐来促进阿以年轻音乐家的相互了解与尊重，更已见到具体的成效。

当然，面对混乱的世局和巴勒斯坦民族的艰苦困境，萨义德难免有失望、挫折、悲观、激愤与无力的时刻，多少也会有书空咄咄的感受，在接受笔者访问时就曾表示不知自己对世人究竟有何影响。然而，从客观的角度来看，他的著书立说逐渐改变了世人的观念，让人看到被遮蔽的巴勒斯坦民族的历史与现状，甚至日常生活中的点点滴滴。在因理念不合及罹患恶疾而逐渐淡出政治之后，他依然透过各种途径致力于中东和平，晚年更与好友巴伦博伊姆合组管弦乐团，将和平的理念落实于具体的行动，透过音乐发挥影响。萨义德曾有“迂缓的政治”（slow politics）一说，认为观念的转移必须日积月累，而非一蹴而就的。他在“9·11”事件之后也呼吁世人要以“耐心与教育”来化解彼此的误解，拔除恐怖主义的根源。因此，他虽然以流亡者与边缘者自居，却以文学学者、音乐爱好者、知识分子、人文主义者、人道主义者的角色积极介入，竭尽心力贡献于巴勒斯坦人的权益与中东和平，可谓功不唐捐。面对不时爆发的巴以冲突与中东危机，更让人缅怀萨义德所树立的典范。

访谈萨义德

知识分子论：萨义德访谈录

1997年8月18日于美国纽约哥伦比亚大学

前言

近年来我因研究之故数度与萨义德联络，总因他工作忙碌及健康因素（罹患白血病），未获回音。最近一两年为了《知识分子论》的中译，我先后直接或透过与他同校的王德威教授联络，依然没有具体结果。1997年8月，我亲自走访美国东岸的哥伦比亚大学，几次与他的秘书联络，他得知我将在21日离开纽约，终于敲定18日下午5点在他的研究室见面，但会面时间长短连秘书都不知道。

为了访问萨义德，我于前一年10月便传真三页的题目给德威兄，请他就近代为访问，但那几个月萨义德身体状况不佳，经常出入医院。此次访谈除了大半根据上次拟出的题目之外，另根据翻译该书及近来阅读相关著作的感想增列了一些问题。虽然联络过程曲折、艰辛，然而萨义德一旦决定之后便专程到研究室接受访问。在我所作的多次访谈中，可说以这次最难得也最困难：难得的是，这是为了配合《知识分子论》中译出版所作的访谈，而且为此绕了半个地球登门拜访；困难的是，访谈对象联络不易，而且时间长短难以预料——甚至在访谈前我问能给我多少时间，他还说今天身体状况欠佳，不知能支撑多久。我只得把两次拟妥的问题标出优先级，先从重要的问起，既要维持上下文的连贯，也准备在他要叫停时可以随时跳到总结的问题。另一方面，我心里暗自盼望他的身体状况足以回答所有的问题，因为机会难得，稍纵即逝。

结果访问超乎预期地顺利，萨义德不但回答了全部的问题，而且态度诚恳、和善。他的反应迅速，条理分明，活力及兴致之高令人惊讶，看不出受到恶疾缠身的影响，在仔细聆听问题之后，以略带口音的英文坦诚回答。

访谈

单德兴（以下简称“单”）：中文读者拥有数千年悠久的知识分子传统。面对《知识分子论》一书的中文读者，你有何感想？

萨义德（以下简称“萨”）：我谦虚以对。不过，我也来自一个很古老的传统——我们拥有悠久的知识分子和律法学者的传统。我想，其中有许多相似之处；但是中国传统和我们的阿拉伯—伊斯兰传统当然很不一样。虽然我对中国传统所知不多，但我认为这些传统都有宫廷的知识分子（court intellectuals），也就是对有权势者发言的知识分子，而他们自己也成了有权势的知识分子。我们的传统中这种人也很多。我一向反对这种情形。我一向觉得知识分子扮演的应该是质疑，而不是顾问的角色，对于权威与传统应该存疑，甚至以怀疑的眼光看待。这一点是我特别要说的。

单：这本书有没有翻译成其他语言？

萨：已经翻译成法文、日文、德文、瑞典文、西班牙文、意大利文、阿拉伯文、土耳其文、葡萄牙文、希腊文，也许还有其他一两种。

单：阿拉伯世界接受的情形如何？

萨：这个嘛，有很大的争议，因为知识分子与政治责任之间的关系显然很重要。在法国和阿拉伯国家中，有些人批评我不够注意负有政治责任的知识分子，也就是负责规划、制定政策的知识分子的角色。其实，我的重点不在于此。我认为知识分子应该知无不言、言无不尽，不畏任何艰难险阻。当然，在阿拉伯世界的另一件大事，就是我们有层层的检查制度，知识分子很难直言无讳，但至少那本书出版一年后能引发辩论。我的两本政治著作在约旦河西岸都被阿拉法特查禁。因此，问题再度回到：在艰困的时刻，知识分子是支持国家的理念重要，还是批评更为重要？而我自己的立场是：批评更为重要。我认为年轻人对于这一点的反应比较好。老一辈的观念是：你可以既为知识分子，又与权力挂钩。这是我难以苟同的。我根本不相信一个人可以成为我所定义的知识分子并且拥有一官半职。所以，这就是在阿拉伯国家引发辩论的主要原因。

单：你曾专文讨论过“理论之旅行”的观念。如何以此观念来看待这种现象？

萨：是的，我要告诉你的是：在我所有的著作中，以对这本书的反应最为一致。不管是在法国、西班牙、德国、瑞典……对于知识分子应该做什么以及应该负有什么责任，总是争辩不休。虽然这些语言中有些是我不懂的，也不完全了解他们所说的一切，但从上电台、电视接受访问等情形来判断，我很惊讶不管是在法国、黎巴嫩、埃及或日本，对这本周游各国的书的反应多少是相同的。人们说我触及了他们社会中的真实情境，即使我对那些社会一无所知。而我认为一再出现的主要问题，就是言论自由的问题，我反对针对言论自由设限，我认为知识分子的言论自由不应该受到限制。

单：回顾自己的学术生涯，可不可能加以分期或归类？每个时代或类别各以哪些著作来代表？

萨：的确有可能，是有可能的。我从小成长的背景是在中东。虽然我历经了1948年巴勒斯坦的最后那段日子，1952年的埃及革命，1958年的黎巴嫩内战——这些都是我背景的一部分——但是我们全家都未涉入政治。而我在美国接受的是体制内的良好教育，大学念的是普林斯顿，拿的是哈佛大学的博士学位，我是个文学学者，来到纽约的哥伦比亚大学担任文学的助理教授。但1967年是我的转折点，那年的阿以战争让我惊觉我所认识的世界已经消失了。消失的原因许多来自美国这个超级强国以及这个对中东世界影响最大的外来势力。所以，打从1967年以后——其实是从《开始》这本书以后——试着重新形塑我对于知识分子的使命感，所写的书兼具政治和知识的活力。因此,《东方主义》是第一本结合政治和知识、学术的书。同时自 20 世纪 70 年代之后,我在政治上介入巴勒斯坦运动。虽然我住在美国这里,但家人仍在中东,所以我会不时前往约旦、黎巴嫩和许多地方。

因此,如果要分期的话,第一期是对文学生产的存在问题的兴趣(an interest in existential problems of literary production)。第二期是理论期——《开始》——形塑整个计划的问题。第三期是政治期,作品包括了《东方主义》、《巴勒斯坦问题》、《采访伊斯兰》,并且延续好些年。最后一期,也就是我现在写作的时期,又更常回到美学。我正在写回忆录;也在写一本书讨论我所谓的"晚期风格"——艺术家在艺术生涯最后阶段的风格;而且,我正在钻研音乐,写了一本有关歌剧的书,将由剑桥大学出版社出版。[1] 因此,我又回到了美学。当然,我的政治关怀持续不断,因为我也为报章杂志撰稿,每个月固定为阿拉伯世界写两三篇时事评论。

单:我注意到你的第二本书《开始》的结尾提到知识分子的角色,因此你关注知识分子的问题已经超过二十年了。为何有如此长期的执著?

萨:这个嘛,我想这是执著于自己所做的事。我思索直接政治介入的问题至少 25 年了,而我一向选择的是知识分子的计划,因为对我个人来说,这比直接涉入政治更重要,原因如下:一是我是流亡在外的人,我想在这方面流亡扮演了很重要的角色;二是我的个性和禀赋偏好孤独,我可以跟人应对,但不善于与群众相处,一直与人打交道这种事是我做不来的;三是政治生涯包含了太多的妥协,这种事我也做不来。不过我必须说,巴勒斯坦的处境使我在这三四年来更接近政治,因为我想我现在成了阿拉法特的主要对手。如果我的健

---

[1] 这里所说的回忆录就是 1999 年出版的《乡关何处》(简体字版书名为《格格不入》);另一本则为他身后于 2006 年出版的《论晚期风格:反常合道的音乐与文学》。至于有关歌剧的书,虽然亚马逊网络书店列出了书名《歌剧中的权威与踰越》及国际标准书号,并标示原为燕卜逊讲座,但已"绝版"。然而透过书商向出版社询问,获知出版社已打消出版该书的计划。

康情况更好的话，一定会更认真地参与政治，但现在只能透过文字、谈话这种方式。如果我的身体状况允许的话，一定会做，因为我认为现在是现代史上最关键的时期。我认为阿拉法特和当今的领导阶层名誉扫地。你知道，谦虚地说，我的写作和努力已经在阿拉伯世界得到很多的注意和支持。对我来说，这是一个很重要的群众基础，而我也愿意在这方面多花些时间，但现在却做不到。

单：在中文世界里，你是以《东方主义》的作者著称，而你也提到《东方主义》、《巴勒斯坦问题》、《采访伊斯兰》是三部曲。能不能谈谈这一点？

萨：那当然。在这三本书里，我集中于再现的问题，以及再现作为研究的对象与政治、经济机构的研究之间维持着多少自主的关系，而不是完全独立、不相往来。对我来说，再现的研究是重大的文化议题，而我在那三本书中所处理的就是再现的力量——以强制和知识力量的方式，决定所谓非欧洲人的命运，因此西方描绘伊斯兰世界的方式，与犹太复国主义者把巴勒斯坦描绘、再现成空白之地的方式有关，根本不把当地人放在眼里。这也和媒体的方式有关，而这就是《采访伊斯兰》的主题：当代媒体把伊斯兰世界再现成恐怖、非理性的世界，等等。但是，我认为这三本书的用处在于它们能延伸到其他文化脉络中的再现，以及再现的意义和形塑等问题，也能与亨廷顿所说的"文明的冲突"这个当前的议题扯上关系。我认为那是一个自然发展的过程。因此，我试着做的便是谈论这些作品所具有的解放效应，也主张更仔细地分析文化，可以使我们超越"'我们'对抗'他们'"这种思维模式。

单：我们谈谈对"东方"的另类看法。你把阿拉伯世界当成与西方相对的东方，却很少谈到亚洲国家。然而，中文世界或所谓的远东，在地理位置上却比中东更东方。华裔人类学家许烺光（Francis L. K. Hsu）在对比东方与西方时，把印度和中东排除在他所定义的东方之外。对他而言，"'东方'以中国、日本、韩国为中心，以缅甸、泰国、越南、印度尼西亚为边缘，而排除了印度；‘西方’指的是欧洲和欧洲人所占领的所有其他文化地区以及阿拉伯、非洲、撒哈拉以北”。对于这种东方与西方的定义，你有何回应？

萨：东方的观念是极具弹性的，而这也正是我的论点之一。它可以用无数的方式来指涉与“我们”不同的对象。我集中于伊斯兰世界只是为了分析方便，因为这一个东方（*an Orient*）长久以来被认为是整个东方（*the Orient*）。我在那本书中也讨论到一点，那就是“那个东方”（伊斯兰或中东）逐渐被一个更遥远的东方（中国、日本和远东）所取代。但我也要说，这些不同的东方之间彼此关联，因为都代表西方的对立面，而且它们也是可以使用的旅行的术语。举例来说，阿拉伯人在西方被称为东方人，但他会说中国人才是东方人，自己则不同，这是常有的事。因此，这是能被人使用的众多诡异的字眼之一。我认为它总是包含了一点点的仇外心理，一点点的敌意和怀疑。因此，我认为对这种情形应该要特别留意。

第二大点就是：对于每个东方而言，总是有个西方或相对的事物。因此可以有东方主义，也可以有西方主义（Occidentalism），也就是把西方变成神话（the mythification of the West）。近年来我在哥伦比亚大学经历的一件趣事就是，这里的学生发展出亚裔美国人（Asian Americans）的观念，这个观念通常指的是华裔和日裔。我就问：“那么印度裔和阿拉伯裔呢？”他们说：“他们不是亚裔。”我说：“阿拉伯裔当然是亚裔，印度裔当然也是。”这就变成了一个专有的术语：“‘我们’是东方人，你们不是。”我发觉这类事情很好笑，这个术语经过这种转折，把原先遥远、疏离的术语变成了据有（appropriation）的术语：“‘我们’是东方人，你们不是。”

单：去年（1996）哥伦比亚大学这里举行了“《东方主义》之后：萨义德作品研讨会”（“After *Orientalism*: A Conference on the Work of Edward Said”）。这本书出版至今将近二十年了，但是今天即使在纽约的百老汇，我们依旧看到像《国王与我》（*The King and I*）和《西贡小姐》

(*Miss Saigon*) 这类东方主义式的再现。[1]

萨：听着，情况更糟，我认为情况更加更加恶化。今天我刚读到一篇文章，是有关和黛安娜王妃一块出游的埃及花花公子。如果你读那篇文章就会发现，那是活脱脱来自19世纪末的种族歧视、帝国主义式的写作，处处暗示因为这个埃及花花公子是东方人，所以他的性能力更强——当然，这里的性很重要。[2] 而且如果你看看百老汇、电影，现在电影里的坏人都变成了亚洲人了。以往坏人都是俄国人，现在变成了哈萨克人、巴勒斯坦人，等等。你有没有看过《空军一号》(*Air Force One*) [3] 这部电影?

单：还没有。

萨：去看看。电影主要是为了大众。当然，007电影里的坏人总是中国人或日本人。我认为现在的情形应是：每况愈下，仿佛过去的那些角色复活、再生，来满足大都会世界白人中产阶级的幻想。

单：你认为要如何因应这种文化生产或错误再现 (misrepresentation)？

萨：这个嘛，要做的事情很多。首先我认为必须加以分析，以批判的眼光来检视这一切。让人们可以看到实际发生的情形。对我来说，最重要的便是把它连接上种族歧视思想的历史。由于现在许多年轻人都具有双文化的背景——这也就是为什么年轻人的角色特别重要——因此必须诉诸这种情形，让人了解必须不以排外的方式来思

[1] 《国王与我》在百老汇演出数十年之久，一再呈现暹罗国王的封建、落伍、蛮横、自以为是。此次访谈时，《西贡小姐》的演出也已进入第七年，剧中对东方女子的呈现，依然沿袭将近一个世纪前普契尼的歌剧《蝴蝶夫人》(Giacomo Puccini, *Madama Butterfly*, 1904)，女主角自杀以免拖累小孩，无法被生父带到西方过快乐日子。《西贡小姐》意识形态之落伍，超过第一位华裔美国女演员黄柳霜主演的《海涛》(Anna May Wong, *The Toll of the Sea*, 1922)。在该默片里的中国女子虽然小孩被生父带走，但至少还能保住一命。当今百老汇的《国王与我》和《西贡小姐》如果说有任何"进步"的话，就是两剧中的男主角已改由亚裔扮演，不再由白人冒充——《国王与我》中的国王由华裔的葛雷 (Kevin Gray) 饰演，《西贡小姐》中的皮条客 (Engineer) 则由来自中国的王洛勇 (Wang Luoyong) 饰演。

[2] 本访谈之后不到两星期 (8月31日)，黛安娜和法耶德 (Emad ["Dodi"] al Fayed) 因为司机酒后高速驾车企图摆脱狗仔队的追逐，在巴黎一处地下道车祸丧生。

[3] 片中由哈里森·福特 (Harrison Ford) 饰演的美国总统是越战英雄。他不但誓言绝不与恐怖分子妥协，而且在座机及所有随员遭到劫持后，只身重入虎穴，与多名哈萨克恐怖分子周旋，在枪战及肉搏中手刃数人，拯救机上人员脱险，并驾驶严重受创的飞机，在千钧一发之际才离开，可谓智勇兼备，集各种美德与本领于一身。片中的影像与配乐屡屡强调美国的意识形态。

考，不以单一的方式（像是东方人、亚洲人、华人、日本人或任何这些大术语）来思考，而是去解构它们，去显示每个文化都是混杂的，如果要尝试分离出某个文化认同单一、纯粹的本质，是极危险且错误的——在这里我们可以谈论正确与错误。而文化研究已经成为这一类的科学，来探究文化运作的方式、传统被创造出的方式、再现与刻板印象成为真实的方式，等等。而那也和媒体的力量有关。我认为当务之急便是把所有这些现象整合到一个宽广的知识、文化、意识形态的领域，并显示它们如何运作，而且在我看来这些现象对任何人都没有好处。

单：所以这一方面与你批判所谓“历史的终结”（the end of history）学派有关，另一方面与你批判“意识形态的终结”（the end of ideology）学派有关。

萨：是的。我认为这两个学派都是错误的。我的意思是说，意识形态继续存在。去看看《空军一号》，那是我这辈子所看过最具意识形态的电影，简直令人难以置信，片中不断强调美国的象征。

当然，“历史的终结”是胡说八道，因为历史继续使我们惊讶。当代历史一直动荡不定，以致“历史的终结是中产阶级的民主国家”这种荒唐的观念只可能产生于美国。但那已受到驳斥，现在再也没有人谈了。这个观念只短暂地出现过，现在已经消失了。

单：“意识形态的终结”呢？

萨：我认为我们生活的世界依然在考虑“意识形态的终结”。塑造出那个术语的贝尔（Daniel Bell）是我的同事，我在哥伦比亚大学跟他很熟。当然，随着冷战的结束，或如同美国人所说的，当“我们”赢得了冷战时，意识形态就已经亡逝了。但我认为现在美国和世界上许多非欧洲地区都出现了许多批判的论调，指出在资本主义和资本主义意识形态的地区，经济问题并未完全解决。所谓的自由市场经济依然没有正视、处理许许多多的意识形态的、经济的、政治的问题。我认为“意识形态的终结”这种说法的吸引力很快就会过去，我们将回到现存的意识形态的大脉络——资本主义——并且检视它。目前情况就是如此。

单：《开始》一书很少提到德里达，但在我看来，你的“开始”的观念和德里达的“衍异”（différance）的观念有关。

萨：是的，我想是有关系；或者说他的“衍异”的观念和我的“开始”的观念有关，因为别忘了《开始》一书的主要论文《有关开始的沉思》（“A Meditation on Beginnings”）出现于“衍异”之前。我在1966年秋天与德里达见面，两人有一段时间很留意彼此的作品，然后就分道扬镳了。显然，他的作品欠缺社会、政治、历史的脉络。“不确定性”（indeterminacy）的观念也让我不满意，因为我很感兴趣的是历史的确定（determination of history），而不是意义的不确定性（indeterminacy of meaning）。因此他后来的作品在我看来比较无趣。虽然我崇敬他，彼此也友善，但他的作品是另一回事。他在中国出名吗？是的，我想一定很出名。

单：是的，他以解构批评著称。《东方主义》中明显可见福柯有关权力的观念。但你对他的观念多少也有不满，尤其有关抗拒的观念。

萨：是的，那当然。他去世后我写了一篇短文《福柯与权力的想象》，谈论到他有关权力的书中很惊人的模式：权力总是在压迫、降低抗拒。如果你想要从他的书中获得一些可能的抗拒模式的观念，根本就找不到。在我看来，他沉浸于权力的运作，而不够关切抗拒的过程，部分原因在于他的理论来自对于法国的观察。他根本不了解殖民地的变动，对世界其他地方出现的有异于他所知道的解放模式，似乎也没兴趣。举例来说，我最后一次见到他是在1979年，那时他刚从伊朗回来，为一家意大利报纸写了一系列有关伊朗革命的文章。他很失望，因为伊朗革命似乎不像他原先预期的模式。因此，其中有些矛盾之处。他对于非欧洲人觉得不自在。因此，我觉得所有这些事情，尤其有关抗拒的考虑，都是他议论中的严重缺失。

单：你曾说过R. 威廉斯是你的好朋友，也是伟大的批评家，并推崇

"R. 威廉斯的理念和为人的风范"。但是，你对他关切的范围也有某种程度的不满。

萨：（笑声）你挑到……不错，你是知道的，我是个批评家，很难完全推崇所有的人和所有的事，而人们也一直在攻击我。我只是认为 R. 威廉斯也……他作品中欠缺的是对于大英帝国体制的充分理解，这实在令人惊讶。对于我来说，他的作品很令人振奋、很有力量，然而除了《乡村与城市》（*The Country and the City*）最后一部分的一个时刻，他从未真正讨论过帝国，而帝国对我来说是最重大的宰制形式，也是最重要的。因此在这方面，我认为他的范围太狭隘了。

单：你是在美国最早引进欧陆主流理论的学者之一，但另一方面你也运用葛兰西、法农、詹姆斯、赛萨尔这些反霸权、反殖民的人士所发展出的观念。

萨：我感兴趣的是没有系统的人。你无法从葛兰西得到有系统的理论，也无法从法农、詹姆斯、赛萨尔得到有系统的理论。这些人涉及文化、政治斗争、奇异的美学形式——举例来说，詹姆斯感兴趣的是板球（cricket）——以及把传统的学科，如哲学和心理学，应用到政治上。而且他们的写作形式也很奇特。葛兰西写的是笔记，他从未写过任何完整的东西，只是些片段。法农的书原先并不是当成书来写的，而是在持续的斗争过程中所写的小册子。詹姆斯写历史和剧本。我的意思是说，他是个博学多闻的人。同样让我感兴趣的是德国哲学家阿多诺，我花了很多时间在他身上，因为他的风格、他对音乐和哲学的兴趣，是我想要采纳的。

单：你似乎一直回到典律的作家和作品，像是康拉德、奥斯汀（Jane Austen）等。你曾在几个场合中把自己描述为"在文化上是保守的"（"culturally conservative"）。

萨：的确。

单：此外，在《音乐的阐发》中，你主要是讨论西洋古典音乐。但另一方面，你也被视为后殖民主义的创始人之一。

萨：那是身不由己。(笑声）你知道，这件事很有趣。我对许多文学、许多不同种类的美学形式都感兴趣，但是我的成长背景——我是孕育于你所谓的典律与古典。不过我的孕育方式与本国人不可相提并论，因为对我来说它们都是外国书。在埃及的男孩读奥斯汀和在英国乡村的人读奥斯汀是不同的。情况就是如此。第二件事就是：对我来说，这些作品决定了美学经验的限制。我的意思是说，伟大的作品设定某种标准，我相信某些作品比其他作品更好。

第三点就是，我也很接近许多在后殖民时期所产生的作品，像是拉什迪、阿契贝（Chinua Achebe）的作品，我是率先讨论这些作品的人。他们是我的朋友，是我经验的一部分。而我也想在其中加入阿拉伯经验，因为那些阿拉伯经验在西方被禁，人们不谈论马哈福兹[1]等人，而我试着把他们引入我所谓的后殖民经验的共同领域。因此，我认为这种情况不是“非此即彼”（“either/or”)，而是“既此且彼”（“both/and”)。换句话说，我喜欢古典和典律之作，也喜欢新作。我在今天的美国所要谈的一件事就是，我的两个同事一直说我们应该回归古典，不该受到性、性意识、性别、种族等事情的烦扰。我说：不，我们得与当代、当代的议题建立关系。如果这包含了以崭新的、有时惊人的方式来重读古典和典律之作——这是我尝试要做的——我认为那很好。

单：你的理论落实于或来自于对某些文本的细读或重读。能不能谈谈文本阅读与理论形成之间的互动?

萨：是的。对于80年代与90年代的理论作品，也就是说，没有特别对象的理论作品，我很……不是怀疑，而是不耐烦。在很多方面我是个经验主义者（empiricist)。阅读的经验、文本的经验对我而言是首要的。很难要我不指涉历史经验而创造出理论陈述。因此，我一向坚持历史与具体经验的首要性。同时，我也否认素人阅读的可能性

[1] 马哈福兹出生于埃及开罗，是公认的20世纪杰出阿拉伯文小说家，1988年诺贝尔文学奖得主。

(the possibility of naive reading)。我从未说过你能把这些书当成第一次来阅读，因为我们不是第一次来读，因为我们已经读过许多其他书，我们知道理论、知道马克思、知道弗洛伊德等。因此，我尝试要做的就是结合阅读的活力与一直推移、演进的理论结构。

单：在阅读你不同阶段的作品时，我发现“再现”、“世俗性”、“现世性”、“抗拒”、“另类”、“游牧”、“混杂”、“对位”、“批判意识”等字眼一再出现。能不能找到一些线索把它们串起来？

萨：是的。其中之一就是复杂性与同时性（complexity and simultaneity）。那对于我来说很重要。也就是说，当你听到一件事时，也听到另一件。这包括了“对位”、“另类”和“抗拒”——所以这是一条主线。第二条主线就是强而有力的历史意识，在这方面我回到维柯，因为人创造自己的历史。因此，“世俗”就是经由人的努力所创造出来的事物，而且意识到人的努力。那可以说明“批判意识”、“世俗性”这类字眼。我想，那是两个主要类别。第一类观念包括了“流亡”、“对位”、“另类”、“抗拒”、“他者”。第二类就是人创造出的历史的领域，而不是神圣的、神造的，其中发展出意识就是历史冒现过程的一部分。我的意思是说：这就是我连接这些字眼的方式。

单：我们能不能进一步说，知识分子的观念，或者你本身作为知识分子，把这些凝聚到一块？

萨：你很聪明，试着把我钉下来（笑声）。是的，就某个程度而言，是的。我想是如此。当然，对我而言知识分子是在公共领域做这种事的人。我的意思是说，我所谈的是介入。我的作品经常是非常反省式的，而不是设计来作为公共的陈述。我的术语一向很简单。举例来说，1988 年在哥伦比亚大学发表的一场演讲中，我谈到迂缓的政治和直接的政治：迂缓的政治指的是反省的、沉思的工作；直接的政治指的是知识分子以撰写小册子等方式来介入。

单：你曾说自己是个流亡者和“文化的局外人”（a “cultural outsider”），却又是个很具影响力的批评家。能不能谈谈这个吊诡的角色？

萨：这个嘛，我必须告诉你——我完全坦白——我必须承认我并没有真正意识到自己的影响力。我是很认真地说。那是我从未想过的事。大多数的时间我比较察觉到自己的不定、流亡、边缘化、局外人的处境。因此，我的影响、我被许多人所引用、人们读我的书，这些说法一直令我惊讶。我的意思是说，我对那没有任何持久的信心。我不能一直回过头来说我做过这些。我把自己的书全抛到脑后，好像是别人写的一般。我是很认真地说。那是一种很奇怪的感觉。我写这部回忆录的原因之一，就是要厘清为什么对自己的作品会有这种疏离感。

单：你写了一本书讨论音乐，又写了一本书讨论歌剧。能不能谈谈音乐和你的研究之间的关系？举例来说，你提倡"对位的阅读"("contrapuntal reading")，而"对位"一词便来自音乐。

萨：是的，对我来说这两个美学领域——语言文字与非语言文字——之间不停地眉来眼去，若即若离。我的大半辈子都在这两个领域中度过——音乐基本上是沉默的艺术，语言则当然是文字与发声的艺术。虽然两者之间并未直接接触，彼此区别很大，但也有共同的因素。因此，我很有系统地感受到，对我来说主要的活力便是沉默与声音、音乐与言辞之间的活力——这两个对立面既迥然有别，又彼此映照，其中有着无穷无尽的迷人之处，因为你永远无法看穿音乐的奥秘。因此，对我的挑战在于尝试以语言描述音乐，去近似它，而不是取代它。

单：你和摄影师摩尔合作的《最后的天空之后》是你作品中独一无二的形式。你的文字文本如何与摩尔的图像文本互动？

萨：这个嘛，刚刚才有人问过我这个问题，他想要访问我并讨论整个有关视觉的问题。[1] 对我来说，这是断断续续的。当时我惊讶于这位

---

[1] 此处指的很可能是米切尔的《视觉的恐慌：萨义德对话录》(W. J. T. Mitchell, "The Panic of the Visual: A Conversation with Edward W. Said")，文载刊 *boundary 2* 25.2 (1998): 11–33。

摄影师的作品，因为他拍摄的巴勒斯坦人基本上是不为人所见的，而这对我具有政治的意义。但我必须说，我对视觉方面从未有系统地发展。我较常使用耳朵，较常阅读。我不是上博物馆的那种人，而我对视觉艺术的品位很奇特，经常基于其他的考虑。我从未真正花太多时间有系统地发展视觉方面的理论……

单：你常把它描述成……

萨：……部分是因为……我会给你理由的——抱歉打断你的话，但这是很有趣的事——部分是因为在我成长的那个文化里，视觉是难以理解的。有人问我第一次去的是哪个博物馆。我第一次去的是个埃及博物馆，里面全是古埃及的象征艺术，我根本难以理解。因此，我一向把视觉与难以理解画上等号。当然，在伊斯兰世界里，最没有发展出来的便是视觉艺术，只是以抽象的图案出现（他走到对面，指着墙上画框中的图案），就像这样，而不是代表什么东西。因此，我们有的是阿拉伯式花饰（arabesque），你看墙上这幅图案的中间，就像这样的图案，也有一些重复的图案，但不代表任何东西。我的意思是说，它们不像男人、女人、马匹的图像那样具象。我就是在这个传统中长大的。因此，比起西方或中国，视觉传统对于我是专业得多、限制得多的东西。

单：既然如此，你是如何为那本书撰文的？

萨：（坐回到书桌前）很难，很难。我让自己——我不知道成不成功——我让直觉、记忆、联想来引导自己，而不是让形象与形式的抽象力量来引导。因此对我而言，这些形象里的每一个都暗示了我记忆中的某件事、某个经验。

单：你在第一本书《康拉德与自传小说》里把康拉德描述成“自觉的外国人，以异国的语言撰写隐晦的经验”。这个描述是否解释了你对康拉德的兴趣？

萨：是的，绝对是。我的一生很稳定。我的意思是说，我最常回过头来讨论的作家就是康拉德，因为我在康拉德身上注意到的是很类似我个人的经验。那也许不是康拉德最重要的东西，但对我却是最有趣的，也就是说，经验与语言之间总是有落差，两者从未能一致。

单：你现在的健康情况如何？

萨：从一般到差劲，有时候情况很差……但现在还好。因为我有痼疾，总是有些小毛病，感染之后就会疼痛不适，但我已经学会如何和疾病相处了，我已经学会如何不一直去想它。那是很大的教训——如何只集中于眼前所做的事，活在今天，而不去担忧明天——“我明天会怎么样？我明天能做这个吗？”诸如此类的事。因此，我学会了一种新纪律，而这是必要的。所以大部分时间我觉得乐观，不感到沮丧。我的意思是说，我会死，但当然每个人都会死，能够坦然面对是一种定力。

单：经常接受访谈的你，对于访谈的性质与作用有何看法？

萨：我经常发现访谈中有趣的便是，我学习到以往从未思考过的事情。举例来说，在你的访谈中所问的一些问题，像是我所使用的字眼之间的关系或有关视觉的问题，刺激我去思考以往没有思考过的观念，促使我去发表意见并学习，对于这一点我很感激。我不喜欢的是和我个人生活有关的访谈，像是我对某某人的感受，我上什么学校，家人做些什么那一类的轶闻、掌故。我想写回忆录或自传的人会适当处理那些事情的。但是像你这样具有挑战性的、知性的访谈，对我而言是个学习的经验，让我厘清自己的一些观念，并发展一些新观念。

单：你对这个访谈的中文读者有什么特别要说的吗？

萨：是的，随着年事渐长，我更体认到一件事：我的思想受到一种欲求所主控——欲求拥有不同的经验，去体验我成长的文化之外的世界其他地方的不同文化。我一直告诉阿拉伯人：为什么我们一直这么关切西方？为什么我们不往东方看？看看印度、中国、日本——这些都是伟大的文明。我当然十分急于更认识它们，甚至到那里旅行。我去过日本，但是日本和阿拉伯之间的地方则根本没去过。因此，对我来说那是与我阅读过的新文化会面，也是个很好的机会以我自己的语言和另一个文化的人说话，而且也许会得到一些回馈。

印度之旅及其他：再访萨义德

1998年4月30日于美国纽约哥伦比亚大学

前言

1997年8月我首次专访萨义德，他在访谈中提到对于印度、中国、日本等伟大的文明都“当然十分急于更认识它们，甚至到那里旅行”，在访谈结束后他也提到自己即将踏上生平第一趟印度之旅，我也欢迎他随时到台湾访问。访谈全文（即前一篇《知识分子论：萨义德访谈录》）及时收入该年11月于台北出版的《知识分子论》中译本。我陆续通过电子邮件，告诉他第一本中译出版后在中文世界的广大回响，包括获选为台湾《“中国时报”》1997开卷十大好书和1997台湾《联合报》读书人最佳书奖，萨义德显然颇感兴趣。

本次访谈于1998年4月30日进行，地点依然在他纽约哥伦比亚大学哲学馆的研究室。萨义德因为参加博士生论文口试，比约定的下午五点半迟到了大约一刻钟。略事寒暄后，他先打电话给巴黎的友人，安排次日巴黎之旅的事宜，交代秘书几件事，便与我交谈。我提供有关《知识分子论》的中文报道、评论及资料，一一略加说明，他对自己作品在中文世界引发的热烈反应显得兴致很高。我将相关资料送给他做纪念，并在征得同意后进行录音访谈。

八个月不见，罹患恶疾的他面容更为憔悴，虽然强打起精神，最后还是因为疲倦而不得不返家休息。笔者一直陪他到校门对面的地铁站。途中，疲惫的他依然对周遭事物保持高度的好奇，行经哲学馆一楼时，听到里面热闹的声音，他奇怪自己为何没接到邀请。看到校园广场的台阶上一群黑人在练唱，他询问其中一位女成员到底是什么团体？为何在此练唱？

由于上次访问时曾比较有系统地向他请教过一些问题，这次交谈则相当随性，多少也接续了上次的话题。

访谈

单德兴（以下简称“单”）：能不能请你谈谈去年的印度之旅？

萨义德（以下简称“萨”）：我从来没去过印度，但阅读过有关印度的东西，因为我上的是英国殖民学校，所以对印度的认识超过对阿拉伯世界的认识。过去30年来我一直在教殖民文学，那跟印度很有关系。因此，我到达那里时，一方面觉得惊讶，但同时也有些许模模糊糊的熟悉感。我一直觉得印度人和我们一样，有着共同的背景。这种感受很不寻常。

我在那里的时候，发表了许多演讲，参加了许多餐会，接受了许多访谈……实在挪不出时间去观光，不过这倒无所谓，因为我并不喜欢观光。我们唯一一次观光的行程就是去（东北部山区的）阿加尔塔拉（Agartala），此外就是发表演讲，接受一个荣誉学位。总之，我们在新德里待了八九天，在加尔各答待了四五天。

单：你为什么会觉得惊讶？

萨：因为我这辈子从来没见过像印度那么歧异的现象，规模之大令人惊讶——不同的语言、不同的肤色、不同的服饰，没有一样重复。我想，那里的每件事物都很具原创性。

另一件令人吃惊的就是幅员如此广阔；这是我所到过的最大的国家。我得到的印象就是，在印度会消失得无影无踪。有一天从外地回来，司机自认是抄捷径，结果我们完全迷失在田野中。那时我心想：这下子很可能出不去了，很可能会命丧于此。那是一片非常辽阔的空间，连绵不绝的绿色田野，没有路；而这部车，这部日本小车，就完完全全陷在那里。当时我心想，若是就这样终了，倒也不失为很愉快的方式。

单：印度学者有没有跟你谈到你在那里的影响？

萨：那是另一回事。所有跟我谈过话的人——当然并没那么多——就是到场听讲和参与讨论的那些人，都读过我的作品，那让我印象很深刻。我认为他们比我在阿拉伯世界的读者有趣得多，因为他们在印度阅读的东西更多。我们讨论音乐、知识分子、东方主义、文学、那里的剧场、政治、认同……那很令人惊讶。我的意思是说，我跟他们进行不同类型的讨论。

当然，其中也有不同的地方，因为我的印度之旅中有一部分……或者该说，我之所以到那里主要是应甘地夫人之邀。她设立了一个基金会纪念她的先生，并且找了很多人来演讲，像曼德拉、撒切尔夫人、戈尔巴乔夫、戈迪默，还有我。我有幸会晤一些政治人物和外交家，等等。

但是，在大学里我遇到的是很不同的人。我在新德里也遇到一些知识分子，与加尔各答的知识分子很不同，他们是孟加拉国的菁英分子，具有崇高的知识分子传统，那可真了不起。

单：那里的人可以直接读你的著作，不必透过翻译。

萨：正是。

单：而中国的读者大都得读翻译。

萨：在阿拉伯世界也得读翻译。有趣的是，各地方的人都用自己方便的方式来接受你的作品。因此，也许在阿拉伯把我认为是伊斯兰教的辩护者，或者更精确地说，阿拉伯人的辩护者。而在印度则把我看得更为复杂，因为我真正提出了有关认同的意义这些问题。有趣的是，印度人更会表达出他们的怀疑，而阿拉伯人则一直对你长篇大论说个不停。那对我来说是个很大的转折。

单：印度那里的人是不是把你当成拉什迪的辩护者？

萨：啊，你知道，那很有趣。我在新德里一所穆斯林大学演讲，讲题是"知识分子"。他们颁给我荣誉学位。很有趣的是，那所大学的校长并不在场。两个星期前我在柏林遇到他，当时他正在休假。他是一位历史学家，也是第一位挺身为拉什迪辩护的重量级穆斯林知识分子暨学者。正因为如此，他必须接受保护，甚至得离开印度。

因此，我总是有机会就提起这件事。对于大部分跟我谈过话的人——你知道，我遇到的是知识分子——这并不构成问题，但也不是人们想多谈的话题。那很有趣。当你提起这个话题时，他们说：是的，我们知道你为他辩护，等等。然后他们就转到另一个话题。这令人很不舒服。

单：你认为自己是一个什么样的旅行的理论家（traveling theorist）？

萨：我不是理论家。我一直在谈巴勒斯坦，一直在谈政治议题。我尝试……比方说，在印度的时候，我的重头戏就是甘地演讲，所谈的就是印度和巴勒斯坦——印度的问题，巴勒斯坦的问题，政治人物的问题，如何处理伊斯兰教、后殖民的问题，政治斗争与民主的问题。我喜欢把自己想成是让人捉摸不透的。

单：《知识分子论》是不是你作品里的第一部中文翻译？

萨：我想是的。

单：但在 1993 年出版的你与埃德蒙森的访谈中，曾提到《东方主义》的中译本已经译出了。

萨：自那之后就没有下文了。我想快出来了吧。最近我才跟他们签约，距离 1993 年已经 5 年了。

单：跟中国大陆还是中国台湾？

萨：中国大陆。我想是《东方主义》和《文化与帝国主义》。

单：那就是两本书啰。

萨：也许是《巴勒斯坦问题》？记不清了。[1]

单：刚才看过我带来有关中译的《知识分子论》的一些资料——比方说，

[1] 就后来出版的情况判断，应为《东方主义》和《文化与帝国主义》，二书在很短时间内相继由北京的生活·读书·新知三联书店和台北的立绪出版。至于《巴勒斯坦问题》迄今未见中译本。

广告、书评、访谈与绪论的摘录，等等——你觉得如何？我们上次访谈是在这本书出版之前。

萨：那篇访谈有没有收进书里？

单：收进了。当初我们并没想到这本书会这么受欢迎。

萨：老实说，我真的觉得很惊讶。我不知道该怎么形容。现在这本书在德国、瑞典和阿拉伯世界都是畅销书。阿拉伯世界已经卖出了两三版，在贝鲁特出版，但营销到阿拉伯世界。我很高兴。而在美国，虽然销售的情况很好，但不像在其他地方引起那么多的讨论，主要是因为美国这个国家已经失去了有关知识分子的观念。我的意思是说，只剩下乔姆斯基和一两个人是知识分子，其他都是一些专业人士——这是很不同的两类人物。

单：在英国的情况呢？

萨：很好。因为这本书原先是我在英国广播公司（BBC）所发表的系列演讲，到现在还有人在讨论，我也接受了一些访问。英国比美国好多了。那很有趣。我已经不再考虑美国读者了。比方说，我的政治写作主要是为美国之外的人而写的，因为我觉得这里的体制已经被公共政策、媒体毁了，以致每样事物都必须在短短十秒之内表达出来，因此现在我拒绝接受美国媒体的访问，但接受南非、新加坡、英国、法国等许多电台的访问。我谈阿拉伯世界，谈许多不同的话题——政治、音乐、知识分子、报章杂志。美国这里什么都没有。这里的人把我看成是疯狂的激进分子，总是反对以色列，对政策的辩论提不出什么好主张。我并不在意别人对我的这种看法。

单：因此你觉得在美国最不自在？

萨：不，那不同，除了教学之外——我有许多学生——也经常发表演讲。也就是说，我的听众是在大学，而不是一般公共媒体的听众。我可以高高兴兴写稿的地方很少，我的意思是说，像是替《国家》、《进步》（*Progressive*）等刊物写稿。过去我曾为《纽约时报》写稿，现在偶尔也为《华盛顿邮报》、《洛杉矶时报》写稿，却很少和我居住的纽约的最主要媒体打交道。我也没兴趣妥协。

单：因此，你在这里的影响力有些限定于年轻的知识分子。

萨：年轻的知识分子、学生。我在教会里也有听众。

单：什么教会？

萨：比方说，今天我刚接到这个（取出一封信）。这是在费城的教会（Philadelphia South Memorial）和全国基督教协进会（the National Council of Churches）邀我去演讲。换句话说，我的邀约来自各式各样的团体。上个月，我在外交委员会中就外交发表演讲——我从来没有参加过他们的会议——全场爆满，反应很热烈。其实，过去两三年来他们就一直邀我去演讲，但我说我没兴趣。我才不在乎你们那些人呢！

单：你在教会里都讲些什么题目？

萨：他们要我谈巴勒斯坦。许多人对知识分子感兴趣。而我现在则对"记忆"很感兴趣——选择性的记忆、集体的记忆、遗忘、回忆，等等。我试着把记忆连接上殖民主义的经验，连接上犹太人大屠杀的问题，巴勒斯坦的悲剧，等等。

单：既然你提到了记忆，我们不妨就多谈一点。你对巴勒斯坦的集体记忆很感兴趣，而上次访谈时你也提到正在写回忆录。

萨：是的，回忆录就快完成了，希望这个夏天把它完成。我已经写了将近450页，也许还得再写一章，明年就可以问世。[1]

单：是从哪里开始——从你的童年吗？

萨：主要是有关我的童年。我从童年开始写起，进展得很慢——因为我在三个不同的地方成长，而那三个地方都已经不在了。其中一个就是巴勒斯坦，我在那里出生，但如今巴勒斯坦已经没了；其次就是埃及，我在埃及王朝下长大，但如今王朝也已经没了；第三个就是黎巴嫩，但经过20年内战，黎巴嫩也毁了。因此，我试着重新建构

[1] 即1999年出版的《乡关何处》（简体字版名为《格格不入》）。

这些失去的世界。全书以得到博士学位、来到纽约结束。那本书中没有什么关于政治的事。

单： 你在写这本书时主要是仰赖记忆?

萨： 完全仰赖记忆，其他什么都没有。我手边有几张照片，但基本上是根据记忆。这本回忆录我已经写了4年，从1994年开始写，要在1998年把它结束。这本书占去我许多时间，因为我不能抛开它去做一些事情。当然我也写了许多其他东西，但这本书重重压在我身上。我进展不快，因为是用手写——我在计算机上只能写些书信、报章杂志的文稿，以及那一类的文章。在写回忆录时，我必须用手来写，而这很缓慢。

单： 回忆录中想必有许多故事会让你的读者感兴趣。

萨： 希望如此。我让一些朋友先过目，他们觉得它很……也许是我最好的一本书，出版时我会送你一本的。2月初我曾在纽约公共图书馆发表演讲。那是一系列有关流亡的演讲——邀人来谈他们的生平，如何来到美国，开创新生活。演讲稿发表之后要不要我送你一份?

单： 谢谢。让我们接续刚才的话题，你的回忆录想必是很有选择性的。

萨： 我尽可能使它完整，那就是为什么花300页的篇幅才写到1943年，也就是我八九岁的时候。对于早年的一些事，我的记忆清晰得惊人。

单： 你能不能谈谈中文翻译?因为《知识分子论》在中国台湾以繁体字出版，而中国大陆使用的是简体字，所以版权代理商经常把中文翻译版权分开出售。你刚刚提到中国大陆有人翻译你的书，就我所知台湾也有出版社取得《东方主义》和《文化与帝国主义》的翻译版权。

萨： 也许就是那一家，我不知道，我是透过经纪人处理的。我在纽约有个经纪人，另外在伦敦也有一个经纪人，来处理所有有关翻译的事宜。他们把文件送给我签字。比方说，《东方主义》有越南文翻译本、斯拉夫文翻译本。我并没有完全掌握最新的发展。

单： 你的回忆录快要杀青了，至于讨论歌剧的那本书呢?

萨：也快杀青了。我的意思是说，今年 8 月就要交稿。[1]

单：论文集呢？

萨：那是两回事。论文集已经完成了，我只要再写个序言就可以了，将来要交给哈佛大学出版社。[2]

单：什么时候出版？

萨：今年是以色列建国 50 周年，所以这段时间老是有人要我就这件事写文章，我不但写了很多东西，还参与了一部纪录片的制作，5 月 17 日就要在英国广播公司播放，之后全世界也会播出。

单：那是有关你个人的影片吗？

萨：不，是有关巴勒斯坦。那是有关巴勒斯坦经验和我个人对以色列建国 50 周年的论述，让人们看看另一个从来没有人提到的观点，因为以色列建国那件事对巴勒斯坦人是很大的灾难。

单：所以是另类观点……

萨：有关以色列建国 50 周年的另类观点。[3]

单：在你所有的作品中，《最后的天空之后》结合了你的文字和摩尔的多张照片，图文并茂，我觉得很有趣。

萨：你读过这本书？

单：读过。其实上个学期我开了一门课，课名就叫《萨义德专题讨论》。

萨：不会吧？

单：的确如此，那是我在台湾大学外文研究所开的课。我想大概是第一门针对你所开的课（此课程后来又在台湾"交通大学"外文研究所开过）。

萨：想必是（笑声）。那很棒，真希望什么时候能去看看，你知道我喜欢到处看看。但今年夏天我的日子会很难过，因为 6 月 1 日就要开始为期两个月的艰苦疗程，整整 8 个星期。那是一种新的血癌治疗实

---

[1] 根据亚马逊网络书店信息，此书原为燕卜逊讲座，由剑桥大学出版社出版，书名为《歌剧中的权威与踰越》，但已"绝版"。然而透过书商向出版社询问，获知出版社已打消出版该书的计划。

[2] 即 2000 年出版的《流亡的省思及其他》。

[3] 该纪录片名为《寻找巴勒斯坦》（*In Search of Palestine*），由萨义德主持，全长约 50 分钟，1997 年 5 月 17 日于 BBC2 频道播出。

验，因为旧的疗法已经失效了。因此，血癌是我生命的一大障碍，令我很容易疲倦。

单：但你还是经常旅游。

萨：对我来说那是一种逃避，证明我并不是真的生病。最近我还要出游三四次——一些比较短期的，密西根、巴黎，然后是芝加哥……但6月不得不留下来每天接受治疗。然而，我觉得不停下脚步是很重要的，必须继续进行我的工作，否则就会生病。

单：有没有可能让台湾的版权代理商在回忆录以英文出版之前取得中文翻译版权？我想那是可以安排的。

萨：是的，但我得先写出来。我们保持联系，我会让你知道进展的，而且请你给我一些意见，希望能找你翻译。那是一本很特别的书，非常特别的书。

单：那会是我的荣幸。刚刚你说到那是你最好的一本书。

萨：是的，绝对如此，我的一些朋友已经读过了，其中有些是批评家，像我的好友普瓦里耶读了大约80页，那也就足够判断了。他认为那是一本杰作。我认为他心存善意，说的是好话，但我真的认为那本书对我意义非比寻常。

单：全书主要是叙事文体？

萨：是叙事文体，然而却是很特别的叙事文，因为并不按照年代顺序——其中是有年代，但我以不同的方式来组织，那是很阿拉伯式的结构。

单：就像我背后这面墙上的阿拉伯式图案。[1]

萨：是的。我由一些事件出发，从不同的角度回溯，而有关1948年巴勒斯坦的沦陷就写了长达100页的专章，其中包括了我对这整个事件的记忆。我也纳入了一些其他事情，因为我以很奇特的手法来扩展它——包括1948年我的第一次美国之旅，我们家很亲近的一个医生

[1] 也就是前一次访谈中提到的图案（本书第206页）。

之死，等等。我把这些全都放到一块。因此，我尝试创新，而不是另写一个传统的自传。

单：所以说你个人的记忆与巴勒斯坦的集体记忆彼此交织。

萨：是的，我的意思是说，我并不装作要为其他人发言。你看了那本书之后就会知道，现在不要透露太多。我们——我的家人和我的教养方式很奇特，我们的生活方式很怪异。我的双亲，尤其我父亲，是很奇怪的人。他已经去世多年了，但我对他的记忆栩栩如生，鲜明有力。我跟母亲很亲近。那些全都写在书里，而且坦然不讳。我让家人看过——我太太读过，我的孩子们读过一部分，但我没让几个妹妹看，我想她们会不高兴，因为我们是个很奇怪的家庭。对不起，我得走了，我觉得不舒服。你这次停留多久？

单：待到 5 月 6 日，之后到哈佛 3 天，接着到伦敦和伯明翰去拜访一些研究斯威夫特的学者。[1]

萨：棒极了。

单：也许我该跟你提一下，最近台北出版的《瓦尔登湖》（*Walden*）改写本附了很多前言，其中一篇就把你对知识分子的观点应用到梭罗（Henry David Thoreau）身上。

萨：真的？

单：这篇前言指出梭罗是向权势说真话的人。

萨：那真有趣。我得走了，我很累，现在就得上床休息，实在太糟了。

单：请多保重。

萨：你也多保重。

---

[1] 萨义德早年曾写过两篇讨论斯威夫特的论文，其中一篇《知识分子斯威夫特》（“Swift as Intellectual”）以知识分子的观点来分析这位 18 世纪英国作家。

权力、政治与文化：三访萨义德

2001年8月24日于美国纽约哥伦比亚大学

前言

2001 年夏天，我前往美国纽约大学进行两个月的研究访问，挂单于陈国维（John Kuo Wei Tchen）主持的亚／太／美国研究学程（Asian/Pacific/American Studies Program）。由于先前已访问过萨义德两次，并顾虑到他的健康及忙碌状况，原本无意打扰，不料 8 月中旬在学校附近的书店发现他的新书《权力、政治与文化》。全书搜录了自 1976 至 2000 年的 29 篇访谈，内容之广泛远超过以往其他著作，堪称对萨义德本人的多方面呈现。于是我改变初衷，以电子邮件联络。他计划于 8 月底出国，我则预定于 9 月 10 日返国，于是相约在他出国前的 8 月 24 日，于哥伦比亚大学见面。

访谈当日下午，我偕同从台湾前来探望的妻儿齐赴哥伦比亚大学，远远望见萨义德于行政大楼前的台阶上与一位男士谈话，由于还不到约定的时间，便先打个招呼，说声待会儿见。5 点步入他的研究室，不见跟随他 14 年之久的中东籍博士女秘书，取而代之的是位白人女士。

进到研究室内间，只见萨义德手持雪茄，正在吞云吐雾，状至逍遥。我问是不是古巴雪茄，他说是，而且说在古巴境外唯一能买到这种好雪茄的，只有黎巴嫩的国际机场，他每次经过都会买一些，亲朋好友路过也会带一些给他。在征得同意之后，我拍了一张他手持雪茄、穿着吊带裤的照片，这是平时衣冠楚楚的他难得一见的轻松写真。[1]我们又聊起《格理弗游记》[2]（*Gulliver's Travels*）的作者斯威夫特，因为他去年出版的论文集《流亡的省思及其他》的封面宛如一个巨人靠坐在海边的小丘，腿上摆着一本书，[3]像是在小人国里的格理弗，而他也知道我正在从事《格理弗游记》的中文译注。他认为斯威夫特是"最伟大的英文文体家"（"the greatest English stylist"），并透露了一段秘辛：他曾发表过两篇有关斯威夫特的论文，[4]颇获好评，有心写书，还准备了一整箱的卡片资料，但遭到一位知名的斯威夫特学者打压（因为两人的路数相近，而刚出道的萨义德表现突出），于是转往其他研究领域。

正式访谈前，他原本要送我几本近作，我则告知出于对作者的敬重，早已自行购买，随即取出《权力、政治与文化》一书请他签名。他以钢笔写道："致德兴——博学之友，杰出译者、同志"（"to Te-hsing—learned friend，remarkable translator，comrade"）。

此次访谈主要集中在他的近作，但由于近期巴以关系恶化，多少蒙上了一层凝重的气氛。访谈中间，一位巴勒斯坦人来访，两人站在门口用自己的语言交谈了一阵子。访谈结束后，萨义德和我一块步出研究室，他还盛情邀请我们全家到附近的中餐厅吃饭，想听听我们对这家中餐厅的评价，但因为校园广阔，一时之间找不到我家人，只得作罢。

后来他因故取消国外之旅。半个月后，发生"9・11"事件（我在飞回台北途中班机迫降于阿拉斯加的安克雷奇，滞留了两晚）。[5]巴勒斯坦和伊斯兰世界的反应以及其中的前因后果，在此访谈中可见出些许蛛丝

---

[1] 此照片后来用于《认识萨义德：一个批判的导论》（*Edward Said: A Critical Introduction*，Valerie Kennedy 原著，邱彦彬中译，台北：麦田，2003）、《知识分子论》增订版（台北：麦田，2004）以及《萨依德在台湾》（台北：允晨，2011）的封面。

[2] 简体版译法一般为《格列佛游记》，此为作者所译台湾繁体版书名。——编者注

[3] 此书封面图样取材自彼得林的画作《流亡中的但丁》（Domenico Peterlin，*Dante in Exile*）。

[4] 即《斯威夫特的托利党无政府状态》（"Swift's Tory Anarchy"）和《知识分子斯威夫特》，收入《世界・文本・批评家》（*The World，the Text，and the Critic* [Cambridge，Mass.: Harvard University Press，1983]），第 54—57、第 72—89 页。

[5] 相关细节可参阅《和平的曙光何在？——九一一惊爆事件的感思》，收入笔者《我打禅家走过》（台北：法鼓，2006），第 97—87 页。萨义德对此事件的回应可参阅《"西方 / 伊斯兰"对立及其不满——萨依德论九一一惊爆事件》，收入笔者《边缘与中心》（台北：立绪，2007），第 82—89 页。

马迹。至于“9·11”之后，则是另一番局面了。

访谈

单德兴（以下简称“单”）：你真是位多产的学者。自从我在 1998 年 4 月与你访谈之后，三年之间你又出版了好几本书，最近的《权力、政治与文化：萨依德访谈集》这个月才刚出版。

萨义德（以下简称“萨”）：上个星期。

单：是的，上个星期才刚出版。当然，就某个意义来说，这本就像你以往的访谈专书《笔与剑：萨义德对话录》一样……

萨：那是和巴萨米安的访谈录，但只是跟一个人的访谈。

单：是的，这是不同的一点。而且你也可以说，这本书更为复杂，因为里面选录的 29 篇访谈开始于 1976 年，结束于去年。能不能就此谈谈两个问题：第一，访谈录作为一种特定的“文类”（genre）；第二，这些访谈录如何多少代表了你的学思历程（intellectual itinerary）？

萨：你是知道的，这些年来我想必做了数以百计的访谈。其中有许多是接受广播电台和电视台的访问，但也有一些不同的访谈，基本上是为了出版，用意就在于能够流通。以 1976 年的第一篇访谈来说，那是一篇书面访谈，因而有机会更深入反省、探索。同时，那些访谈也和当时的场合有关，比方说，出书、某个事件、某个展览、政治发展或其他事情。因此，它们跟当时的情境很有关。

第二点，这本访谈专书是由我以前的学生、现在的 [哥伦比亚大学] 同事薇思瓦讷珊编选的。她从许多访谈中挑出了这些篇，是因为她认为这些访谈展现了某种学思历程。你知道，在这些阶段中，我个人很难看出到底是怎么一回事，只是显示了我对许多不同事情感兴趣，但经常并不是很深刻。然而我发现了一件事，这就跟我前些日子出版的论文集 [《流亡的省思及其他》] 一样，我发现一些主题一再出现，而这些主题对我来说很重要，其中包括了地理、领域、认同的问题、表演的观念、沦丧与流离失所，当然也包括了流亡，以及知识发现、知识辩论的喜悦。

单：就像你所说的，第一篇是书面的访谈，其他都是面对面的访谈，因此具有临场感。在那本书的序言中，也提到了复杂的编辑过程，也就是说，这些访谈经过不同杂志、期刊的编者编辑过，然而又由……

萨：……也包括了一篇电视访谈。他们会先整理这些访谈，然后送给我，我再做些修正，通常并不太多，只是有时候作些更动，或者扩充一些论点，让访谈变得更清楚。

单：在最近这本访谈录中，你也加了一些头注（headnotes），因此整个过程其实是满复杂的，并不像表面上看起来那么具有临场感。

萨：你认为那太复杂了?

单：我的意思是说，整个过程又是……

萨：这只是表现了想使它正确的那种焦虑感（the anxiety of trying to get it right)。你在某种情况下说了一些话，几个星期后你接到誊稿，但事情已经改变了，而你知道自己对某件事说了一些很愚蠢的话。最有趣的就是在誊稿中所发生的错误，其中的整个用字、句子，尤其是名字，在誊出来时差异甚大，因此你得把它们改回去。然后你领悟到，就某个意义来说，你只能为自己负责——你不能改变访谈录。

单：不能改变……

萨：不能改变，你是知道的。固然其中有些问题前后很一贯，但我发现自己一直在改变。当然，你得记住在其他访谈中所说的话，因为你会发现人们说，你在某某场合是那么说的。上个星期，我上电台为那本书接受访谈，很巧的是，访问者正在读那本书，而在访谈之前，我自己也在读那本书，而为了某个原因，我们都集中在同一页，那是80年代的一篇访谈。在那篇访谈中，我说巴勒斯坦的情况很可能是再糟不过了。我读到那里时，心中猛然一惊：“噢，我的天！但愿我没那么说，因为现在的情况其实更糟。”因此，他问我那件事时，我说：“真后悔当时那么说，因为我认为现在的情况更糟。”但我最好还是小心点，因为我认为未来的情况可能更糟！然后，我们稍稍谈到似乎永无止境的奇惨悲剧，巴勒斯坦人的苦难似乎随着每个场合、每个阶段而变得更复杂、更深沉。那就是所发生的另一件事。我发现自己经常回到这些访谈，被问到我现在还相不相信那件事。

单：访谈涉及再现的问题，尤其是自我再现的问题。而这种再现也是访谈者与受访者之间互动的产物。有关访谈本身的美学、政治，甚至伦理，你有什么看法？

萨：这个嘛，很有趣，因为我一直感觉到的一件事就是，我总是试着回答特定的问题，而你逐渐了解，在回答问题时，你开始被导入访问者的议程（agenda），而他的议程很可能跟你的完全不同。但我应该说，这种事情在我们目前这个访谈并未发生。

单：是的，你可以这么说。

萨：不，我的意思是说，的确如此。后来，当回想起来时，你会问，为什么我不那么说呢？那是因为我太屈从、太合作了。因此，我应该做的，就是追寻自己的关怀，在公共媒体中尤其应该如此。我的意思是说，如果就一个政治情势来接受电视访谈，访问者有很特定的新闻角度要涵盖。但那可能并不是我要追寻的，因为我要的是其他信息。我总是发现这种情况：美国媒体只关心以色列所定下的事情，他们所定下的议程，比方说，他们所定下的政治议题。他们想知道暴力何时会结束，协商的情况如何，为什么巴勒斯坦人不接受戴维营协议……诸如此类的事情。我要追寻的议程其实集中在像是以色列占领的问题，这是现代史上最长的占领之一，几乎要超过日本对朝鲜的35年军事占领。因此，这里还有其他的考虑，你是知道的，所以我认为其中的伦理基本上就是奋斗。当然，你想要纳入这个问题，因为这还包括了揭露的伦理（the ethics of exposure）。你在回答问题时，要切合访谈者的背景，他的读者群，特定读者的关怀，等等。同时，还有对自己的关怀的责任伦理（the ethics of responsibility）。

如果谈到再现的问题，不管我喜不喜欢，我都被当成整个[巴勒斯坦]民族的代表。这有些荒谬。但你依然觉得你有责任，因为这些人事实上被消音了，而你现在有个发言的场所，你试着代表自己说些话，也代表他们说些话。还有一个伦理的论点，也就是说，你对这个议题的再现正不正确。你觉得自己在一个复杂的情境中，可能太偏向一边或另一边。因此，就某种意义来说，这是一场永无休止的平衡之举。但我不喜欢这种观念；另一方面，我并不试着成为各方的代表。我真正感兴趣的是推出一个特定的观点，而那最终就是我个人的观点。

单：因此在这些不同的访谈中，你尝试着协商两种不同的……

萨：两种、三种，有时甚至四种不同意义的过程和问题。

单：你会不会发现有些访谈违反了你的观念？

萨：你是说在我的回答中？

单：是的，或者在它们再现的方式中。

萨：在编辑的过程中，我也许这么想过，但在编辑时总是希望能给予最大范围的诠释的可能性——不管是我自己的观念或他人的观念。在某些场合，我会删掉一些不代表我的看法，或者我错误呈现自己的地方。我认为那么做是可以的。另一方面，我不把访谈稿本身当成是定论，换句话说，我可能觉得需要加以发挥，改变其中的内容来纳入我在编辑时的感受。因此，很可能会有改变。这是一个很复杂的过程，但对我来说，倒是相当新颖的，因为虽然我以往做过许多访谈，但并未真正全部订正。我和巴萨米安的那些访谈，其实是他做的，不是我。因此我和那并没有太大的关系——反正有个人来，我们坐下来吸烟，一路谈下去。我们正在进行另一本访谈录，他已经完成了大部分，其实这个月他应该来把它结束的，但给缠住了，来不了。[1] 因此，这很复杂，而且对我来说，这很有趣、很新颖。附带一提，我刚刚完成了另一本访谈的专书。

单：要由密西西比大学出版社（University Press of Mississippi）出版？

萨：不！不是那一本。那一本没得到我的同意。

单：真的吗？

萨：是的，到后来我得找律师去制止他们。不，他们从未得到我的允许或任何表示，我是不会让他们出书的。我刚才发现他们自己搜集了一些资料，其中包括了收入《权力、政治与文化》这本书中的几篇。我告诉他们不能这么做，他们说："我们得到了版权。"我说："不，你们只是从杂志社得到版权，但对我自己说过的话，我拥有所有权。你们不能没经过我的允许或违反我的意愿，就出版我的文字。"因此，我的律师写信给他们，他们就打住了。现在他们还要再试，但我是不……是的，那很不寻常。

【一位巴勒斯坦人来访，两人站在门口用自己的语言交谈，道别。】

萨：我们刚刚讲到哪里了？

单：你提到那本新书。

萨：是的，因此，我得制止他们。你知道，我不愿意出版一个我没有作者权、我无法控制的东西。之前他们进行了一段时间，而且就像我所说的，他们现在又试图出版。[2] 我提到的另一本书其实是和一位音乐家的系列对谈。我们大约是五年前开始的，讨论的对象包括了

---

[1] 即 2003 年出版的《文化与抵抗：萨义德对话录》（*Culture and Resistance: Conversations with Edward W. Said* [Cambridge，Mass.: South End Press]）。

[2] 经过协商，此书终于在 2004 年出版，名为《萨义德访谈集》，编者为辛和约翰逊。全书收录了 25 篇访谈，篇幅大约为《权力、政治与文化》的一半，选文完全不同，一般说来较为简短，笔者于 1997 年与萨义德的第一次访谈也收入其中（唯笔者在进行此次访谈时并不知情，后来才接到编者来信要求授权），计 16 页（122—137），是其中较长的一篇。笔者与编者之一的辛 2011 年 3 月于法国一国际会议首次见面。根据他的说法，他们编辑该书在先，两年间曾数度致函萨义德寻求授权，未获回音。直到该书编妥，拟为萨义德拍摄封面照片时，萨义德表示不同意该书出版。协商结果，只得放弃重复的几篇最好的访谈。

瓦格纳（Richard Wagner）。这些年来，一直到去年12月为止，我们进行了一些对谈，这些都誊打出来，会出版成书。[1] 这个过程经过编辑，其中显然有许多有关音乐、政治、文化议题、诠释以及其他事情。这是一本很精彩的书。我发觉对我来说，访谈不能取代写作。我的意思是说，那是附属品。但我发觉这很刺激，尤其是你所面对的人是在探索，或者如果你尝试探索他。

单：在编辑《权力、政治与文化》这本书的过程中，你改动的多不多？

萨：不多，因为大部分的改动都是在报章、杂志、期刊第一次出版之前。是会有一些改动，主要是删减，其中还有一两篇访谈原先是我不想发表的，因为我认为它们太[2]……其中一篇就太散漫了，里面有三四个人，有点像是表演。我认为这篇太散了。另一篇是从阿拉伯文翻译过来的，我认为翻译得并不是很好。于是我想把它们全部删去，但编者和出版社都认为该保留，只是为了增添另一番风味。总之，我的改动只是化妆式的，像是删去一些字，使句子变得更流畅。

单：你也提到访谈是一种新的可能性，那么，这本书对你的意义如何？我的意思是说，这和你所"写"的书相比，有什么不一样的意义？

萨：很奇怪你会这么问。我所谓的"奇怪"是，我并不把它当成一本书。我认为这是一系列短暂的遭遇，由某些人记录下来，放进封页里，或者说，放进封面和封底之间。我很……我很……该怎么说……要用什么字眼呢？"焦虑"！我等着看读者的反应。你是知道的，出版前会有一些评论，而这些评论都很正面。我担心的是，里面的题材很广泛，读的方式跟读一本书……你知道，读一本书时，你是读一个论证。但在这本访谈集中，有太多东西在里面彼此争斗，比方说政治、音乐、文学和文学理论，或者……

---

[1] 即2002年出版的《并行与吊诡：音乐与社会之探索》，包括了萨义德与巴伦博伊姆（犹太裔钢琴家，美国芝加哥交响乐团指挥暨德国柏林国家歌剧院音乐总监）自1995年10月至2000年12月的6篇对话录。

[2] 证据就是精装本封面勒口的文字说明指出本书收录了28篇访谈录（其实是29篇）。可见即使在设计封面时，内文也尚未完全确定，以致有此出入。

单：我认为，从另一个角度来看……

萨：[岔开]这[雪茄]会干扰到你吗?

单：没问题。

萨：你在咳嗽，显然干扰到你，那我就不吸了。[捻熄手上的雪茄]

单：这本书主要吸引人的地方之一，就是让人看到你的许多不同面向。写书时，你集中在某个题材上，能深入讨论特定的题材。但是像这样的一本访谈集，跟《流亡的省思及其他》这本多年来的论文集有些不同。

萨：书写和讲话是有不同。在书写中，我认为比较容易追随其中的论证。我[为《流亡的省思及其他》]写了一篇比较长的绪论，试着提出全书中某些观念的发展。但在访谈集中，我办不到，我就是办不到，因为这本书太庞杂了。[1]而我担心的是，有许多东西会失去，无法当成论证的一部分来理解。因此，是有这种担心。但对我来说，反正现在不管是要解决或要补充都为时已晚。

单：你能把这些当成是"访谈"这个文类的特色吗?

萨：是的，我是这么认为。我的意思是说，访谈是我们这个时代典型的产物，因为正确誊写的可能性比以往大得多。你知道，书中除了第一篇书面访谈之外，其他毫无例外地全都仰赖电子复制的可能性(the possibility of electronic reproduction)，这在以往是不可能的。因此，誊稿相当正确；你不能说对方没掌握到你的意思，因为全都在录音带上。如果有任何他们没掌握到的，像是名字啦、事实啦，你也能更正。因此，把它当成文类来看的话，则是很当代的文类，而且我认为这是一种很冒险的文类，因为把所说的话出版，可能有些虚张声势，而且这些话就某个意义来说还是处于很粗糙的状态。但是，访谈很能揭露当时的情境，不只是"我的"回应方式，"我的"

[1]《流亡的省思及其他》的《绪论：批评与流亡》("Introduction: Criticism and Exile")全长25页，而《权力、政治与文化》的《前言》("Preface")不满两页。

话，也包括了访谈者的方式。我认为这是另一回事，也就是它包括了我所遇到的、一块讨论的所有这些人。其中到底说的是什么故事？那些人的关怀是什么？

单：你喜欢这本书的封面设计吗？

萨：不喜欢。

单：你不喜欢？！

萨：这个嘛，你知道，我有个很亲近的朋友，他是唯一认为这张照片太虚张声势的人，因为它指涉了罗丹（Auguste Rodin）。

单：……这栋大楼庭园中的那尊“沉思者”……[1]

萨：……我当时并没察觉到，因为拍照的是很著名的摄影师。你知道莱博维茨（Annie Leibovitz）[2] 这个人吗？

单：不知道。

萨：她是当今世界上最著名的人像摄影师之一，是《名利场》（*Vanity Fair*）的常客，也帮电影明星和总统拍照。今年春天，也就是 3 月，上午刚拍完我的照片，下午就搭机去帮美国第一夫人拍照。那是她所生活的世界。对我来说，倒是有些令人迷惑，难以招架。她是很出色的专业摄影师，认识我的人，不管是家人或亲近的朋友，都认为这张照片拍得很棒。但我对这张照片有些紧张，因为它看起来有些太过……装腔作势。那个姿势的确是摆出来的。

单：对我来说，它很有艺术性。

萨：是啊，你这么说真是好心。那是她的作品，不是我的。我认为那有些异类，那是书中一种异类的存在（alien presence），因为它是另一种再现。

单：是的，摄影的再现……

---

[1] 萨义德研究室所在的哲学馆前方庭园草坪上立着一尊罗丹的“沉思者”塑像。

[2] 莱博维茨出生于 1949 年，曾获美国杂志摄影师协会（the American Society of Magazine Photographers）的最佳摄影奖及年度摄影师奖，是在美国华盛顿特区史密森学会国家肖像馆（Smithsonian Institution National Portrait Gallery）展出的第一位女性摄影师。她与名作家、知识分子桑塔格为多年密友。

萨：这个摄影的再现是由对我的作品略有所知的人所做的。

单：但她有自己的议程。

萨：她有自己的议程，正是如此。这几乎就像签名。注意她作品的人，像是一些新闻照片或《时尚》（*Vogue*）的读者——这是她经常发表作品的地方——看得出这是她拍的照片。因此，这张照片与其说是我的，不如说是她的。

单：在拍摄的过程中，有没有机会和她商量或互动？

萨：一直如此，一直如此。她真的很惊人。我们拍的时候……她来我家，待了一个小时左右——在那之前两三天曾派人到我家。然后我们下楼，经过房子前面，来到河滨大道。然后一块进城，到她位于雀儿喜（Chelsea）的摄影棚，因此前后花了五六个小时。在那段时间，她一直都在说话，一直在作手势，跟助手说话。她来这里的时候，带了三四名助手，全都是穿着黑色衣裤、很瘦削的年轻男子，似乎完全知道自己该做什么。然后我们就到城里，那里的场地很大，有窗帘、背景之类的东西，助手也更多。她至少拍了几百张照片，一边拍照，一边和我聊天，试着得到我的各种不同反应。她送了一系列各式各样的照片给出版社，然后由出版社决定采用哪一张，而不是由我决定。

单：哦，封面的照片是由出版社决定的……

萨：到头来是由出版社和摄影师决定的。其实他们曾把这些照片送来给我，并且问，“这样可以吗？”至于设计稿则是改了好几遍。但有不少事我撒手不管，因为我并不真正知道他们要的是什么——你不要忘了，他们的目的是卖书，我的意思是说，这件事涉及生意。

单：这是一本访谈录的选集。至于你的论文集《流亡的省思及其他》也是一本选集，搜录了过去二十多年来的重要作品。

萨：不只二十年！

单：不只二十年？

萨：《流亡的省思及其他》这本书里的第一篇文章写于60年代中期，大约是35年前，讨论的是[法国现象学家]梅洛-庞蒂（Maurice Merleau-Ponty），而最后一篇文章是去年写的。

单：那本书中有几篇很重要的文章，重新思考你以往提出的深具影响力、启发性的重要观念，比方说，《再论东方主义》或《再论理论之旅行》。你会如何看待这本书的意义，尤其是与你早先那些观念的关系？

萨：我认为这本书对我极为重要，因为它显示了某些思考和比喻的类型恒久不变、反复出现。维柯一再出现，阿多诺一再出现，奥尔巴哈（Erich Auerbach）一再出现，尤其是康拉德一再出现。因此，对我来说，一个人最重要的观念很早就形成了，并且一直跟着他，一直回来。而这也显示了书中的那些议论总是令人不满意，就像是《东方主义》，我发觉必须重新省思。因此，很可能我还该再写两三篇文章讨论东方主义，原因是这本书引发了一些辩论。同时，英国的塞奇出版社（Sage Publications）出版了四册有关于我的辩论、文章、研究，讨论《东方主义》、《文化与帝国主义》、文学理论，等等。[1] 我根本不知道发生了这些事。当然，我试着吸收、回应他们，就像德里达一向这么做，乔姆斯基也是这么做。但我办不到，因为我要一直前进。我对当前的关怀程度远超过过去。但偶尔我认为澄清是必要的，尤其是具有特定政治议程的人一直误读我的作品时，我认为有必要回溯。另一件事发生在我整理《流亡的省思及其他》这本书时。我花了很大的工夫去修订这些论文，重新排序，撰写绪论，等等。在那时候出现了一本很棒的书，作者我从未见过，他研究我的思想，是目前为止讨论我的作品中最好的一部，使我受益良多。

单：作者是谁？

萨：他姓侯赛因（Abdirahman A. Hussein），是索马里的知识分子，50岁出头，在田纳西大学教书。这本书明年春天要由维索出版社（Verso

---

[1] 即《萨义德》(*Edward Said* [London: Sage Publications，2001])，由P. 威廉斯为该出版社的塞奇现代社会思想大师(Sage Masters of Modern Social Thought)系列所编，全套四册，约1600页，总共收录了讨论萨义德的80篇文章，是截至目前有关萨义德的学术讨论搜集最全的文集。

Publications）出版。这是到目前为止有关我的思想研究最深刻的……我该怎么说，最深刻、透彻的检讨。

单：这本书是不是从博士论文发展出来的？

萨：不，不是。他这个人很有意思。他是索马里人，在阿拉伯湾待过很长一段时间，通晓阿拉伯文，一直在研究我的作品……他说维索出版社刚寄给他一份合约，签好的合约和文稿才寄回去，明年春天就会出版。[1] 我认为这本书分析我的思想，使我受益良多，因为我的印象是……这是我想要说的，我的印象是，我的写作过于仓促，急着要结束手边的东西，因此没有……我经常要到很久之后才能看出自己在做什么。是的，就是这样。而我发觉这本书很有用，因为作者真的很具批判性，不只是解说而已。他也指出了我前后不一致，在最后一章，也就是刚寄给我的结论，指出我很可能该在哪里写些东西来综合一些已经出现但未完备的论点。这是有关什么是结束、何时才算结束的很深刻的议题。很早以前在《开始》那本书中，我很执著于“如何开始”。但现在我发觉自己担心的是：我是不是真的为某事下结论？它是不是没有结束？它是不是仓促行事，而该抛弃，重新开始？我发觉那些事情对我很重要，因为我的健康每况愈下，觉得对自己有责任不要留下太多没完成的事。

单：我查了一下邦诺连锁书店（the Barnes and Noble）的资料库，大约有十来本有关你的书。

萨：是吗？

单：大约十来本。当然，有些书像是《萨义德读本》（*The Edward Said Reader*）几年前就出版了。

萨：你知道吗，我今天才发现墨西哥有家出版社要把它翻译成西班牙文。加西亚·马尔克斯（Gabriel García Márquez）对这件事很兴奋，要来纽约访问我，并且把访问稿作为西班牙文版的绪论。那很好。但这

---

[1] 即《萨义德：批评与社会》（*Edward Said: Criticism and Society*. London and New York: Verso，2002）。

些书大部分我都没读过。

单：你提到了批评家和你的读者的见解。能不能谈谈批评家的回应所具有的效应，或者借用你自己的说法，所具有的“对位的”效应？

萨：我得告诉你，我发觉这个问题很难很难处理。首先，我从来不觉得我有时间去评量自己的影响。其次，我认为这些说法可能会妨碍我正在做的事。老实说，我一直担心会发现一些批判的说法完全毁了我，因此我难得去阅读它们，而对我来说最困难的事、最最困难的事，就是去回应。我试着不去回应，或者过了很长一段时间才去回应，或者说我回应的方式其实是探索我自己的某事。但是要我回应批评我的作品，我其实觉得非常非常不好受，因为大多数的时候我觉得自己差劲得多，害怕他们也许会发现那一点。我对自己的东西评价很低，真的不喜欢和其他人讨论。因此，我顶多是在演讲结束时回答问题，因为我认为也许我能在当场回应，然后消失。但是与某人探索一个议题，你来我往、反复讨论，就像乔姆斯基那样，或者像德里达那样能跟自己反复往来，我发觉自己在脑力上、体力上都办不到；我只想继续往前，做某件事，然后回来。我非常焦虑，有些担心，发觉自己被毁。

单：但你认为这一位索马里批评家如何，而你想要回应……

萨：不，那是另一回事。他去年 10 月就把原稿寄给我了，我花了 9 个月的时间来读。我读得非常慢，时时把它搁下，结论到现在还没读完。他是 7 月 16 日寄给我的，基本上给我 30 页，但我大概才读了 10 页。我很不愿意进入，因为我很担心如果我涉入的话，就无法完成我现在正在做的事。我想这其中有很多都是因为我的病所引起的。我不确定自己现在站在哪里。

单：所以这和“格格不入”（out of place）这种感受有关？[1]

---

[1] 萨义德的回忆录英文原名为“Out of Place”，直译为“格格不入”，繁体字版名为《乡关何处》，简体字版改回《格格不入》。

萨：是啊。

单：我想有些读者会发现你的回忆录《乡关何处》在某个意义上令人失望，因为他们期待读到你是如何介入政治或诸如此类的事，但你在书中并没机会发挥。

萨：那是因为我不愿意。我有个英国朋友很积极，她急着要以访谈的形式为我进行第二册的回忆录。所以我有可能那么做。我没把握自己能不能坐下来用写文章的方式来写回忆录的续篇，因为我现在的记忆力不再那么可靠了。[1] 我对自己早年的阶段很确定。

对不起，你在咳嗽，我没想到你反应会这么激烈。[把燃起的雪茄捻熄]

1967 年中东战争之后，我有许多公开的作为，但自己没留下任何记录。我没有记日记或笔记，甚至自己写过什么、在哪里说过什么，都没留下确切的记录。这有时会让我担心。我应该规划一下自己的时间，因为我一直担心着下一个期限、下一篇文章。下星期一我得交出两篇东西，但到现在都还没完成——一篇是文章，另一篇是修订一本书的结论。那本书是一些爱尔兰批评家所写的，内容有关爱尔兰的后殖民主义，以及我的作品对爱尔兰当今的批评和文化的影响，因此我写了那本书的结论。但我还没送出去，因为还得修订，做最后的修润。[2] 这类事情盘踞在我心中，重要性超过了我在 1967 年说了些什么、拜访了哪个朋友、在哪所大学演讲……那类的事情，因为我没留下记录，所以觉得自己有如在茫茫大海中游泳一般。

单：如果你的回忆录有续集的话，会取什么名字？

萨：那是另一个问题。不过，显然题目会类似“宾至如归却未必真正如此”（“in place without really”）。[3]

---

[1] 回忆录的续篇已成为萨义德的未竟之业。

[2] 即《跋：爱尔兰与后殖民主义的省思》（“Afterword: Reflections on Ireland and Postcolonialism”），收入《爱尔兰与后殖民理论》（*Ireland and Postcolonial Theory*，ed. Clare Carroll and Patricia King. Cork，Ireland: Cork UP，2003），第 177—185 页。

[3] 这个名字是就“格格不入”（out of place）所玩的文字游戏。

单：（笑声）对了，你的家人对《乡关何处》的反应如何？

萨：很糟、很糟。这本书大大得罪了我的妹妹们。起先，我送给四个妹妹每人一本，附上一张小字条，上面写道，我很想知道你的回应、你的感受。结果她们四个人之中没有一个人回应，一个都没有。于是，我打电话给她们，其中一个就说："我很难读下去，我觉得很不舒服。"另一个就说："你把某些事摊在大众面前，我完全不认同你的感受，你冒犯了我对父母亲的敬意，我无法回应。"我最亲近的大妹完全没有回应，完全没有，什么也没说。我很少见到她，因为她住在英格兰，但我见到她时，她一个字也没说。其实她对我写的任何东西从来没说过什么，对这本书尤其如此。

我得到最奇特的回应来自二妹，她也写了一本回忆录，但没人愿意出版。今年春天她来我这里待了一阵子。我说："听着，我要知道你的想法。"而她认为这是一本很糟的书，很差劲、很差劲。我问她为什么，她说："因为你对父亲的说法——他的慷慨你全都不提，只集中在他对你不好的地方。"我说，"我写的是'我的'经验，不是你的，如果我们的经验不同的话，我倒想听听你的。"其次，虽然我谈到父亲对我多么严厉，但在书的后半我已经跟他和解了，我谈到了他的慷慨，他为我所做的一些事，以及他所展现出的力量。然后她说："你是在哪里说的？"这时我终于明白她根本就没有读这本书，或者没有仔细读，因此我说："你听着，我说过这样这样的事。"然后她说："也许我没仔细读。"我说："你得给我仔细读一遍，这是你欠我的。"在那之后我还没和她谈过。这个妹妹说过一件事，也许是我小妹说的，"我们家里的每个人"——我们是个大家族，也就是叔叔、伯伯、婶婶、伯母、阿姨、堂表兄弟姊妹，等等——"都让这本书给得罪了。"我说："情况并不是这样，他们当中有很多人告诉我说，他们喜欢这本书。"她说："这个嘛，他们是这么告诉我的。"我说："里面有很多不是实话。"

但是，我思考的是更广阔的层次，在中国传统里可能也是这样——我所做的是阿拉伯自传传统中从来没有人做过的事，也就是说，坦率地讨论长辈、双亲等的一些事，因为阿拉伯有个传统，就是双亲都是很神圣化的，母亲总是很慈爱、自我牺牲，而父亲总是像圣人一般，也许很严厉，但终究是个慈爱的人。你知道，我的情况很复杂，并不那么讨好。我认为，那对于许多人来说都会觉得很震惊。那本书以阿拉伯文出版时，读者就认知了这个事实。他们读这本书，然后说，这真是以西方方式写出的第一本现代自传。很多时候……虽然有些用阿拉伯文撰写的著名自传的作者会自我思索，但他们从来没有……对于亲近的家庭、双亲、兄弟姊妹，从来没有像我这样深切的反省，有时甚至是以心理分析的方式来反省。最后，我认为妹妹们之所以觉得不舒服，是因为我说由于双亲，尤其母亲，操控我们的方式，使我们之间产生了隔阂。我认为，就某个意义来说，某种有关家庭的意识形态（an ideology of the family）被我揭露或去神秘化了，他人觉得很难接受。待在我家的那个妹妹就很像这种情况。她的回忆录写的是有关祖母、母亲和她三代的女子，主要是她们的生活方式，以家庭生活为核心，而不是教育，不是克服障碍，不是自我检讨、自我探索。她试着证明传统的变迁是正确的，从一代到另一代的传统变迁是正确的，没有太多的质疑。因此，那和我试着要做的事很不合。

单：那本书的中译者彭淮栋是我推荐给出版社的，他是我在台湾大学研究所硕士班的同学。他就说：其实从回忆录来判断，你的父亲很成功。他说：如果他能把自己的子女教育成像你这么成功的学者，他会高兴极了。

萨：我想是如此。我认为我父亲很成功。但我必须离开父亲。我认为父亲在我 15 岁把我送走时，心里也明白这一点。我当时不愿意离开。但我认为他明白要是我不离开当时的环境——那个环境反正要结束了——也离开母亲的影响，就永远无法像我后来那样的发展。

单：你认为自己那么好的记忆力是来自家族的遗传吗?

萨：是的，我这么认为，但也来自一种非常强烈的音感。我在音乐方面有很完美的记忆力，1 岁的时候就能正确地记住一些曲子。我有一双很敏锐的耳朵，其中许多是有关文字的记忆，人们说了些什么，他们说话的方式。但我也有一种像是快照的记忆（snapshot memory），能精确地看见。由于我早期的观察力的缘故，我知道这些人的穿着如何。我在视觉艺术方面的记忆并不是很好，但我能完全记住你衬衫的花样，我的是那样的记忆。

单：你先前提到，巴勒斯坦人现在的处境甚至更糟。一般说来，人们大多认为当今媒体对巴以双方似乎有比较公允的呈现，不像早先……

萨：不，不，是的，那是不错，那纯粹是因为你看到任何照片时，能够看到以色列人的残暴，但意识不到巴勒斯坦人的叙事（the Palestinian narrative），大多数的人都意识不到。我的意思是说，在美国——因为我不晓得其他地方——美国和欧洲大不相同。在欧洲有一种连续感，有一种叙事感，但在美国则没有，只是一些孤立的照片：巴勒斯坦人在丢掷石块；显然蒙受着苦难的大众，比方说，丧礼或哭泣的母亲。那不是从 1948 年首次的流离失所，到约旦河西岸和加沙走廊遭到占领，一直到现在的完整叙事——整个叙事完全不见了。我在 11 或 12 月时做了一项调查，分析四五家日报 100 篇有关巴勒斯坦人处境的报道，其中 94 篇根本没提到"占领"这个字眼，只有 6 篇提到以色列自 1967 年以来的持续占领。这是个惊人的事实。因此，我认为，对我们来说，对我来说，最难摆脱的就是禁锢，摆脱日常场景中触目可及的、累积的屈辱和苦难——这些来自你试着要去上学、试着要去工作地点、试着要去市场……这在今天几乎是不可能的。我有一位来自约旦河西岸的朋友，她是我的姻亲，是个聪明、美丽、有才智的女子，几乎是向我哭诉。昨天我和她讲了大约 45 分钟的电话，她边说边哭，描述她在日常生活中分分秒秒所承受的煎熬。比方说，不能探视住在同一个城市里的兄弟姊妹，孙子想上学却遭到以色列人拦阻。小孩要去耶路撒冷得换四趟车，一路受到拦阻、盘查，花了五个小时的时间才抵达，而在正常情况下这段路顶多只要十五分钟。以色列人可以为所欲为的那种感受，在报道上完全不见了。那让人深感挫折。

还有，就是不被认知的不公不义（the unacknowledged injustice）。以色列人成功地把自己呈现为受害者。他们其实高高在上，却把自己呈现为爆炸事件、恐怖事件的受害者，而真正的受害者是我们。我们没有军队，我们没有国家，我们没有空军，我们没有国防。他们能像昨天一样长驱直入一座城市，待上几个小时，炸毁两栋房子，然后扬长而去，他们甚至不必走出坦克。你是知道的，我们所有的就只是石块，仅此而已。

再来就是文字的错误呈现——我不是说有关世界的错误呈现，而是两个世界。这种说法谈到的是耶路撒冷那些地方和邻近地区，然而这些都是以色列人霸占的村落，他们在占领之后把这些地方变成耶路撒冷的一部分，诸如此类的事。这真是很糟糕很糟糕的时刻。

而最主要最主要的是，我们有一个完全无能、腐败、没有公信力的领导阶层，这个领导阶层自1993年以来就被美国人和以色列人收编了。现在他们很急切地想要回到游戏规则中，让美国人和以色列人都能接受他们。阿拉法特现在人在中国，希望得到中国的支持，让以色列人归还领土，而如今他的人民有如在地狱中受苦。他今天在中国，昨天在印度，前天在巴基斯坦。我一直说他应该跟他的人民在一起，跟他们一块受苦，而不是像这样游走世界各地，徒劳无功地求人。我们需要的是领导、勇气、才智、持久不断的抵抗。

单：《最后的天空之后：巴勒斯坦众生相》那本书两年前由哥伦比亚大学重印，你还为重印本写了前言。你认为那本书其实就是你努力提供这种叙事、这些照片和影像之后的故事吗？

萨：是的，是的。当然，我在写那本书时还不能去巴勒斯坦。那本书试着平反1983年联合国在日内瓦会议中的照片展，当时我是联合国秘书长的顾问。摩尔拍了许多有关战争的精彩照片，但他们不准我们撰写图说，于是我决定写一本书，就某个意义来说是试着捕捉那些照片。但由于我不能去巴勒斯坦，除了难民和我自己家族的经验之外，全都透过其他人的眼睛，有些书中的人物还是朋友哩。在那之后，1992 年，我就能回去了，此后我定期回去。因此，我很可能写一本完全不同的书，但我很高兴当时写了那一本书。

单：你提到以色列人的情况时，我在想我们能不能做个比拟，也就是跟日本比拟。就某个意义来说，第二次世界大战时日本是受害者，他们也一直把自己呈现为唯一遭到原子弹轰炸的受害者，却不提自己侵略其他的国家……

萨：……在中国。

单：是的，以及随之而来的残暴行径，像是南京大屠杀。

萨：是的，我知道得很清楚。我能了解原子弹的恐怖，就使用原子弹这件事，我绝不会原谅美国人。但至少当时日本是一个国家，能动员强大的力量去对抗其他国家。我并不是说那有什么值得骄傲的，但至少他们办得到，他们有空军，有海军，能从日本的冲绳起飞，前往珍珠港，发动攻击。但我们一无所有。以色列人当然什么都办得到，他们在另一个层面上很像很像日本人。他们当中有许多人从欧洲的反犹太人运动以及纳粹大屠杀中幸存下来，来到巴勒斯坦。但巴勒斯坦人和他们在欧洲所受的苦难毫不相干。而现在我们这个民族却被描述成代表折磨他们的人，其实他们才是整个巴勒斯坦民族现代的加害者，那简直是匪夷所思、颠倒是非。他们能为所欲为，你知道，他们的村庄有三四万人，他们有 F-16 战机、阿帕契直升机、眼镜蛇直升机、坦克和推土机，而巴勒斯坦人什么都没有。我们甚至不是一个国家——日本和以色列都是国家。

单：因此你那个丢石块的行动是愤怒的姿势？[1]

萨：不，甚至连那都称不上。如果我是向某人丢掷石块，那就是愤怒。

[1] 相关的中文报道和析论参阅金韦：《萨义德的"石头"事件》，《当代》162 期（2001 年 2 月），第 4—11 页。

但当时那里根本没有人，称不上是攻击。相反地，其实那只是我和儿子在比赛，他丢石块，我想看看自己能不能丢得跟他一样远。我们当时在以色列边界，另一边没人，底下有许多黎巴嫩人。当时有个摄影师。你是知道的，我自己向来与恐怖主义无关。就是这样。我不知道旁边有人在拍我，当天晚上他就把照片卖给当地报纸，第二天我们就上了以色列报纸的头版。我当时一无所悉。但他们把它当成宣传，暗中对付我，公开打击我，要显示我是一个暴力分子、恐怖分子。想起这件事就令人愤怒，因为即使我是向以色列人丢石块，他们也不在那里——距离最近的以色列人是在半英里外的一个城镇。他们在另一边，我在这一边。两相比较，我是比较容易受到伤害的一方。

单：你有没有被那种报道困扰？

萨：噢，深受其扰！最近我接受一家报纸访问，记不得是德国报纸还是意大利报纸，他们只要有机会就还在使用那张照片。[1] 是的，当然，那很粗暴，很……你知道，简直就是一种凌虐。我没有报纸，回应无门。对这件事我几乎是束手无策。

单：全世界有很多人认为你是个很重要的人物。你如何看待自己？或者说，你认为自己身为公共知识分子的角色如何？

萨：我试着不去想那回事。我是说，我不能处理那回事。我太忙于试着回应眼前的情况，试着开启一些讨论，问问题，描述事件，积极介入某些发展中的脉络。思考我自己的事——那太抬举自己，也太累了。我“总是”很讶异人们那么看待我，因为我从来不把自己当成要人、名人或什么的。我太接近……地面了。我累了，精疲力竭。

单：你现在的健康情况如何？

萨：这个嘛，令人沮丧。我的健康情况，你知道，我的胃还是有问题。去年我进行了一些治疗，其中有些很艰苦，但并没有真正达到任何

[1] 台湾一家报纸在报道萨义德去世的消息时依然使用这张照片。

效果，病情慢慢扩散，而束手无策。昨天我还在医院治疗免疫系统和其他方面的疾病。我有些轻微的感染，长期的病征，胃的毛病没完没了。大部分时间我都觉得很虚弱，没有太多气力。这都是由于这个疾病。医生似乎认为已经无能为力了。目前研发出来的疗法会比我接受的疗法更折磨人，他认为我应该等新的疗法发展出来。我知道我的病情在恶化，但没有选择的余地。我不愿接受一些会使我觉得更糟的治疗，因为我要继续生活、旅行、教书。

单：你目前有什么计划——因为你提过要写两三篇有关东方主义的文章?

萨：我答应了一些事情。明年春天我要出两本书，所以我真的必须结束它们。就某个意义来说，这两本书已经写完了，一本是我去年在哥伦比亚大学有关人文主义的系列演讲，我得把那个交给出版社，这件事早该在一年前就完成的。1997 年我在英国剑桥发表了燕卜逊讲座，基本上得撰写绪论和结论。还有一本跟别人讨论音乐的书。然后就是我从 80 年代就开始的大计划，讨论有关晚期风格的书。这本书在缓慢进行中，我想要完成它。还有其他成千的工作，像是有关巴勒斯坦的考古，这很有趣，有很多新材料——考古学的政治（politics of archeology）、地理、领域的再现（representation of the territory）。我还要多写一些与音乐有关的东西。我刚完成一篇讨论巴赫的长文，刊登在《伦敦书评》(*London Review of Books*)，[1] 我该给你一份的。我一直想写一本有关巴赫和贝多芬的书，他们是两种对立的风格、曲式、表演。最后，我想要讨论康拉德，写一本回顾康拉德的书。你是知道的，我第一本书就是讨论康拉德。[2]

单：是的，1966 年出版。

---

[1] 即"Cosmic Ambition"，*London Review of Books* 23.14（19 July 2001）: 11–14，网络版见于 <http://www.lrb.co.uk/v23/n14/said01_.html >。

[2] 萨义德与巴伦博伊姆的对话录《并行与吊诡：音乐与社会之探索》于 2002 年出版，也就是此段所说的"跟别人讨论音乐的书"。有关歌剧的燕卜逊讲座则未出版。2003 年出版的《弗洛伊德与非欧裔》和《文化与抵抗：萨义德对话录》，本段并未提及。至于本段提及的哥伦比亚大学系列演讲，萨义德于生前定稿，逝世次年出版，名为《人文主义与民主批评》。《论晚期风格：反常合道的音乐与文学》则由别人根据他的遗稿整理出版。

萨：1966年，是的。你知道，我已经写了一篇讨论他的文章，但是我计划下学期教一门有关康拉德的课，试着作些修订，重新思考，写一本书。

单：整门课都是有关康拉德？

萨：是的，康拉德和他的政治、文化效应，在刚果发生的事情，第三世界革命，民族主义和据点，康拉德和亚洲……也许有些作家，像是奈保尔，和其他艺术家会对我的课程感兴趣……所以，要做的事情可多着呢！此外，我开始写一部长篇小说。

单：一部长篇小说？

萨：是的，有关背叛的主题，是有关童年的三个插曲。那就像是三个……像是三联画（triptych），三个彼此相连的爱与背叛的故事。

单：这是你的第一部长篇小说？

萨：这个嘛，是的，但我从未写出来。

单：背景是学术界还是政治界？

萨：都不是，是有关家里的事和其他的事。

单：有没有任何出版社答应出这本书？

萨：不，我还没跟任何出版社提起这件事。我确定有人愿意出书。我的经纪人一直告诉我说，你只要给我10页，我就会帮你弄到巨额的订金。

知识分子的立场：与张大春谈萨义德

2001年10月3日News 98电台《张大春泡新闻》

张大春（以下简称“张”）：单教授好。今天台湾《“中国时报”》刊出了原载于英国《观察家》萨义德所写的对“9·11”恐怖攻击行动的看法。我们知道你访问过他几次，而且最近还见过面。

单德兴（以下简称“单”）：是的，8月下旬。

张：能不能谈谈这次你跟他见面主要的谈论内容？

单：其实这次距离我上次见到他已经将近三年半了。这段时间他出了三本书，其中有两本是他从前作品的结集。我八月下旬访问他，主要是想谈谈他最近的作品——也就是从他的回忆录《乡关何处》中译本出版之后的三本书——不过在访问那段期间，巴以关系又趋紧张。

张：流血冲突非常密集。

单：是的，每天双方都有伤亡，所以他提到那些情况。他觉得以色列跟巴勒斯坦的关系非常糟，而且对中东和平的前景非常悲观。

张：你曾经替《乡关何处》中译本写了一篇导读。在导读里面，你提到他的整个学思历程及其一贯观点，有几个特别的主题，其中一个就是“开始”（beginings）。这也是他最早一本书的标题吧？

单：第二本。

张：第二本。除了《开始》那本书，还有一个观念，就是“再现”；第三个主要观念是“exile”（“流亡”、“放逐”）。先从“开始”这个观念来看。我们都知道俗语里面的“开始”，就是一切事物的起始，可是萨义德好像有不同的看法，而且这个所谓的“beginnings”

和“origin”（源始）对立，似乎是他整个主轴思想里面很重要的一部分，尤其是在1967年中东战争之后，他认为他的人生有一个转捩点，这个转捩点使得“beginnings”的意义更为强烈。你可不可以就这一部分向我们作个介绍。

单：是的。《开始》这本书是他在文学与文化理论方面比较宏大的著作，于1975年出版。就像你刚刚提到的，书中很深刻地探讨“beginnings”。要留意他用的是复数形的“开始”和单数形的“源始”。他认为“beginnings”和“origin”是相对的观念，“origin”是单一的、绝对的、神圣的……

张：……而且是天然的、自然的。

单：是的。相对而言，“beginnings”就是世俗的或人为的，可以不断重新检验。比方说现在有一件事情，我们很可能会试着把它追溯到从前，但这个追溯本身到底是真的追溯到它的本源、源始呢？还是说因为当前特定时空下的需要，而去塑造出一个开始？所以萨义德是用复数的形态。

张：我之所以会从这个问题来展开，其实跟“9·11”事件有关。因为从“9·11”开始——我们又在说“开始”这个词了——从“9·11”以后，如果要去追究这个事件谁的责任比较大，同情美国的人会说是恐怖分子、阿拉伯或者是伊斯兰教。从这个角度去谈，可能对伊斯兰教徒或阿拉伯世界是不公平的。可是，反过来说，如果你讨厌美国，也可以说：这一切都是由于美国的傲慢。那么“beginnings”就会有种种不同的，或者基于现实要求，或者基于意识形态等等而产生的解释。可是如果从两方面来看这个单一事件，你觉得萨义德在“9·11”事件之后，有那么长一段时间没有发言，而到了差不多过了半个多月才写出这样一篇文章来，是不是他其实有一些焦虑，甚至有一些矛盾？

单：虽然说我们今天才看到这篇文章的中译，其实它的英文版很早就……应该是9月15日就登出来了，也就是在事件之后第四天，他就有所反应。虽然算得上是立即的反应，但也可以看出，由于他长期的关注，他特定的发言位置，再加上他这些年来的学术、文化、政治三者交织在一块，而且在哥伦比亚大学教书几十年，待在纽约的时间超过待在中东故乡的时间，因此他其实就是一个纽约客……所以他是从这个非常复杂、矛盾的角色，写出这篇文章作为回应。

张：是。他这篇文章里有几个重点，其中一部分就是对于西方所塑造的东方，也就是伊斯兰教和《东方主义》……你能不能为我们介绍一下《东方主义》所描述的东方？尤其在你跟他的第一次访谈里面也提到了：为什么日本、韩国、中国这些真正的极东方，不在《东方主义》的范围之内？或者不在他的讨论之内？《东方主义》的实质内容是什么？是不是所谓的东方，或者东方的现实，其实是西方所塑造出来的？

单：这个问题很有意思，而且你表达的方式也很有意思：你在说“所谓的东方”时，一方面用“东方”这个词，另一方面又觉得“东方”这个词固然有它方便的地方，也有不足或不妥的地方，所以会用上“所谓的”加以修饰。他这篇文章虽然短，但是再次回到这个主题。而且这篇文章的英文题目就特别指出“西方”和“伊斯兰”这类标签根本是很不足的，他认为用这种对立的方式来看彼此之间纵横纠葛、错综复杂的关系，是极为简化的。

回到你刚刚提到的东方。他在《东方主义》(大陆译为《东方学》)里面提到，这主要可以用三个方式来了解：一是西方学者在学术研究中所呈现的东方；二是西方怎么来看待、思考东方的这种思维方式；三是东西之间那种非常复杂的关系，包括以往的历史因素或帝国主义等，这些涉及权力关系与权力结构。所以，《东方主义》一书基本上涉及这三方面。

你提到一个更有趣的问题就是他的东方。其实《东方主义》谈的主要是中东或伊斯兰、阿拉伯世界，并不是我们心目中的东方。所以我在第一次跟他访谈时就直接问到这个问题，他也特别说明那本书经常遭到误读，其实他反对本质论式的东方或者把东方加以本质化，因为东方其实是由不同的人在不同的时空之下依不同的需求而建构出来的。

张："东方"这个字眼其实就意味着从欧洲中心来看亚洲世界。

单：确实。尤其是一些字眼，包括"近东"、"中东"、"远东"，都是以西方为中心，从距离它的远近来命名。

张：另外，收录在《知识分子论》中译本里面的还有一篇埃德蒙森所做的访谈。萨义德在当中提到了一个问题，就是他对于"中心"……这个"中心"其实很有意思，比方说法国中心……好像萨义德一向反对任何形式的中心，也就是说"centricity"（中心）跟"eccentricity"（怪异）正好相反，而通常不在中心位置的就被视为怪异的：由于伊斯兰世界不在中心，所以就被视为妖魔。

在《知识分子论》里面，萨义德也不断提到所谓的知识分子应该采取什么样的角度。他是站在一个批判的角度，也就是边陲的、永远不在中心的。那么，以你对他的理解，你觉得在台湾现今这个政治纷乱的时代，知识分子，尤其台湾的知识分子，应该用什么样的角度来看这本书？是不是也要把自己当成一个边陲的游牧者，永远在对抗中心的巨大势力？

单：对，你这问题真的很有意思，而且牵涉到台湾的现况。我当初之所以想翻译这本书，也是想看看学者可不可能以哪一种方式来产生哪一种影响。比方说，《知识分子论》里面特别提到，在当今这个社会，知识分子如果想发挥影响力的话，已经很难像以往那样离群索居，而必须跟群众结合。但是在跟群众结合的时候，你到底是以哪种方式？会不会为了达到某种目的而牺牲自己的原则？其实，近来在台湾我们也可以看到，有时候当学者是一种情况，一旦要出来竞选或者有什么特定目的时，讲话就开始走样了。如果说为了一点眼前的目标或利益，立场就会转移或动摇的话，在其他方面很难让人寄予很高的期望。

张：是的。我们现在要休息一下，稍待片刻再和单教授继续连线谈谈萨义德以及知识分子的角色和位置。我们保留这个问题，先来思索一下，知识分子究竟有一个长远的价值吗？

【中场休息】

张：“News98 张大春泡新闻”。在今天星期三的主题馆里，线上请来“中研院”欧美所的研究员单德兴教授跟我们谈萨义德，顺便介绍两本书。一本是由彭淮栋翻译的《乡关何处》。从“Out of Place”这个书名就可以看出，萨义德所站立的位置，“在地方之外”，很难翻译。但是如果细心品味这三个简单的字，我们就会知道，萨义德本身那种到处是异乡的孤独，以及他从孤独里面所体认出来对世事的反省。这是萨义德的一本回忆录。另外一本也是非常重要的书，在过去这几年里，我相信很多大学生都在读，这本书其实非常好读，也就是萨义德的《知识分子论》，翻译者就是我们线上的单德兴教授。

单教授，刚才我提到《乡关何处》这本书里面，萨义德曾经这样描述纽约：他刚到纽约的时候，他说纽约的巨大、高耸而无声且不知道名字的大楼，把一个初来的陌生人化约成一粒微不足道的原子，而“我不禁怀疑起置身其中的自己究竟有何意义？我完全没有丝毫重要性的存在，给了我有生以来第一次解放感，这个解放感虽然怪异，但总算也有片刻。”这段话非常有意思，好像所谓的“解放”就是因为你不再重要，或者说，你不再感觉自己的重要，甚至于相对地你觉得自己完全微不足道，这似乎是最极致的解放。但是这个解放的怪异，萨义德从来没有说明白过。为什么他没有说明白？他既然解放，而且解放恐怕是一个左派知识分子非常重要的自觉和目的，但是这个解放却使人更微不足道，甚至有点自我异化的一个功能或感受。能不能请单教授来为我们谈一下这些？

单：你刚刚提到他到纽约时解放的感觉，不少听众朋友也到过纽约。你到一个异地，在那边感到 “out of place”，因此在地理上你觉得自己离开了原乡，在心理上你也会觉得摆脱了原乡中的一些束缚、牵挂、想法，等等。所以在那种情况下，第一个所谓的 “out of place” 可能就是在地理上和心理上的感觉。除了这个陌生感，另一个大概是由于纽约高楼林立，旁边都是陌生人，自己在高楼之下显得那么渺小，所以相对地个人的自我感觉也会跟着缩小，好像别人都跟你无关。当然，这些只是我个人的诠释。

张：其实在萨义德这本书里面，尤其是描述他初到纽约这一段，我在“9·11”之后重读，会有一种更加恐怖的感觉，因为全世界的人在面对纽约的大楼时恐怕都会有这种 “out of place” 的寂寞感。换言之，不攻击它又攻击谁呢？从另一个角度来看，这种恐怖如果存在于每个人的内心，那么萨义德在这次恐怖事件中，虽然他振振有词，仍在说西方塑造了很多有关东方的不正确的形象，可是他怎么去解释世界总有一个超级强权，或者总有一个沉睡的巨人，或者总有一个摧毁不了的目标？以你和他个人的交情和对他的理解来看，你是否觉得，不管这次美国是输或赢，是蒙羞或光荣，萨义德的焦虑恐怕都不会消失了。

单：对。我想他在文章中还提到很重要的一点就是：在过去或现今，美国从来没有很认真地正视自己的位置、自己在世界的处境，以及世界各地发生的一些情况。这点当然也包括了萨义德很推崇的另一个美国公共知识分子乔姆斯基在这次“9·11”事件之后的一些反省。他们这些反省，一方面是针对恐怖事件本身加以谴责，另一方面也是对美国社会提出诤言：美国必须了解自己的情况与位置。还有更重要的是，今天美国是个强权国家，尤其在世界各地具有那么大的影响力，更应该去了解异文化。那么大的强权的任何作为，对世界的影响都是很大的。所以萨义德在反省“9·11”事件的文章里面，尤其结尾的时候，提到需要耐心与教育，因为这确实就像你开头所讲到的，历史中的各项因素彼此牵连，万一真的这样不断冤冤相报的话，只会是一个本·拉登……

张：一个？

单：……只会是一个本·拉登消失之后，还会出现更多个本·拉登。

张：……还有其他的本·拉登前仆后继。不过，另一方面就是说……我们回到巴勒斯坦这个问题来看。萨义德和阿拉法特的决裂，其实恐怕也包含了更复杂的一个问题，也就是说，难道知识分子的宿命就是必须依附于拥有权力或者获得世俗声名的人，否则彼此的立场就一定会不一样？

单：这个问题真的很难回答。不过纯粹就萨义德与阿拉法特的关系，我们可以说，在他认为能够合作的情况下，在不背叛自己的原则和认定下，他会很积极投入。其实萨义德很早就主张巴勒斯坦与以色列和平共存，但当他看到阿拉法特在奥斯陆协议中，急着为了和平协议而弃巴勒斯坦人的权益于不顾时，就跟他割袍断义，而且不断严词批评，结果连他的书都被阿拉法特禁掉了。

张：是。单教授，我们今天时间不多了，非常感谢你的连线。刚刚单教授最后提醒我们，非常重要的，而也是萨义德的一个态度：割袍断义为的是什么？知识分子必定有所坚持，这个坚持就是批判的立场——批判、再批判、再批判。

理论的旅行：单德兴访谈录*

张泉

张泉（以下简称“张”）：萨义德深受艾略特、福柯、葛兰西、R. 威廉斯、法农等人的影响，而肯尼迪在其著作《认识萨依德：一个批判的导论》[1]（Valerie Kennedy, *Edward Said: A Critical Introduction*）中却认为，他们在萨义德心中始终是矛盾地存在着，他们对萨义德学术产生过积极的影响，也导致了萨义德学术生涯的多处裂痕，这是萨义德的遗憾所在。你如何看待这一观点？

单德兴（以下简称“单”）：的确，萨义德深受这些人影响。以他的学养背景来说，对艾略特耳熟能详，也曾亲炙文化研究大师 R. 威廉斯，而《东方主义》等作品明显受到福柯有关权力、知识与再现这些观念的影响，甚至萨义德本人也承认，要是没有福柯的话，《东方主义》那本书会很不一样。尽管萨义德深受这些人影响，却也能看出他们的缺憾，予以批判，并加以修正，他引用葛兰西和法农等人来济福柯之不足便是一例。由此可见，他既深受这些人的影响，又进行批判性的继承和创造性的转化。至于说这造成了萨义德学术生涯的多处裂痕，而成为遗憾之所在，这种评断可能见仁见智。因为萨义德原本就无心建立体系，甚至可以说是相当反体系的，这种看法屡屡见于他的言论，甚至他对“理论家”一词也避之唯恐不及。我在访问时称他为“theorist”，他急忙否认。所以我认为所谓的“多处裂痕”与其说是他的“遗憾”，不如说

* 本文是 2008 年 8 月电子邮件访谈，其精简版刊登于上海《生活》月刊，34 期（2008 年 9 月），第 36—39 页。

[1] 简体字版易名为《萨义德》（李自修译；南京：江苏人民出版社，2006）。

是“特色”，因为他多次明言自己无心于建立体系。

张：萨义德曾经总结自己学术生涯的四个时期：文学研究时期、“理论期”、“政治期”和“又更常回到美学”。从你的角度而言，又会怎样为他的一生分期？另外，他的这些转变与“业余者”的身份有无关系？

单：这四个时期是萨义德1997年首次接受我访问时提到的。我之所以会问他这个问题，是因为一方面觉得很难对他的学术生涯分期，另一方面希望听到他本人的说法，而他也给了一个相当明确的回答。这是他1997年的说法，当时已接近他生命的终点（他于2003年病逝），而且针对的是自己的“学术生涯”。如果稍微转化他晚年所感兴趣的“late style”（“晚期风格”）这个主题，我们可以说这回答呈现了他在“late stage”（“晚期阶段”）的一些看法。真没想到你会拿类似的问题来问我。

其实，任何分期都是武断的，难免予人“抽刀断水水更流”之叹。但如果要将萨义德的“一生”分期的话，我大致会分为以下几个时期。第一个时期就是他的童年和青少年岁月，基本上是在殖民教育下长大，既接受当时可能享有的最菁英式的教育，却也备受歧视与压迫。第二个时期主要是从大学到研究所，包括初到哥伦比亚大学任教的那几年，这段期间他专注于学术，在专业领域内打下了良好的根基。第三个时期是1967年中东战争之后，他于多次访谈中提到，在那之前学术与政治对他来说是分立的，但在那之后他将两者结合，也就是把以往所接受的西方菁英教育结合他的政治立场与见解。在政治上积极介入巴勒斯坦民族解放运动，成为美国著名的公共知识分子；在学术上写出一部部扎实的作品，其中尤其是以《东方主义》奠定他的国际学术地位，而这也是世人所认识的萨义德之主要面貌。下一个时期就是他发现自己罹患慢性淋巴性白血病（俗称“血癌”）之后，虽然依然从事于教学、研究以及与文化相关的工作，但逐渐淡出政治活动，以往在学术上积极冲刺、在政治上主动介入的他，逐渐放慢脚步，并开始回顾自己的生平，不仅学术著作一本接一本出版，而且写出回忆录《乡关何处》，为自己已逝的青春岁月及当时世界留下记录。

最后，我不知道该不该分这一期，也就是所谓的“晚期”，其实我认为称作“和平期”应该更恰当。萨义德一向关切中东和平，本身音乐造诣精深，曾钻研钢琴演奏，经常撰写乐评，他于1999年借着纪念德国文豪歌德250周年诞辰的时机，与犹太裔钢琴家暨指挥家巴伦博伊姆成立了东西合集工作坊（典出歌德的《东西合集》），邀请以色列和阿拉伯的年轻音乐家齐聚一堂，透过音乐与对话，让以往误会，甚至敌视的双方能够接触、沟通、了解，以期建立互信互谅，进而促进和平。萨义德与巴伦博伊姆有关音乐的对谈《并行与吊诡》于2002年出版。萨义德过世之后，巴伦博伊姆在此书的再版序言中特别提到，该工作坊（后来成为东西合集管弦乐团）是萨义德晚年自认最重要的志业。由此可见他试图透过艺术消弭敌对、促进和平的努力，那也就是为什么我特别要单独列出“和平期”的原因。以上是我综观萨义德一生所尝试的分期。

至于这些转变跟“业余者”的身份有没有关系，首先我们要了解萨义德本人对“业余性”的定义。他在《知识分子论》中指出：“所谓的业余性（amateurism）就是，不为利益或奖赏所动，只为了喜爱和不可抹煞的兴趣，而这些喜爱与兴趣在于更远大的景象、越过界线和障碍、拒绝被某个专长所束缚、不顾一个行业的限制而喜好众多的观念和价值。”依照这个定义，那么他在大学就读期间，接受一些出身茱莉亚音乐学院的教师指导钢琴演奏，已经具备了“业余者”的特色。后三期更与“业余者”的身份密切相关，像是他不故步自封，囿限于自己的文学专业，而涉足政治，成为巴勒斯坦人在西方最重要的代言人，也成就了他的公共知识分子的角色；不自限于文学批评家的角色而撰写乐评；透过音乐与对话来促进和解与和平。这些都是“业余者”的实例，非但没有减损他的专业，反而相得益彰，展现出他作为人文学者、人道主义者的才华、胸襟与风范。

除了纵向的分期之外，我们也可以用横向的方式来观察他所扮演的各种角色，像是大学教授、文学学者、文化批评家、乐评家、政论家、巴勒斯坦民族在西方的代言人、公共知识分子、和平分子，等等，这样会更容易看出萨义德在专业之外的“业余者”的表现。

张：20世纪80年代和90年代，美国和中国学术界相继掀起萨义德学术热潮。原因何在？在西方和中国各有什么不同吗？

单：西方之所以会掀起萨义德学术热潮，印证了所谓的“物极必反”。西方学术界以往一向以欧美中心的观点来看待事情，在许多方面可谓已经发展到了极致，萨义德适时提出了另一种批判的立场与观点，来挑战西方宰制的知识体系。而且就是由于萨义德本人的背景以及所接受的教育，使得他不但熟知西方的体系及思维模式——他在人文与音乐方面的造诣，超过绝大多数的西方人——而且洞悉其中的缺憾与偏见，因而能提出强有力的批判与挑战，撼动长期宰制的西方知识体系。

大陆的萨义德学术热潮，除了学术发展本身的逻辑之外，也与百年来受到西方压迫、想与之抗衡的心理有关，像是有段时期《中国可以说不》这类作品大行其道，正反映了这种心态。但我们也看到“萨义德是反西方的急先锋”这类描述，这其实是对他的过度简化，因为他所钻研的文学和音乐中，大部分为西方经典之作，随着他的多部作品陆续译介入中文世界，必定可以对他有更周全、公允的看法。

台湾的萨义德热是从学术界开始，尤其是开风气之先的外文学科，而外文学科则又紧随西方的学术主流——当时是弱势论述与后殖民论述——把这些论述应用于文学批评与文化研究，然后逐渐扩展到其他学科，像是教育学与政治学。如果套用萨义德有关“理论之旅行”的说法——理论旅行、流传到另一个地方时，会因当地的各种条件而产生不同的转化——那么大陆与台湾的萨义德现象正好印证了这种说法。

张：萨义德强调“公共记忆”的建构，号召知识分子去召唤被人们忘却或忽视了的东西，并指出其目的在于“共享”。雅各布斯在《集体失忆的黑暗年代》(Jane Jacobs，*Dark Age Ahead*) 一书中有类似的论证，尽管研究领域不同，但两者之间似乎有相通之处。在西方学术界，这是否是一种共识?

单：我认为你的看法很中肯，两者之间的确有相通之处。其实，我认为这种见解并不限于西方，而是知识分子的普世作用：以知识来对抗权力，以记忆来对抗失忆，以铭刻来对抗抹煞，以批判来对抗宰制。知识分子的重要角色就在于此。

我曾就《知识分子论》的重要论点和萨义德本人的多年言行，归纳出几个环环相扣的特征，摘述于下。

(一) 知识的基础：既然名为“知识分子”，就必须以知识为基础，与时俱进，创造与传播新知。我们虽然不奢求国人中出现像萨义德这般的大师，在国际的学术及政治两方面都能产生巨大的影响，但至少要维持对知识的敬谨态度。

(二) 人道的精神：知识固然重要，但是应用的层面、时机、环境以及效应等的评估，往往更为重要，否则知识的发展与创新可能尚未使人蒙受其利，反而先饱受其害。因此，普世的人道价值必须坚持，否则知识可能沦为党同伐异或随波逐流，只见其小其偏，遑论可大可久。

(三) 开阔的视野：有了渊博的知识与普世的价值，自然不易陷于一时一地或一党一派的褊狭之见。萨义德时时以流亡者自居，出入于不同文化之间。这种处境固然产生了漂泊离散、格格不入之感，但也培育出丰饶、繁复的面向。他甚至以流亡者为隐喻，说明知识分子应处于权力核心之外，以多重视野的觉知，对权势说真话。

(四) 批判的态度：若以人道精神为基础，以知识为利器，保持实事求是的作风，就会质疑权威与传统。因此，萨义德在初次接受我访谈时，开宗明义指出：“我一向觉得知识分子扮演的应该是质疑，而不是顾问的角色，对权威与传统应该存疑，甚至以怀疑的眼光看待。”

（五）独立的立场：批判的态度来自独立的立场，在博学、审问、慎思、明辨之后，表现于一士谔谔的风骨，宁可冒天下之大不韪，而不为吾心之所不安。不但独立于党派、民族之外，主张批评先于团结（也就是萨义德所说的 “criticism before solidarity”），也时时反躬自省，独立于自我的旧思维、旧情感之外。

（六）说服的艺术：如何宣扬自己的理念，并且让他人接受，就得仰赖说服的艺术，弱势者尤其如此。萨义德曾说，知识分子要“知道如何善用语言，知道何时以语言介入”，以适时的语言利器、有效的诉求，来达到说服的效果。他以自己熟知的民主政治的理念，长年向西方世界强力诉求巴勒斯坦民族解放，发挥滴水穿石的效应，由晚近欧美主流媒体对巴勒斯坦人形象的逐渐改观便可看出。

（七）长远的耐心：当今之世，强者纵然可以力服人于一时，但无法服人于长久，反而可能种下未来的祸根；处于劣势者既难以力服人（采取等而下之的暴力恐怖手段只会使情况更加恶化），就得以理服人。萨义德曾区分直接的政治与迂缓的政治：前者指的是知识分子以直接的言行来介入，希望产生立竿见影的效果；后者指的是从事于反省、沉思的工作，以发挥潜移默化的作用。对于积弊已深、盘根错节的问题，更须从历史与文化的层面，剀切地反省与沉思。因此，萨义德的政论固然是在进行直接的政治，但影响更深远的则是在学术上的创见与论述，从思想的层面根本地改变世人的观念。后者所花的时间虽长，但正如萨义德在剖析“9·11”事件的专文结论时所指出的：必须透过耐心与教育，才可能化解多年的误解与仇恨。[1]

张：研究萨义德和与他交往的过程中，哪个细节最打动你？他作为公共知识分子的责任？他的博学？他杰出的分析能力？还是其他？

单：当然，他的博学、分析能力、口才、公共知识分子的角色，都令人

---

[1] 详见《弘毅的知识分子——萨依德》，原刊于 2002 年 2 月 21 日《Taiwan News 财政经总合周刊》，收入笔者《边缘与中心》（台北：立绪，2007），第 90—96 页。

印象深刻。虽然我只跟他见过三次面，却跟一般的见面不同，而是单独进行了三次专访。当然，在初次访谈之前，已经阅读他的作品多年，《知识分子论》的译稿也已交给出版社，因此不只对他向往、神交已久，还实际阅读、翻译了他的作品，并将他的见解应用于自己的研究与教学之中。换句话说，我是以同行和译者的身份与他见面、访谈，这是比较特殊的地方。三次访谈的经过我都在访谈发表时特别撰写前言交代，访谈录本身也用最客观的一问一答的方式呈现，包括当时的一些细节，像是第三次访谈时，他因为我咳嗽而捻熄了手中的雪茄，表现出善体人意的一面。综合说来，身为访谈者的我对萨义德印象最深刻的，就是他回答问题时的专注与坦诚，每当我提问时，他都很专注地看着我，经过思考后坦诚回答、毫不回避，而且条理清晰、用字精确，真可说是出口成章，所以我那些访谈录几乎是录音带内容的逐字记录，没什么修改。

现在我已年逾五十，据说应该"知天命"了——不过我对这一点存疑——回想起萨义德，让我感触最深的其实不是他身为杰出学者的一面，而是身为"人"的一面，尤其是在罹患恶疾之后，面对不久于人世的这种威胁感，所展现出的坚忍与毅力，一方面积极接受最先进的医学治疗，但也不愿因为疾病与治疗而影响到日常生活，如教学、研究、出版、演讲、旅行、听音乐、写乐评、从事和平计划等，甚至在死亡的阴影笼罩下开始回首前尘，撰写回忆录，把已逝的中东世界用文字铭刻下来，广为流传，对抗失忆与抹煞。在我看来，这是他在学术之外的另一项重大贡献。当初看过他书稿的一些朋友——其中有些是一流的批评家——认为《乡关何处》是他最好的一本书，而这本巨著是他在罹患重病之后用笔一字一字写下来的！

张：你第一次访问萨义德时，他说你的访谈让他学习到以往从未思考过的角度与事情。访谈录是你的学术研究中非常重要的部分，你曾对许多著名学者、作家进行访谈，成为论文的重要组成部分。访谈这种形式对你的学术研究有什么意义？你又是如何找到这条路的？

单：的确，访谈是我研究中很重要的部分，不少人认为是我的研究特色之一，台湾的外文学界中，我很可能是访谈做得最多的学者。对我个人来说，访谈可达到“读书”、“知人”、“论世”的效果，日后再看这些作家或学者的作品时，不再只是白纸黑字的叙述、分析、诠释或抽象的理论，而是有个活生生的人物和世界在那里。这些年来接受我访问而且发表访谈录的作家和学者有：王文兴（两次）、黄玉雪（Jade Snow Wong）、汤亭亭（Maxine Hong Kingston，两次）、任璧莲（Gish Jen）、林永得（Wing Tek Lum）、麦礼谦（Him Mark Lai）、张敬珏（King-Kok Cheung）、埃利奥特（Emory Elliott）、伯科维奇（Sacvan Bercovitch）、克鲁帕特（Arnold Krupat）、米勒（J. Hillis Miller，两次）、伊瑟尔（Wolfgang Iser，两次）、柯理格（Murray Krieger）、萨义德（三次）、梁志英（Russell Leong）、劳特（Paul Lauter）、山下凯伦（Karen Tei Yamashita）、高木罗讷（Ronald Takaki）、黄秀玲（Sau-ling Cynthia Wong）、哈金（Ha Jin）。我于2001年出版过一本访谈专书《对话与交流：当代中外作家、批评家访谈录》，计划明年再出一本有关亚美文学与文化研究的访谈集。[1]

我的访谈基本上都和当时的研究主题相关，两者相辅相成，有些访谈的价值可能还超过后来写出来的论文。我初次访谈是在1983年，对象是我在台湾大学的老师，小说家王文兴教授。当时我就读台大外文研究所博士班三年级，要在国际会议上发表论文讨论他的作品，于是与他进行深度访谈，前后两次，每次都带着一大沓小卡片，每张卡片上面写着要请教他的一个问题。我之所以会这么做，是因为先前翻译、出版过《巴黎评论》（*Paris Review*）的访谈录。《巴黎评论》的作家、艺术家专访可说是篇篇精彩，在欧美世界很具权威性。我曾精挑选译十多篇，包括诺贝尔文学奖得主海明威、福克纳等人的访问结集出版（这本书后来在大陆有部分的翻版，也有

[1] 即《与智者为伍：亚美文学与文化名家访谈录》（台北：允晨，2009）。

访谈书收录其中的一两篇，但若能正式出版会是好事一桩）。在翻译过《巴黎评论》的访谈录之后，自然知道什么是一流的访谈，自己进行访谈时就取法乎上，以《巴黎评论》为标准，至于能否达到则有待读者评断。有趣的是，有位老师曾当面跟我说：他所认识的我个性应该满内向的，怎么会去访问那么多人，其中不少是国际知名的作家与学者。我想很可能是我比较没有面子上的顾虑，不担心遭到拒绝，觉得有研究需要就仔细做功课，与对方联络，试着提出中肯的问题请教对方；而他们也能从我的态度和提问中看出诚意和认真，愿意回答我的问题，还与不少人因此建立起长年的交情。

访谈是一种很特殊、很迷人的“文类”(genre) 或“次文类”(sub-genre)，由于我实际从事访谈，其中对于外籍人士（包括萨义德在内）的访谈还涉及把全部内容翻译出来，于中文世界发表，所以知道这里面其实有很大的运作空间。我对这个文类一直很着迷，所以访谈集要出版时，我正在文化研究发源地英国伯明翰大学从事一年的研究，特地搜集了一些资料，把这些年来的访谈经验，综合相关的理论与看法，用心写了一篇 25 页的绪论《再现的艺术、政治与伦理》，深入探讨萦绕心头多年的问题。[1] 访谈必须有一定的文采和组织，否则“言之不文，行之不远”，所以涉及艺术。访谈又涉及访谈者与受访者之间的权力关系，其中有合作、妥协、角力甚或针锋相对，因此又与政治有关。而在再现访谈时，尤其是再现那些无法阅读你中文访谈录的外籍人士时，你就是他们在中文世界的再现者或代言人，有责任忠实地呈现对方的看法，而不是把自己的想法、说法硬扣到他们头上、猛塞进他们嘴里，所以又涉及伦理。

其实，访谈和翻译一样，有很大的运作空间。一般人认为在翻译时，作者在上、译者在下，作者主动、译者被动，作者是主、译者是客，甚至作者是主、译者是奴。但就实际运作的情况而言，可

[1] 参阅《对话与交流：当代中外作家、批评家访谈录》(台北：麦田，2001)，第 13—37 页。

能正好相反。2008 年 6 月我在英国曼彻斯特一个有关翻译研究的国际会议中宣读的论文，就以“译者做主”（“the translator as host”，脱胎自米勒的“批评家做主”的观点 [J. Hillis Miller，“the critic as host”]）来挑战这种成见。[1] 换句话说，在访谈中，虽然访谈者表面上是求教者，实际上却是由他“做主”，发问，引导访谈的方向，甚至带领受访者思考、探索他原先没想到的一些事，就像我现在接受你访谈一样。

张：萨义德对你的评价是，“博学之友，杰出译者，同志”（“Learned friend，remarkable translator，comrade”）。这充分体现出他对你的两方面工作的赞赏，其一是学术研究，其二是翻译。你曾在《翻译与脉络》一书中讨论过世俗对译者的偏见，以及译者的角色与意义。那么，你是如何寻求两方面的平衡，如何使之相互为用？

单：这几个字是 2001 年《权力、政治与文化》英文版刚问世，我请他签名时他的题词，颇有溢美之处。以“博学之友”为例，萨义德虽然通晓多种语文，却不懂中文，无法阅读我的中文著述（虽然我也有一些英文论文在国内外发表），但他看过我的履历，以他多年的研究与教学经验，可以从我的提问判断出我的程度及关切的议题。记得第一次与他访谈之后，当时跟他同在哥伦比亚大学任教的王德威教授后来告诉我，萨义德对我的访谈印象很深刻，觉得是读遍了他的书之后消化、综合所提出的问题。我想那也是为什么他在接受我访谈时，没有因为当时健康状况不佳就轻易把我打发，反而认真地回答了我所有的问题。

至于“杰出译者”，其实他也无从由我的中译本判断，但我与他第二次见面时提供了《知识分子论》1997 年在台湾出版后的回响，尤其是获得该年台湾《“中国时报”》的开卷十大好书奖和台湾《联

---

[1] “Text, Context, and Dual Contextualization—A Thick Translation of *Gulliver's Travels*”. Paper presented at China and Its Others: Knowledge Transfer and Representations of China and the West. Co-sponsored by the Centre for Chinese Studies at the University of Manchester, the British Academy, and Academia Sinica. Chancellors Hotel & Conference Centre, Manchester, UK. June 28–29, 2008.

合报》读书人的最佳书奖，这不但是台湾两大报的年度重要活动，也是台湾文化界的年度盛事，由这里可以推断译本应该不错。当然，我在初次访谈时也曾向他说明《知识分子论》中译本的内容，除了正文本身之外，还有绪论、译注、访谈录、书目提要，甚至还增加了原文所没有的中英索引及英中索引，我想这是《知识分子论》一书在全世界的译本中绝无仅有的。此外，我们在文学研究领域是同行，而且都关切弱势文学以及再现、公平、正义、伦理等议题，因此他会用上“同志”一词。但我不敢就此志得意满，而是把这些当成萨义德对一位异国后进的鼓励与期许。

的确，研究与翻译是我主要的两个面向，甚至可以说，翻译对我来说是在研究之前、之外、之上。之所以在研究“之前”，是因为我就读台湾政治大学西洋语文学系时，系主任是余光中先生，除了大二时修他的英国文学史之外，也参加了他以西语系的名义举办的全校翻译比赛，当时尚未修翻译课的我侥幸得到第一名，建立起信心和兴趣，从此不可自拔。我的第一本译作《魂断伤膝河》（*Bury My Heart at Wounded Knee*）于 1977 年出版。虽然我多年来发表了不少论文，也编了一些书，但自己的第一本学术专书《铭刻与再现：华裔美国文学与文化论集》却是直到 2000 年才出版，比第一本译作整整晚了 23 年，因此我的翻译是在研究之前。

至于翻译在研究“之外”，更是说来话长。因为在台湾学术界，翻译长久以来被认为是缺乏创意，不算学术成果，甚至被视为不务正业，稿酬也低得离谱，一般学者避之唯恐不及。我则抱着以翻译与人结缘的心态（套用一句著名的广告词：“好东西要与好朋友分享”），从事这项吃力不讨好的工作，每篇译文都多次修改，数易其稿，力图忠实传达原作，也在学院内外发挥了一定的功用。然而，这些都是研究之外所做的。1994 年我在台湾“中央研究院”申请升等为研究员（相当于教授）时，非但不敢将翻译列为研究成果，甚至也不敢列入参考著作，唯恐有人认为翻译是外务，应该把更多时间投入具有“原创性的”、“学术价值的”研究，而不是这种“为他人作嫁”的工作。

再就翻译在研究“之上”而言，其实学术论文或专书的读者往往限于学术界，顶多包括修那门课的研究生甚或大学生，但翻译却能让我跨越学术的疆界或象牙塔，影响力远在我的专业著述之上。记得《知识分子论》出版之后，有一段时间台湾报章杂志凡是论及知识分子的文章，多半都会引用萨义德的看法，甚至到现在偶尔还会引用——虽然作者几乎都不会提到萨义德这本书的译者，印证了韦努蒂（Lawrence Venuti）所批判的“译者隐而不见”（the translator’s invisibility），但不自甘寂寞的人恐怕很难来从事翻译。

学术与翻译不仅是我研究生涯的重要面向，有时还是一体的两面，学术翻译更是如此。所谓的“学术翻译”，指的不仅是具有学术价值的作品之翻译，或者在翻译中结合了学术研究（像《知识分子论》中译本），也可能包括翻译本身成为学术研究的对象。这十多年来为了让学界正视翻译的贡献与学术价值，提升翻译与译者的地位，我在台湾不仅在幕后协助推动台湾“国科会”的经典译注计划，自己也投入执行计划的行列，到不少国家和地区搜集资料，花了 6 年时间译注出《格理弗游记》，光是绪论就将近 150 页，其中很重要的部分就是把这部文学经典在英文世界和中文世界的流传史做了一番爬网整理，而译注也多达九万余字，工程颇为浩大。

2007 年夏天我赴哈佛大学短期研究，在哈佛燕京图书馆的地下室书库中，遇到年逾八十的著名汉学家韩南（Patrick Hanan）教授，他除了多年钻研中国古典小说之外，也将不少中国古典小说译成英文。1994 至 1995 年我担任哈佛燕京学社访问学人时，他是社长，当时便已相识，只是两人的研究领域尚未明显交集，没想到十多年后会共同触及翻译研究。由于志趣相投，两个月之内我们就相约见了三次面，相谈甚欢。在谈到学术与翻译的差异时，他提到学术研究本身固然有它的贡献，但基本上是让后人继续前进的踏板，而翻译的文学作品则有它本身的趣味与价值，理想上或理论上是值得历代读者阅读的。我十分赞同这个看法，甚至也不讳言，在我所有的作品中，包括论著、散文、翻译，影响较大、流传较久的会是翻译，尤其《格理弗游记》是这部作品自 1872 年进入中文世界以来第一个结合学术与翻译的中文全译详注本，甚至在其他语言的译本中也颇为罕见。对我个人更大的意义是，在从事翻译近三十年之后，终于逐渐从实际经验中发展出自己的理论“双重脉络化”（“dual contextualization”），并且落实到具体的文本翻译。在先前提到的曼彻斯特国际会议论文中，我就以翻译研究中的若干观念，针对《格理弗游记》来讨论双重脉络化的理念、实践与效应。也就是说，在翻译时，尤其在翻译文学作品时，要留意文化的面向，不仅注意该作品在原先的历史、文化脉络中的发展与意义，也应注意该作品在翻译、旅行到另一个语言、历史、文化脉络中的发展与意义。

有人说过，每位作者都应该为自己的母语翻译一部世界名著，在此我也要呼吁中文世界的学者，应该就自己的专长领域翻译并注解一部名作，这是增加文化资本、使外来的学术与思潮在本土扎根的最踏实的做法。

张：台湾所受到的传统与西方的双重冲击，比大陆还要强烈，你又时常出国访问，是否有萨义德般的同感？萨义德的理论对你研究美国华裔作家又有怎样的影响？

单：有很长一段时间台湾自许为中华文化正统的传人，在大陆“破四旧”、“批孔扬秦”的时候，台湾提倡中华文化复兴运动。然而就在同一时期，中国台湾又是冷战时代美国对中国大陆进行围堵政策的重要一环，在政治、军事、经济、教育、文化上深受美国影响。因此，中国台湾确实是受到你所说的“双重冲击”。我个人这二十年来也有机会出国访问或研究，其中有四次在英、美居住长达一年，在日常生活中亲身体验异国文化。这些当然都可说是“冲击”，却也是调适与学习的好机会。我的深切感受是，调适期也是学习最多的时候，一旦适应之后，许多事情变成了例行事务，固然减少了“冲击”，方便、顺利了许多，但新鲜感和学习、成长的机会也随之减少。另外，换个角度来看，萨义德一向强调文化之间的交流与杂糅，认为没有任何文化是铁板一块、密不透风、全然纯粹的，而早已是混杂、交融的，并且持续处于混杂、交融的过程中。我认为只要心胸开阔、保持弹性，不要因为外来的事物而迷失自己的方向，这些“冲击”都是学习与成长的机会，也是使生活与文化更形多元、丰富的要素。

至于萨义德的理论对我研究华裔美国作家的影响，其实凡是从事后殖民论述或弱势论述的文学与文化研究，几乎都难逃萨义德的影响。在我看来，他的影响基本上可分为两方面：一个是大方向，也就是他对欧美中心的知识体系所提出的批判，产生了“典范转移”（paradigm shift）的效应，让人从另类的、批判的眼光重新检视西方的人文与社会科学，《东方主义》一书的重要性便在于此；另一方面，就是看他如何解读、诠释具体的文学与理论的文本以及文化现象，从中得到启发。就我个人的华裔美国文学与文化研究来说，比较受到萨义德影响的是在再现以及知识／权力的关系，在文学研究方面，像是美国文学对华人的再现与偏见，华美作家的自我再现等。在文化研究方面，最明显的就是我有一篇论文探讨德裔美国摄影师简德（Arnold Genthe）于 1895 至 1906 年间拍摄的旧金山老华埠照片，指出那充分呈现了西方白人男性对 19 世纪末 20 世纪初的旧金山老华埠的凝视、据有与挪用，把华人当成“异族”、“异类”，进而拍摄下来展示、贩卖、图名、牟利，是典型的东方主义式的心态与呈现。[1]

张： 许多国学大师在 1949 年后从大陆到台湾，能否谈谈他们对你的言传身教？

---

[1] 参阅《异象·意象·异己：解读简德的旧金山老华埠摄影》，原刊于《第四届美国文学与思想研讨会论文选集：文学篇》，何文敬编（台北：台湾“中央研究院”欧美研究所，1995），第 255—294 页；收入笔者《铭刻与再现：华裔美国文学与文化论集》（台北：麦田，2000），第 293—331 页。

单：遗憾的是，我没有太多机会接触到他们的言传身教，这跟当时的政治环境、教育背景有关。我这一代成长于台湾的戒严时期，政治上非常封闭，甚至有很长一段“白色恐怖”时期，一直到我三十多岁时台湾才解严。此外，当时台湾的教育也颇为封闭，再加上我出生、成长于南投中寮乡下（也就是1999年9·21大地震的震中），中学阶段可说是目光如豆，高中三年只准备大学联考要考的科目（国文、英文、数学、历史、地理、“三民主义”），因为我就读的学校升学率非常差，如果我不集中于这六科的话，根本就考不上大学。也因为我一再复习、反复背诵这些考试科目，才考进了政治大学西洋语文学系，有机会到台北求学，开始接触到各方面的信息与冲击，逐渐“解冻”。但西语系就像一般的外文系，有很大比例的时间与课程花在语文训练上，真正接触到文化的部分主要是透过阅读西洋文学作品，相对地在国学方面就很欠缺，只是偶尔看看徐复观、唐君毅等人的作品，而不是在老师的指导下有系统地阅读。在台大念外文研究所时，有一次牟宗三先生在哲学研究所开课，用的是文学院一间大教室，我还去旁听了一回，整间教室挤得满满的，我和许多人站着听讲，还有人站在门外、窗外听讲，但坦白说，我实在是听不懂。因此在这方面，我连“业余者”都称不上。

我读得比较多的是南怀瑾先生的作品，几乎每本都收藏，早先是读他的儒家著作，学佛之后更留意他的佛学论述。读他的作品我有个特殊的经验，或许值得一提。记得1978年，我念外文研究所硕士班三年级时，美国与中国台湾断绝关系，人心颇为浮动，我当时什么书也看不下，唯有读他的《论语别裁》才定得下心，这在我的读书经验中是颇为特殊的，因此至今印象深刻。总之，如果我当时有机会接受他们的言传身教的话，文化的根底会更深厚，但或许就不会走上今天这条路了。佛家有言，“各有因缘莫羡人”，的确是智慧之语。

张：这个时代，萨义德倡导的“向权力说真话”是否仍为知识分子的第一要务？还是有更重要的事情需要去完成？

单：的确，“向权力说真话”一向是知识分子的要务。但我想把这句话稍微转化为“向一切说真话”，因为知识分子扮演着启蒙者与批评者的角色，不仅面对铺天盖地的国家机器时要说真话，也要善用自己的知识来为一般人揭开迷障，让他们能听到真话、看到真相。这里当然也包括对媒体的检视与批判。此外，我认为另一要务就是贡献自己的专长，厚植文化的根基，毕竟政治是一时的，文化是长久的。

这里要说明的是，批评的本身并不是目的，而是手段，必须结合更远大的目标。我最喜欢而且经常引用的萨义德的一段文字就是：“批评必须把自己设想成为了提升生命，本质上就反对一切形式的暴政、宰制、虐待；批评的社会目标是为了促进人类自由所产生的非强制性的知识。”也就是说，不是为了批评而批评，而是为了反暴政、反宰制、反虐待，目标在于提升生命，产生自由的新知，促进普世的福祉。萨义德这段文字来自《世界 · 文本 · 批评家》，这本书的书名便有深意：文本与世界并非各自独立，而批评家和知识分子的职责便是藉由积极介入，建立起两者之间的关系，彼此参照，相辅相成，这对往往偏重于文本分析的文学学者来说尤其重要。

张：是什么机缘促成了你对佛教的信仰？皈依使你的生活与心态发生了什么改变？对你的学术研究有什么影响？

单：我们先来看看下面这段话：

> 不可因为口口相传就信以为真。不可因为奉行传统就信以为真。不可因为流传广远就信以为真。不可因为引经据典就信以为真。不可因为合乎自己观点就信以为真。不可因为根据哲理就信以为真。不可因为引证常识就信以为真。不可因为符合先入为主的观念就信以为真。不可因为说者的威信就信以为真。不可因为他是导师就信以为真。

你觉得这段话如何？是当代哪位智者或哲人所说的？如果我说这是两千五百年前释迦牟尼所说的，你相信吗？但这的确是释迦牟尼传下来的法语，所以你可以看出他思想中的理性与进步，反对权威，不鼓励盲从、迷信。印度到现在还是阶级相当森严的社会，现今世界上依然存在着各式各样的不平等，但释迦牟尼早在两千五百年前就提倡众生平等，所以你可以看出他是多么的前卫、激进。从比较宗教的角度来看，佛教很可能也是对动物和生态环境最友善的宗教。总而言之，佛教鼓励理性与实践，可以从信入，也可以从疑入：可以从相信的角度进入，就像信一般宗教，尤其是一神教，一样；也可以从怀疑的角度切入，禅宗有“大疑大悟，小疑小悟，不疑不悟”的说法，虽然指的是参公案、参话头，但用来描述佛教也很适合。

信仰是很个人、私密的事，虽然我自1988年皈依圣严法师至今二十余年，但一向谨守“学教分离”，把学者和信徒的角色划分得很清楚。萨义德也是如此。他的家庭有相当悠久的宗教背景，而且是阿拉伯人中少数信奉基督教的，但他除了在极少数的自述文字之外，在著作中几乎绝口不提个人的宗教信仰，反而强调世俗的批评，呼吁要培养批判意识，反对任何独断、专一的权威。这点也与佛教类似，释迦牟尼说：“我不领众，我在僧中”，不以权威或领导自居。禅宗甚至有“呵佛骂祖”、“男儿自有冲天志，不向如来行处行”的说法，勉励人们培养独立自主的人格。

此外，宗教重视的是实践，研究则偏向于知识。比方说，在后结构主义与解构批评的时代，大家对“机缘”（contingency）、“反本质论”（anti-essentialism）等说法朗朗上口，但真正相信，甚至能够实践的有多少？尤其是牵涉到个人利害关系时，那个我执、自我中心可能大得很。相反地，“无常”、“无我”是佛教的根本教义，不仅有深刻的义理探讨，更着重于日常生活中的实践，有一些具体的修行法门协助人们逐步达到那个境界，使之成为生活和生命的一部分。

就我个人来说，在面对生命时，佛教比其他宗教不仅在理论方面更有说服力，而且发挥实际的效用，尤其陪我度过母亲重病与往生前后那段艰苦的日子。人生中有不少事是学术无能为力的，而宗教多少能补其不足。当然，在人生的不同阶段和环境中，对宗教也会有不同的领会，就像我现在因为从事行政工作和专业服务而必须接触到更多的人与事，不能关起门来全心全力作自己的学问，但佛教的因缘观、平等观、报恩观让我更能调适心情，把这些视为当下的功课，多少达到转念、安定的效用。

至于宗教对我的学术影响，已故的陈元音教授在1997年出版的《禅与美国文学》序言中曾提到我写给他的信，信中提到我希望能把个人的学术与信仰结合。但由于我不愿以其中任何一个压倒另一个，至今依然保持着“学教分离”的状态。然而，我内心依然存着盼望。先前有二十年我绝口不谈翻译研究，因为在念硕士班时就深切体认到，只是重复“信达雅”这种“三字真言”，在研究上是死路一条，我宁可投入实际的翻译。二十多年来，我从自己的经验与所接触的文学与文化理论中，逐渐摸索出上述的“双重脉络化”的理论与实践。这些年来虽然学术工作占去了我绝大部分的时间，以致在修行上并不用功，但是在国内外参加过圣严法师带领的几次“禅七”，出版过一些佛教散文，翻译过圣严法师的几本著作，平常也随时以佛法提醒自己，或许能逐渐找到学术与信仰有机的结合之道，而不是以其中一个来统摄另一个，把后者只当成工具。

晚近我似乎逐渐摸索到这条路，而且是藉由钻研多年的华美文学。这些年来我曾经两次访谈华人美国作家汤亭亭，也一直保持联系。2006年我在美国加州大学伯克利分校研究时，两度亲身参与她所带领的退伍军人写作坊（the Veterans Writing Workshop），了解她如何结合自己的写作专长和一行禅师（Thich Nhat Hanh）所提倡的正念禅（mindfulness），协助那些退伍军人，尤其是越战老兵，透过书写来面对昔日的创伤，表达自己的经验，把从战争中得到的宝贵教训传递给世人，并致力于和平运动。汤亭亭结合了写作与灵修，并已有相当具体的成果——包括自己所写的《第五和平书》(*The Fifth Book of Peace*，2003）和为退伍军人写作坊的成员所编的文选《战争的老兵，和平的老兵》(*Veterans of War*，*Veterans of Peace*，2006)。在我看来，汤亭亭对这个写作坊的投入，有如萨义德对东西合集工作坊的投入，而两人的共同目标就是和平。我认为这或许会是很好的切入点，可以结合我多年的华美文学研究和个人的宗教信仰，希望将来能使我的学术研究与终极关怀有机地结合，寻找到更安稳的安身立命之道。

谢谢你的访谈，让我有机会反思一些问题与现象，也让我更体会到接受我访谈的人是以什么样的心情和心态来回应我的问题。

附录

知识分子的画像：单德兴译《知识分子论》经典版序

李有成

萨义德的《知识分子论》原著初刊于1994年，当时萨义德在文学、文化及政治批评方面的几部重要著作俱已出版，这些著作包括《东方主义》(1978)、《世界·文本·批评家》(1983)、《文化与帝国主义》(1993)，以及有关巴以问题的《巴勒斯坦问题》(1979)、《采访伊斯兰》(1981)、《流离失所的政治》(1994）等。除了这些著作，萨义德还借助讲台、电视、广播、报纸、杂志等公共领域发言。他不仅术业有专攻，在学术研究上是国际级的一方人物，他长期对阿以问题的关注，对美国外交政策的批判，对西方媒体的挞伐，早已让他成为英语世界最重要的公共知识分子之一。

萨义德在1935年11月1日出生于耶路撒冷的巴勒斯坦基督教家庭。《乡关何处》(1999）一书为萨义德仅有的长篇回忆录，书中所叙大致为他自出生以至取得哈佛大学博士学位（1964）当时的经历。这部格局宏大的回忆录除涉及萨义德的家族恩怨外，全书由二战前后的现代中东历史大事交织而成——英国的殖民统治、战后美国的新殖民主义、以色列建国、巴勒斯坦的沦亡、1967年阿以六日战争（第三次中东战争)、黎巴嫩内战等等历史事件，这些历史事件环环相扣，至今非但余波荡漾，尘埃尚未落定，和平依然遥遥无望。

萨义德的出身与他身处的历史事件对他一生的志业影响甚巨。尤其自《东方主义》以降的众多著作，一言以蔽之，无非是他对阿拉伯世界历史与命运的反应与见证。巴勒斯坦沦陷之痛可以说构成了萨义德大半著作的主题，主导了他成年后的生命志业。《乡关何处》临结束前萨义德这样写道：“巴勒斯坦继续失落，就是我们和我们其他亲戚的生命的失落。1967 年带来更多纷乱失所，在我心目中，1967 年所体现的纷乱包摄了其他所有的失落，诸如我少年岁月和我成长的世界，我受教育的非关政治的岁月，我在哥伦比亚大学自以为超脱世事的教书和治学，等等。1967 年以后，我非复昔日之我；那场战争驱使我回头寻找那一切的起点，也就是为巴勒斯坦的斗争。”（主要依据彭淮栋译文）

萨义德对自己身为公共知识分子的角色知之甚深。1993 年他应英国广播公司（BBC）之邀主讲里斯讲座，他选择了知识分子作为此讲座的中心议题。《知识分子论》一书即以此讲座辑印而成，翌年最先在伦敦出版。三年后，中文世界刊行了单德兴所译的繁体字版。单德兴的译本显然要比原著丰富得多，除全书完整译出并增加注释之外，书前尚刊有译者所撰《绪论》长文，书末更附有单德兴与埃德蒙森分别对萨义德的访谈记录、萨义德专书书目提要，以及不见于原书的索引。《绪论》与附录文字相当重要，可以协助读者了解萨义德的生平、学术与政治关怀，乃至于本书的微言大义。中译本同时荣获台湾《“中国时报”》1997 开卷十大好书与 1997 台湾《联合报》读书人最佳书奖，无疑深受读书界的肯定。2003 年萨义德逝世后，《知识分子论》中译本又印行增订版，附录增加了单德兴追怀萨义德的长文《永远的知识分子萨义德》。2002 年，单译简体字版在北京出版。自《知识分子论》的中译本面世之后，萨义德的部分主要著作陆续被译成中文，其中包括单德兴所翻译的《权力、政治与文化》，他在中文世界的影响力也随着这些中译本的出现而与日俱增。单德兴最近更将他这一二十年间有关萨义德的著述辑印成《萨依德在台湾》一书出版，我们可以从中管窥单德兴这些年来在译介与研究萨义德所耗的时间与心力。

《知识分子论》无疑是萨义德的夫子自道，他这样为知识分子勾勒了一个鲜明清晰的面貌：

> 我……坚决主张知识分子是社会中具有特定公共角色的个人，不能只化约为面孔模糊的专业人士，只从事自己那一行的能干成员。我

> 认为……知识分子是具有能力“向”（to）公众以及“为”（for）公众代表、具现、表明信息、观点、态度、哲学或意见的个人。而且这个角色也有尖锐的一面，在扮演这个角色时，必须意识到其处境就是公开提出令人尴尬的问题，对抗（而非产生）正统与教条，不能轻易被政府或集团收编，其存在的理由就是代表所有那些惯常被遗忘或弃置不顾的人们和议题。

这样的知识分子显然不屑成为权力结构的一部分，其典范反而较易于流亡者、业余者、边缘人中产生，这类人物往往构成主流社会之外的他者。《知识分子论》第三、第四章即分别析论这些他者的命运与知识分子的角色；萨义德之所以特别重视这类人物，显然与他的一生际遇密切相关。

《知识分子论》第五章题为“向权势说真话”，最能表现萨义德作为知识分子有所为有所不为的坚持。1995 年出版的《和平及其不满：中东和平进程中的巴勒斯坦》一书附录有萨义德的一篇访谈录，发表于 1995 年 1 月 30 日在开罗出版的 *Al-Arabi* 期刊。访谈者阿布都拉·辛纳威（Abdullah al-Sinnawi）在结束其访谈时问萨义德：如果一位知识分子成为权势的一员或参与权势，他是否还成其为知识分子？萨义德举法国著名现代作家马尔罗（André Malraux，1901—1976）为例，认为马尔罗自出任戴高乐政府的文化部长之日始，即失去其真正知识分子的身份。在他看来，“知识分子的角色是对权势说真话，在每个社会中毫不虚伪地对中心的权威说话，并且选择最能达成这些目的的方法、风格、批判。之所以这样是因为知识分子成就一种表现……其主要目的不仅在表达风尚或某些转眼即逝的流行事物，而是要表达真正的理念与价值。这对置身权势的内部——如马尔罗者——是无法表达的。”

也许是基于知识分子这样的信念，1993 年 9 月 13 日巴勒斯坦解放组织和以色列在华府签订“奥斯陆协议”之后，萨义德由于对此协议深为不满，竟不惜与当时的巴解主席阿拉法特割袍断义。萨义德多年来协助阿拉法特，由于地利之便，等于巴解组织派驻纽约的发言人，长期为巴勒斯坦的命运奋斗不懈。他同时自 1977 年即成为巴勒斯坦民族议会的一员，直到 1991 年初秋为止。萨义德与阿拉法特和巴解的决裂多半出于理念：80 年代末期，萨义德发现巴解的利益已为组织中一群小资产阶级所垄断，这群人在意识形态上以美国马首是瞻，巴解组织因此脱离市井街头的巴勒斯坦人愈来愈远。在萨义德看来，“奥斯陆协议”无疑是巴勒斯坦人的“凡尔赛和约”，巴勒斯坦人失去的比获得的来得多，甚至可能断送其政治自由与独立建国的权利。在“奥斯陆协议”之后，萨义德不断透过文章、访谈、演说，对阿拉法特与巴解组织大加挞伐，表示异议。向权势说真话当然要付出代价，萨义德的生命甚至因此受到威胁，他的头颅其实一度价码不低。美国的若干文学学术期刊甚至曾经对此发表严正声明，出面为萨义德表示抗议。类似的行动其实萨义德也曾有过。1989 年世人见证了柏林围墙的倒塌，但 1989 年也是南亚裔英国作家拉什迪因小说《撒旦诗篇》被控亵渎伊斯兰教先知穆罕默德而遭伊朗宗教领袖霍梅尼下达格杀令（*a fatwa*）的一年。此事令国际舆论哗然，认为伊朗严重侵犯人权，但也获得许多国家伊斯兰教徒的支持。萨义德虽为巴勒斯坦人，却甘冒得罪伊斯兰教世界，在报章执笔为文，仗义为拉什迪辩护，伸张人权及言论自由。在萨义德看来，是非公义或人类的普世价值显然远远超越个人的政治利益或身份立场。

诚然，对萨义德而言，当代知识分子最重要的角色其实正是“保卫表达的自由，因为知识分子的角色存在于语言”。在接受辛纳威的访问时，萨义德特别指出：“加诸于我们的语言是社群和家园的语言。这种语言充满了各种压力，诸如共识、民族主义、权力、无意义的声音，以及一大串空洞的口号。”萨义德反本质主义的立场至为明显。这样的立场，对任何只知强求共识、权力至上，将族群意识或民族主义无限上纲的社会来说，都有澄清的作用。萨义德心仪像印度的泰戈尔（Rabindranath Tagore，1861—1941）或古巴的马蒂（José Martí，1853—1895）之类的知识分子，不因己身的族群意识或民族主义而吝于批评。其实对照他对阿拉法特与巴解组织的批判，泰戈尔与马蒂的作为不正是巴勒斯坦人萨义德自身的写照吗？萨义德在第一次接受单德兴的访谈时就很清楚地表明他的态度："在艰困的时刻，知识分子是支持国家的理念重要，还是批评更为重要？而我自己的立场是：批评更为重要。"

2003年9月25日萨义德病逝于纽约这个他生活了大半辈子的城市。第二年，哥伦比亚大学出版社印行了萨义德生前较有系统撰写的最后遗著《人文主义与民主批评》(2004)。此书最后一章题为《作家与知识分子的公共角色》("The Public Role of Writers and Intellectuals")，显然到了生命末期，在病痛中萨义德仍然不断思考与反省知识分子的角色与使命。经过了二十年，整个世界的政治与经济转变至巨，他对知识分子的观点也稍有修正与补充。他省思的核心是：知识分子是否可能所谓非政治性的？这样的省思其实源于他对专业主义的疑虑，这一点他在《知识分子论》中已曾详加分析。据他看来，在专业主义的驱策之下，媒体充斥着他所谓的政策知识分子（policy intellectuals)，这些人忙于拉党结派，为权力阶级和利益集团服务。用他的话说："名成利就都是强烈的兴奋剂。"

此外，萨义德也重申历史意识的重要性。在《知识分子论》第四章论专业人与业余者时他即曾就此议题有所阐发。他以自己本行的文学研究为例，认为"专业化意味着愈来愈多技巧上的形式主义，以及愈来愈少的历史意识"。在单德兴第一次与他访谈时，萨义德还特别强调历史经验与文学理论的关系。他说："阅读的经验、文本的经验对我而言是首要的。很难要我不指涉历史经验而创造出理论陈述。因此，我一向坚持历史与具体经验的首要性。"在《人文主义与民主批评》的最后一章，萨义德告诉我们，知识分子必须"预防或阻止过去的消逝"。在这么一个急遽变动而历史横遭简化或删改的时代，"知识分子的角色是要就历史提出另类的叙事与其他的观点，而非接受代表官方记忆、民族认同与民族使命的斗士所提供的那些叙事与观点"，是要"随时随地挑战并击败看不见的权力所强加的缄默与规范化的沉静"。

换句话说，萨义德提醒知识分子——真正的知识分子或者他所称道的异议知识分子（dissenting intellectuals）——不仅不能自囿于专业主义，更不能受缚于政党、种族、族群、宗教及其他集团的立场，甚至让这些立场凌驾于是非黑白之上。知识分子若不能独立思考，慎思明辨，并且发为批判，反而为集团所笼络，或被权势阶级所收编，或匍匐于某种绝对的、不证自明的或不容挑战的立场之前，以致身陷自设的思想笼牢之中，无法获得解放，上焉者只能谓之为顺从者（conformists），下焉者则沦为党同伐异，不辨真伪，不论是非，当然已不属于萨义德心目中的知识分子。1994 年，也就是出版《知识分子论》的那一年，萨义德在与英国作家与文化批评家阿里（Tariq Ali）对谈时表示，许多专家学者只是想向权势集团兜售其商品，“其主要目的不在说出真话，或者说明当前僵局的替代选择，而是为了维护现状，满足顾客，成为依顾客而非依知识分子应该效命或至少代表的理想或理念而生存的人”。

这十余年来，单德兴中译的《知识分子论》能够风行于华人世界，尤其在讨论知识分子的角色与使命时广被引用，多少反映了华人世界对知识分子仍然充满向往和期待。我们其实也有绵远流长的士的文化传统，只是现代意义的知识分子却似乎有些花果凋零，令人感伤。在这样的脉络下重刊《知识分子论》，并列为麦田创社二十周年十大经典之一，特别饶富意义。经典版中译本《知识分子论》内文除经单德兴仔细修订之外，《萨义德专书书目提要》与《萨义德年表大事记》也做了部分更新与增补，同时单德兴还为这个新版本撰写《后记》，自述翻译萨义德此书的缘起与其个人的翻译理念和实践。《后记》还进一步析论中译《知识分子论》几个版本的异同，以及中译本出版后所引发的回响与效应。经典版《知识分子论》的内容显然又比过去几个版本更为充实。单德兴在译事上孜孜不倦三十年，译作近二十部，在翻译研究上同样也有建树，因此不论理论或实践无不卓然有成，《知识分子论》无疑是他翻译生涯中极为重要的里程碑，其贡献自不待言。

萨义德的著作在华人世界固然广受重视，可惜他生前从未踏足亚洲任何华人地区。1991 年 12 月 6、7 两日我到美国加州大学欧文分校参加一个题为“理论之旅行”（“Traveling Theory”）的学术会议，这个会议原本就是献给萨义德的，因为萨义德有一篇经典论文即是以此为题。萨义德受邀在会议第二天发表主题演讲，讲题为《再论理论之旅行》（“Traveling Theory Reconsidered”），论文后来收入2000年出版的《流亡的省思及其他》一书中。我记得当天偌大的演讲厅座无虚席，晚到者只能在走道上席地而坐。那次会议是我第一次，也是唯一一次遇见萨义德，我请他在他的两本著作上签名。午餐时他见我旁边刚好有个空位，就过来与我并肩而坐。萨义德相当健谈，我们聊了很多，他似乎对大陆和台湾很感兴趣，实际谈些什么，事隔二十年，内容我已不复记忆。我只记得当场曾经邀请他到台湾发表演讲，他也很爽快答应，并要我保持联系。记忆中的萨义德衣着高雅，那一天他一身灰色西装，材质讲究，剪裁得体，西装左胸口袋微露白色手帕，在学术界倒不多见。那时候我已听说他罹患血癌，只是当时在他身上丝毫未见病容。

几个月后，也就是1992年的春天，我到费城的宾夕法尼亚大学研究。我想起跟萨义德的约定。我不记得事前是否曾经给他写信（按理应该是有的），但是我清楚记得，有一天上午我挂了个电话到他在哥伦比亚大学的办公室。接电话的是一位女士，我说明原委，她表示萨义德不在，我问说何时可以再行联络，可是却不得要领。谈话中我大致体会到要联络萨义德恐怕不易，他身罹重症，生命还受到敌对政治势力的威胁，困难可以想象。我后来发现兹事体大，尤其事涉萨义德的人身安全，自己其实没有把握可以完成邀访的工作，也就没有再进一步与他联系，邀访的事因此有始无终。人生多有憾事，未能促成萨义德到台湾发表系列演讲或许也算是憾事一件。

二〇一一年七月十四日

台北南港

《知识分子论》的中译缘起与后续

《知识分子论》自1997年11月问世迄今，转眼14年，人事尽管并未全非，却也多变，包括原作者萨义德于2003年辞世。另一方面，华文世界对此书的支持却历久不衰，并持续译介萨义德的著作与思想，新译每每引起兴趣与重视，这又是变化中的不变。此次麦田出版社为庆祝二十周年庆，自该社众多出版品中精选十本列为经典，增订重行问世，《知识分子论》名列其中，足证其重要。

犹记得1994年夏游学哈佛大学一年，8月30日在哈佛书店展示平台的醒目位置看到萨义德刚出版的这本书，兴奋买下，一口气读完，立即打电话给当时与萨义德同样任教于哥伦比亚大学的王德威教授，大力推荐此书。他也马上购得并阅读后，认为此书对华文世界应有相当的启发与借鉴，决定由我翻译。虽然出版社在接洽翻译版权时对方有些延宕，但经过一番等待终能确定，便着手中译，连同其他部分，费时一年半完成。

台湾的（学术）翻译生态不佳，以致学者在现实考虑下对从事翻译裹足不前。我因大学时代受余光中老师影响，一向对翻译的论述与实践颇感兴趣，自就读硕士班以来陆陆续续翻译了不少书，虽然过程中不免遇到困难，但看到白纸黑字的成品便"好了疮疤忘了疼"，下次看到好书就又跃跃欲试，想翻译出来与人分享。《知识分子论》也是这种心态下的产物，只是没想到翻译这本书竟对我的人生与学术生涯会有那么大的影响。

我一向认为翻译不应仅止于文字的转换，更涉及双方的文化、脉络与历史，愈是重要的作品愈是如此。因此，多年来我在从事翻译时，总是希望除了文本的迻译之外，还能带入文化与历史的面向。然而，以往囿于种种限制——包括自己知识欠缺，经验短少，能力不足，时间有限，出版社的要求，等等——这个理想总是未能实现。1986 年台湾辅仁大学主办第一届文学与宗教国际研讨会，以英国的格林（Graham Greene）、日本的远藤周作、中国台湾的王文兴三位小说家为主要讨论对象，会前并配合进行相关作品中译，我有幸厕身于齐邦媛教授率领的英国小说家格林的翻译团队，阅读了许多资料，为自己翻译的《格雷安·格林》（大陆译名为《格雷厄姆·格林》，作者为史柏龄 [John Spurling]）撰写了 34 页的《格雷安·格林的生平与作品：代译序》和 5 页的《关于本书》，介绍这位重量级的作家及其作品，总算初步将理念付诸实行。但真正落实这个理想，却要到十一年后的《知识分子论》，而于 2004 年出版的台湾“国科会”经典译注计划成果《格理弗游记》得到充分的体现。我并将自己多年来翻译方面的研究心得与实践归结为“双重脉络化”（dual contextualization），主张从事翻译时要兼顾文本在所谓的译出语（source language）与译入语（target language）两者的脉络与文化中的流传与意义。[1]

翻译《知识分子论》时，我已是台湾“中央研究院”欧美研究所研究员，不仅已接触到萨义德协助树立并风行于人文学科的后殖民论述，并将他的若干观点运用于华美文学与文化研究，因此在知识条件上较为充足。此外，我一向不愿强求于人，但凡涉及学术则有所坚持，更何况当时华文世界知道萨义德的人已为数不少，其名著《东方主义》中译本问世之说时有所闻，却一直不见踪影。因此，以学者身份与出版社接洽翻译萨义德这本较平易近人的演讲集时，较有协商的空间。麦田当时的负责人陈雨航先生是具有理想性的出版人，谦谦君子的他很支持我的一些构想，让我能“为所欲为”。双方便是在高度互信与互惠的情况下进行此一翻译计划。

---

[1] 此一强调从笔者《翻译与脉络》（北京：清华大学出版社，2007；繁体字增订版，台北：书林，2009）的书名便可看出，相关例证与探讨可参阅该书。

此互信与互惠除了呈现于该书后来的内容之外，也具现于合约的签订。记得出书前雨航兄特地来南港与我见面，带来两纸合约，一为卖断，一为版税，由我选择。原来他虽然看好此书的内容，但对市场的接受度并没有太大的把握。我问他希望我选择哪一份。他坦言希望采用版税制，我当场签约，并笑称："这样我们就成了命运共同体。"因为对我而言，学者从事翻译旨在译介新知，文化交流，本身就是收获，其他都是额外的。该书正式出版后，雨航兄对版税之低觉得过意不去，主动增加一万元，我深感于他的诚意，觉得身在商场的他可说是"儒多于商"。但这件事也再度凸显了学者对翻译裹足不前的原因：除了旷日费时之外，学术与物质的"投资报酬率"太低。因为即使加上额外的酬劳，初次稿酬大约还不到我当时月薪的四分之一。

由于此书很可能成为萨义德的第一本中译专书，再加上是"学者下海"，当然必须与市场上的一般翻译有所区隔，而我也寻求在译介《格雷安·格林》的经验上进一步自我突破，于是除了原文的翻译之外，有心为《知识分子论》的中译本增添一些"附文本"(paratexts)，以期善尽译者的职责。因此，我初步的构想是除了《绪论》之外，以附录的方式加上萨义德与埃德蒙森的访谈，萨义德的专书书目提要与索引（细分为中英索引及英中索引），藉此让华文读者更容易进入萨义德的世界，将此书置于他的学术脉络，并方便检索书中提到的人物和书籍等。然而，我最想做，却又最无法掌握的就是亲自与萨义德访谈。

我在 20 世纪 70 年代便陆续翻译了不少《巴黎评论》的作家访谈(1986 年出版为 400 页的《英美名作家访谈录》[台北：书林])，并于 1983 年首度与王文兴老师深入访谈，尔后多年又针对国内外作家、学者、批评家、文学史家进行了多次访谈，累积了不少经验。其实在翻译《知识分子论》之前便曾数次与萨义德联络，总是石沉大海。于是心想，若能趁这次出书的机会与他进行访谈，将会是个人罕见地以译者身份对被译者的访谈。几经尝试，终于皇天不负苦心人，1997 年 8 月 18 日于哥伦比亚大学的研究室与他见面，从华文读者的角度向他请教了不少问题，双方相谈甚欢，访谈之中译及时收入该年11月出版的《知识分子论》。[1] 据王德威教授后来转述，这次访谈令萨义德印象深刻。

《知识分子论》出版次年4月，我重赴哥伦比亚大学，他对此书在台湾出版后的回响与得奖报道颇感兴趣。2001年8月，《权力、政治与文化》问世，当时在纽约研究访问的我再度与他相约见面，针对新书进行访谈，他还特地为我在新书题上“致德兴——博学之友，杰出译者，同志”，多所期勉，谁知这次竟是两人最后一次见面。基于先前合作经验，麦田再度邀我翻译，然而因为工程浩大，这本比照《知识分子论》模式完成的七百多页译作在他去世一年多之后才出版，扉页特将他的题字照相制版，以示纪念。次年（2006）此书获得第三十届金鼎奖“一般图书类个人奖：最佳翻译人奖”，却已来不及与原作者分享这份荣耀。而前后三次访谈带来的效应之一就是，不少读者印象中的我是“萨义德的华文世界访谈者”。

《知识分子论》的出版称得上是当年台湾出版界与文化界的盛事，一举获得该年度台湾《“中国时报”》1997开卷十大好书和1997台湾《联合报》读书人最佳书奖。我曾戏称，该书会得奖是因为评审委员都是知识分子，不敢不支持这本书。然而更重要的原因应该是，评审们既知道作者及此书的重要性，也看得出中译本额外花费的心力及特色（花在附文本上的时间与心力远超过原文翻译），甚至置于《知识分子论》在世界各语言的翻译与接受史（reception history）中，这些附文本所展现的中译本特色也都一目了然。此书出版后，有很长一段时间在台湾报章杂志上凡是谈到知识分子的议题，几乎都会引用萨义德的看法，也几乎毫无例外地忽略了译者，再次印证了翻译理论家韦努蒂所斥责的“译者隐没”（the translator’s invisibility）的现象。而身为译者的我对此早已司空见惯，因

[1] 有关这次访谈的详情，参阅本书《知识分子论：萨义德访谈录》之访谈前言（第193—194页）。此篇访谈之英文版刊登于《淡江评论》（27卷4期，1997年夏，第583—601页），并被收入辛和约翰逊合编的《萨义德访谈集》，第122—137页。笔者与萨义德的三次访谈经过，详见《最后的天空之后——敬吊永远的知识分子萨依德》，文收《边缘与中心》（台北：立绪，2007），第70—75页。

为不甘寂寞的人是很难埋首于吃力不讨好的翻译工作的。

本雅明（Walter Benjamin）曾以“来生”（“afterlife”）比喻翻译。果真如此，《知识分子论》在华文世界可说有好几个来生。第一个来生当然就是麦田于1997年出版的《知识分子论》繁体字版，而其中的附文本使得它在华文世界的来生比在原先英文世界的生命更为丰盛。几年后，北京三联书店通过华西医科大学外语系文楚安教授与我联系，告知他们已取得简体字版的版权，并有意使用我的译本。我就此事请教雨航兄，他表示因为繁体字版的版权并非卖断给麦田，所以出版社尊重我的决定。站在知识传播与文化推广的立场，我当然乐观其成，也明白这对北京三联书店是最省时、省事而且确保质量的做法。为了彼此方便，雨航兄建议我采用大陆所谓的“一次性交易”（即“卖断”）。于是我与北京三联书店签约，授权他们使用我的译本。

由于海峡两岸分隔多年，有些用语及表达方式不尽相同，学术上的专有名词也有歧异之处，为了让全书更接近大陆读者的阅读习惯，简体字版特别请中国社会科学院外国文学研究所陆建德先生校订，我则完全尊重他们的意见——包括把作者的名字改为大陆较熟悉的“萨义德”。唯一的例外就是他们建议将书名改为“知识分子的代表”或“知识分子的再现”时，我引用《绪论》中有关书名原意的繁复多义以及中文书名的诠解据理力争，并获得对方接受，保留了这个并非直译，却更符合中文习惯及另有意涵的书名，让简洁有力的“知识分子论”一名通行于海峡两岸。此外，我为2002年4月出版的简体字版写了一千多字的《后记》，简述此书背景、我的翻译理念、繁体字版在台湾受到欢迎的情况及影响。

2003年，萨义德在与血癌缠斗多年后病逝于纽约。麦田为了纪念这位当代杰出的知识分子，并与简体字版区隔，出版《知识分子论》增订版。增订版除了修订内文之外，并增加了一篇34页的长文《永远的知识分子萨义德》和4页的年表，前者以萨义德有关知识分子的观点来评论他的一生，后者则条列作者生平大事，让读者更能了解他的生命脉络，而得以“知其人”，配合前面的书目提要以“识其书”，而达到读书、知人、论世之效。增订版还使用了我最后一次与萨义德访谈时所拍的照片作为封面。照片中的他状至逍遥，显现出轻松潇洒的一面。

正因为《知识分子论》在繁体字版和简体字版的不同来生，使得它在华文世界拥有相当大的读者群。[1] 我曾在海内、外不同场合遇到这本书的读者，他们与我分享阅读《知识分子论》的心得和启发，屡屡确认这是华文世界共同关切的议题，甚至一度在网上发现台湾某大学研究所入学考试国文共同科目引述此书长段译文要学子申论，着实令我惊异，凡此种种都让我深感翻译虽苦却功不唐捐。

至于这次的版本则是麦田二十周年庆所精选的十大经典——或可称为“经典版”——由黄碧仪小姐参考先前两个繁体字版，比对《萨依德在台湾》一书仔细校订附文本（包括更新附录四的专书书目提要 [增加萨义德过世之后迄今出版的专书] 及附录五的“萨义德年表大事记”），并于前增加了两篇文章：李有成教授的《知识分子的画像：单德兴译〈知识分子论〉经典版序》和笔者这篇《后记：〈知识分子论〉的中译缘起与后续》，分别从评者与译者的不同角度，观察萨义德其人、其书、特色及在华文世界的意义与影响。为了更方便读者，经典版由原先的直排改为横排，将每章的尾注改为脚注，避免了阅读时“颠来倒去”、“瞻前顾后”的困扰，并予人耳目一新之感。

就我个人而言，此书也相当程度地改变了我的人生。在我翻译的近二十本书中，除了皈依师父圣严法师之外，很少与原作者有如此深入的互动，然而即便是与圣严法师也没有进行过一对一的访谈。多年来我从多位受访者身上不仅得到知性的启发，更从他们的态度、行为与往来中得到人生的启示。萨义德便让我在三次直接接触中受益良多，不仅是他对学问的反思与自剖，更重要的是亲眼看到他如何坚持知识分子的立场，并在恶疾缠身的困境中如何自处，让自己的生命尽情地发光发热到最后

---

[1] 繁体字版初刷两千册，连同增订版重印多次，销售量超过一万七千册。简体字版初刷一万五千册，前后五刷，印量共达三万五千册。

一刻。即使在他过世之后，其著作与理念依然启迪人心，而他与知音巴伦博伊姆合创的东西合集管弦乐团也独具特色，借由音乐致力于促进阿以相互了解与世界和平。

其次，身为学者兼译者，最理想的境界就是将学术、翻译与人生结合，而翻译《知识分子论》和《权力、政治与文化》就是这样的实践，目的在于透过翻译这位文学与文化批评大师的作品，为华文世界带入文化资本，进而让他的思想落地生根，期盼能长出奇花异果，因为诚如反本质论的萨义德一再强调的，没有纯粹的文化可言，任何文化都早已是混杂的。至于在访谈作业全程中，无论先前的阅读、准备问题，当面访问本身，或后续的整理、翻译、编辑……无不努力尝试带入华人世界的观点，在涉及特殊观念的讨论及翻译时更是如此。访谈和此书其他的附文本便是前述"双重脉络化"的具体实践，目的在于协助翻译、移植过来的理念能尽快发芽茁壮，成为华文世界的文化财富。

翻译此书也让我进一步结合研究与教学，因为译者必须是细读者与传达者，才能将阅读、消化过的文字与观念转换成译入语，在另一个语言与文化脉络获得新生／来生。《知识分子论》的出版固然是一个翻译计划的结束，却也开启我个人另一阶段的研究与教学。在研究上，我继续钻研萨义德，或针对专书、专题加以探讨，发表于学术期刊，或应出版社之邀为中译本撰写绪论与导读，贡献一愚之得。在教学上，我先后在台湾大学和台湾"交通大学"外文研究所开设萨义德专题，带领硕、博士生细读萨义德的重要作品，进行通盘了解，并收教学相长之效（尤其是我不熟悉的西洋古典音乐）。此外，我也应邀针对萨义德的不同面向发表演讲，对象包括台港的外文系、中文系、民族学系、文化研究、通识课程等的大学生与研究生，甚至台湾高中人文及社会科学的资优生，亲身体验不同听众对萨义德的接受度，其中尤以高中生的热烈反应让我惊喜，证明了只要有心以及事先妥善准备，是可以运用深入浅出的方式达到相当程度的沟通与交流效果。至于几次的电台访问也显示了大众媒体对萨义德的兴趣。

此次推出“经典版”的《知识分子论》至少有底下几重意义。首先，经过十四年的时光淘洗，更能看出此书的文化意义与历史价值。台湾《联合报》的年度书奖虽已停办数载，但多年来入选台湾两大报好书榜的总数依然惊人，其中相当大的比例是翻译，然而到底有多少经得起时间——即使是十年——的考验？只消观察《知识分子论》这些年来在华文世界持续引发的注意，若说它是好书榜中的佼佼者，应非过誉之词。

其次，为了这个版本，特地邀请台湾“中央研究院”欧美研究所特聘研究员李有成教授撰写推荐序。有成兄与我在台湾大学外文研究所硕、博士班同学十年，并自 1983 年起在台湾“中央研究院”同事至今，数十年来论学、合作，几乎无事不谈，最了解我的学思历程与人生发展，是撰写推荐序的最佳人选。承蒙他在百忙中拨冗撰文，若套用《知识分子论》原书名直译，他的推荐序或可称为“代表／再现知识分子的代表／再现”，也为作者与译者之外增加了评者的声音，形成另一类型的对话与后设评论。

第三，萨义德辞世至今转眼八载，但他的著作继续出版，中译也不断问世，有些原著是他生前已经发行，有些是他生前定稿却未及付梓，有些是别人根据他生平发表的作品结集而成，有些则是别人根据他的遗稿整理而出版，其中若干在海峡两岸各有繁体字版和简体字版流通，译者或为同一人，或为不同人。[1] 有论者指出，这种现象不免存在着“爱屋及乌”的心理，若作者不是萨义德，中文出版社可能没有兴趣出版其中若干一般说来比较冷门的著作。然而，从《知识分子论》以及华文世界后续对萨义德的热心引介，可以看出无论是数量上或比例上，在当代外国文学与文化评论家或理论家中罕见出其右者，足证华文世界如何努力

---

[1] 第一类如 *The World, the Text, and the Critic*（1983；《世界 · 文本 · 批评家》，2009）、*After the Last Sky*（1986；《最后的天空之后》，2006）、*Power, Politics, and Culture*（2001；《权力、政治与文化》，2005）和 *Parallels and Paradoxes*（2002；《并行与吊诡》，2005），第二类如 *Humanism and Democratic Criticism*（2004；《人文主义与民主批评》，2006）和 *From Oslo to Iraq and the Road Map*（2004；《从奥斯陆到伊拉克及路线图》，2009），第三类如 *Music at the Limits*（2007；《音乐的极境》，2009），第四类如 *On Late Style*（2006；《论晚期风格》，2009）。详见本书附录《萨义德专书中译一览表》。

尝试从多方位来了解这位多才多艺、博学渊通、身体力行的知识分子。

萨义德的重要论点之一就是“理论之旅行”，先后两度撰文讨论，并举实例说明理论由一地旅行至另一地可能产生的变化与影响。我曾在《台湾的萨依德现象》一文结尾“期盼新阶段的诞生，让我们既‘见树又见林’，又有自己观点的萨义德研究。”该文写于《知识分子论》出版后六年，那时华文世界对萨义德的译介与讨论依然有限，让人有“见树不见林”之憾。近年来，华文世界对萨义德相当热衷，除了他的政论因为时局丕变容或有明日黄花之叹，以致较少翻译之外，其他各类专书翻译至今有十六本之多，已呈现出树林的轮廓，接下来便是不同地区的人士针对各项议题深入研究，以期展现不同脉络下的在地观点。今年（2011）年初笔者出版《萨依德在台湾》，并献给萨义德。该书结合了多年的研究与教学心得，从书名就可看出身为台湾双语知识分子的我，有意从在地观点解读萨义德的用心与努力，再度印证了他在华文世界可能具有的意义与影响，至于结果如何，还待长期检视。

本篇《后记》主要说明《知识分子论》自 1997 年初版至今于华文世界的接受史，从身兼译者、学者、教师、访谈者与传播者的多重角度，提供一些个人的追忆与观察，留下若干雪泥鸿爪。笔者有幸透过翻译与研究和萨义德结下独特之缘，也希望透过翻译与研究和华文世界的读者广结善缘。有请读者根据自己的知识、经验与脉络，针对这本经典版《知识分子论》发展出个人的观察与心得，并期盼缘缘相续。

二〇一一年七月二十六日

台北南港

萨义德专书书目提要

1966 《康拉德与自传小说》(*Joseph Conrad and the Fiction of Autobiography* [Cambridge，Mass.: Harvard University Press])

本书原为作者于哈佛大学所撰写的博士论文，第一部分依年代顺序研究波兰裔英国作家康拉德于1885年（现存最早的书信）至1924年（去世之年）所写的书信，第二部分讨论康拉德较短篇的小说作品。作者认为这些书信不但呈现了作家的自我成长与发现，而且与他的小说密切相关，在在展现了一位严肃、自觉的艺术家如何于艺术中努力将外在的混乱化为秩序。

1975 《开始：意图与方法》(*Beginnings: Intention and Method* [New York: Basic Books]；本书获第一届年度特里林奖 [Lionel Trilling Award])

作者在本书中深刻省思“开始”的观念，视之为“世俗的、人为的、不断重新检验的”，而与“源始”对立（后者为“神圣的、神话的、特权的”)。前两章讨论“开始”之认定及意图所需的条件，第三、第四、第五章进一步以长篇小说及其他文本为例，说明“对于开始的兴趣造成特定的书写、思想、意义”等，而以第六章对于维柯的研究总结。

1978 《东方主义：西方对于东方的观念》(*Orientalism: Western Conceptions of the Orient* [New York: Pantheon

Books]；本书获提名美国书评家奖 [the National Book Critics Circle Award])；《东方学》，王宇根译（北京：生活·读书·新知三联书店，1999 年 5 月)；《东方主义》，王志弘、王淑燕、郭菀玲、庄雅仲、游美惠、游常山合译，傅大为、廖炳惠、蔡源林校订（台北：立绪，1999 年 9 月)。

本书为作者最著名的作品，析论从拿破仑入侵埃及到当代的西方学者、作家、机构如何来认知、想象及建构东方（主要是阿拉伯世界)，并传播有关东方的看法，视东方为相对于西方的异己、他者，因而是神秘的、落后的、野蛮的。全书以具体事例深入解析知识与权力的关系。首章谈论东方主义的范畴，次章谈论东方主义式的结构与重新结构，末章讨论现在的东方主义。

1979 《巴勒斯坦问题》(*The Question of Palestine* [New York: New York Times Books])

当时身为巴勒斯坦民族议会独立议员的作者，以巴勒斯坦人和犹太复国主义运动冲突的历史个案，分析巴勒斯坦及 400 万流离失所的子民的问题。首章讨论巴勒斯坦问题，次章从受害者的立场来看犹太复国主义，第三章讨论巴勒斯坦的自决，末章讨论在戴维营协议之后的巴勒斯坦以及其子民何去何从等问题。

1979 《巴勒斯坦问题与美国脉络》(*The Palestine Question and the American Context* [Beirut: Institute for Palestine Studies])

此为 1979 年 7 月至 8 月萨义德担任巴勒斯坦研究所访问学人的系列演讲之一，讨论巴勒斯坦与美国的关系，质疑向美国官方进行游说的效用，主张应转而诉求于美国的民间社会，尤应诉求于美国文化中的核心价值观——支持人类自由、解放，要求社会公平、正义，反抗强权、压迫。

1981 《采访伊斯兰：媒体与专家如何决定我们观看世界其他地方的方式》（*Covering Islam: How the Media and the Experts Determine How We See the Rest of the World* [New York: Pantheon Books]）；《遮蔽的伊斯兰：西方媒体眼中的穆斯林世界》，阎纪宇译（台北：立绪，2002年6月）；《报道伊斯兰：媒体与专家如何决定我们观看世界其他地方的方式》，阎纪宇译（上海：上海译文出版社，2009年5月）。

作者称本书是自己讨论“伊斯兰世界与东西方之间的现代关系……系列之作的第三本，也是最后一本”（第一本是《东方主义》，第二本是《巴勒斯坦问题》）。主标题中的“covering”一语双关（有“[正在]采访、掩盖”之意），全书讨论当代西方（尤其美国的媒体和学者专家）如何观看、认知、诠释、报道、再现中东的伊斯兰教国家。首章讨论新闻中所呈现的伊斯兰世界，次章分析有关发生于伊朗的美国人质事件的报道，末章分析知识、诠释与权力的关系。

1983 《世界·文本·批评家》（*The World*, *the Text*, *and the Critic* [Cambridge, Mass.: Harvard University Press]；本书获得美国比较文学学会韦礼克奖 [the René Wellek Prize]）；《世界·文本·批评家》，李自修译（北京：生活·读书·新知三联书店，2009年8月）；《世界·文本·批评者》，薛绚译（台北：立绪，2009年10月）。

本书为作者自1969至1981年间所发表的论文修订、结集而成，内容虽可归类为作者所谓的当今四类主要的文学批评形式（书评式的实际批评、学院派的文学史、文学鉴赏与诠释、文学理论），却有意超越此范畴，指出文学批评活动并非隔离、自外于社会上的政治关怀与权力关系，标举批判意识的重要性，并拈出“世俗的批评”一词，强调身为批评家的知识分子应有的认知、态度与作为。

1986　《最后的天空之后：巴勒斯坦众生相》(*After the Last Sky: Palestinian Lives*. Text by Edward W. Said. Photographs by Jean Mohr [New York: Pantheon Books])；《最后的天空之后：巴勒斯坦人的生活》，金玥珏译（北京：新星出版社，2006 年 10 月）；《萨依德的流亡者之书：最后一片天空消失之后的巴勒斯坦》，梁永安译（台北：立绪，2010 年 5 月）。

作者于 1983 年担任联合国“巴勒斯坦问题国际会议”的顾问时，建议赞助德裔瑞士摄影师摩尔拍摄巴勒斯坦人。全书由当时流亡在外、尚未获准返回故土的作者撰文，配合摩尔的 120 张照片，分为若干主题（“巴勒斯坦众生相”、“状况”、“里面”、“冒现”、“过去与未来”、“贝鲁特的沦陷”），以图文并茂的方式，书写并再现流离失所的巴勒斯坦人，其角度与内容迥异于西方主流媒体。

1991　《音乐的阐发》(*Musical Elaborations* [New York: Columbia University Press])

本书原为美国加州大学欧文分校（University of California，Irvine）年度的韦勒克图书馆系列演讲（发表于 1989 年 5 月），作者以文学批评家／理论家及爱乐者的角色（自 1986 年起为《国家》周刊撰写音乐专栏），将西方古典音乐视为文化场域，试图将其置于社会及文化环境中，挪用并质疑文化批评家阿多诺的观点，并指出全心投入的业余者未必如一般认定的那么无力（附乐谱）。

1991　《认同 · 权威 · 自由：君主与旅人》(*Identity*，*Authority and Freedom: The Potentate and the Traveller* [Cape Town: University of Cape Town])

本篇为 1991 年 5 月 22 日萨义德应南非开普敦大学之邀所发表的第三十一届达伟纪念讲座（T. B. Davie Memorial Lecture），以纪念在南非种族隔离政策下捍卫学术自由的已故该校副校长达伟。

文中讨论国家／民族认同、权威与学术之间的关系，认为学界，尤其大学，具有特殊地位，更应维持独立、知识、批判与世俗的角色，并以二意象总结：不宜做独霸一方、目空一切、自以为是的君主，而应成为愿意跨越边界、出入不同领域、随遇而安的旅人，无休无止地追求知识与自由（此篇后来收入 2000 年出版的《流亡的省思及其他》）。

1993 《文化与帝国主义》（*Culture and Imperialism* [New York: Alfred A. Knopf]）；《文化与帝国主义》，蔡源林译（台北：立绪，2001 年 1 月）；《文化与帝国主义》，李琨译（北京：生活 · 读书 · 新知三联书店，2003 年 10 月）。

将《东方主义》中对西方与中东的观察，扩及 19、20 世纪的近代西方帝国与海外属地的关系，针对特定作家及文本（尤其长篇小说）进行分析与讨论，阐释文化与帝国主义、帝国宰制与被统治者的抗争之间错综复杂的关系。

1994 《流离失所的政治：巴勒斯坦自决的奋斗，一九六九——九九四》（*The Politics of Dispossession: The Struggle for Palestinian Self-Determination*，*1969–1994* [New York: Pantheon Books]）

本书收录作者自 1970 至 1993 年间所发表的有关巴勒斯坦问题的文章以及一篇长序，全书结合文学批评的犀利手法、文化理论的观念及丰富的历史知识，讨论巴勒斯坦人的历史、处境、权利、认同、自决等问题，以及与外界的关系——尤其以色列和美国的政策及媒体报道。

1994 《知识分子论》（*Representations of the Intellectual: The 1993 Reith Lectures* [London: Vintage Books，1994]）；《知识分子论》，单德兴编译（台北：麦田，1997 年 11 月；北京：生活 · 读书 · 新知三联

书店,2002 年 4 月；台北：麦田,2004 年 1 月增订版；台北：麦田，2011 年 10 月经典版）。

本书原为 1993 年应英国广播公司之邀所发表的里斯讲座，全书六章，讨论西方知识分子的传统，发抒对于知识分子应有的认知、态度与作为之体认与见解，认为知识分子应特立独行，甘于寂寞，秉持独立判断及道德良知，不攀权附势，不热衷名利，勇于表达一己之见，充当弱势者的喉舌，保持批判意识，对权势说真话，反对双重标准及权威崇拜等。

1994 《笔与剑：萨义德对话录》（*The Pen and the Sword: Conversations with David Barsamian* [Monroe，ME: Common Courage Press]）

在这本访谈录中，萨义德针对访谈者巴萨米安（David Barsamian）所提的问题现身说法，畅谈多年来关切的问题，如流离失所的巴勒斯坦人的政治与文化，以色列与巴勒斯坦之间的恩怨，东方主义的重新省思，文化与帝国主义，知识分子的角色，记忆、历史、叙事与故事的重要性，知识与权力的关系等。

1995 《和平及其不满：中东和平进程中的巴勒斯坦》（*Peace and Its Discontents: Essays on Palestine in the Middle East Peace Process* [New York: Random House]）

本书收录作者于 1993 年 9 月至 1995 年 5 月的政论文章，是其众多著述中第一本以阿拉伯世界读者为对象之作，检讨自 1993 年在白宫草坪巴勒斯坦解放组织与以色列政府和谈的历史性时刻以来两年间的发展，自称为“目击者报道”（eyewitness reports），并发出异议之声。

1999 《乡关何处：萨义德回忆录》（*Out of Place: A Memoir* [New York: Alfred A. Knopf]）；《乡关何处：萨依德回忆录》，彭淮栋译（台

北：立绪，2000 年 10 月)；《格格不入：萨依德回忆录》，彭淮栋译（北京：生活·读书·新知三联书店，2004 年 12 月)。

1991 年萨义德在健康检查中发现自己罹患慢性淋巴性白血病（俗称“血癌”)，于接受化疗的 1994 年开始撰写回忆录，以书写、重新创造往昔的世界，来支持他度过最艰难的时刻。全书以抒情的手法，重建幼年及青少年的中东世界，以及在美国受教育的情形，对于个人的认同，家族成员中的复杂关系（尤其与父母之间的爱憎关系)，文学与音乐、艺术的热爱，多所着墨，而归结于“格格不入”的流亡者处境与心态。

2000 《和平进程之结束：奥斯陆之后》(*The End of the Peace Process: Oslo and After* [New York: Pantheon Books])

1993 年 9 月，巴勒斯坦解放组织和以色列政府在白宫草坪签署和平协议，举世称颂此为中东和平的一大突破。萨义德洞察签约双方在权力上的不对等，秉持着见识与道德勇气，撰文批评。全书收录的 50 篇文章，分别以英文和阿拉伯文刊登于伦敦和开罗的报刊，讨论与和平、公理正义相关的重大议题，不但记录了其历史脉络，也严词批判以色列屯垦区的不断扩张，巴勒斯坦领导人阿拉法特的无能腐败，世人对巴勒斯坦民族自决的忽视，也诉说了自己在离乡背井 45 年后重返耶路撒冷的感受。

2000 《流亡的省思及其他》(*Reflections on Exile and Other Essays* [Cambridge, Mass.: Harvard University Press])

本书收录自 1967 年以来，未曾收入于其他专书的 46 篇论文，内容多元而丰富：有些文章重探以往所提出的重要议题，如流亡、东方主义、理论之旅行；有些讨论重要作家，如梅尔维尔、康拉德、奥维尔、海明威、马哈福兹、奈保尔；有些剖析具有代表性的理论家、史学家、国际政治学者，如维柯、梅洛-庞蒂、布莱克默、福柯、霍布斯鲍姆、亨廷顿；也有讨论音乐（如古尔德）、大众文化（如电影中的《泰山》）之作。全书充分显示了萨义德触角之广阔，以及积极介入学术的表现。

2001 《权力、政治与文化：萨义德访谈录》（*Power, Politics, and Culture: Interviews with Edward W. Said* [New York: Pantheon Books]）；《权力、政治与文化：萨依德访谈集》，薇思瓦讷珊编、单德兴编译（台北：麦田，2005 年 2 月）；《权力、政治与文化：萨义德访谈录》，薇思瓦讷珊编、单德兴编译（北京：生活·读书·新知三联书店，2006 年 1 月）。

全书精选萨义德自 1976 至 2000 年的 29 篇访谈，除了第一篇是书面访谈之外，其余为与其他人士当面的访谈及对话，由萨义德昔日的学生、当时的哥伦比亚大学同事薇思瓦讷珊（Gauri Viswanathan）编辑并作序。透过不同背景的访谈者所提出的问题，由萨依德当面实时回应，不但反映了访谈的场合与时空环境，访谈者的兴趣，以及萨义德对不同问题的看法与宽广的关怀（文学、文化、政治、历史、音乐，等等），也透过面对面的互动，引发新议题。这是萨义德第一本综合性的访谈实录，透过对话与交流，充分表现出受访者的丰富面向。

2002 《并行与吊诡：音乐与社会之探索》（*Parallels and Paradoxes: Explorations in Music and Society* [New York: Pantheon Books]）；《在音乐与社会中探寻：巴伦博依姆、萨依德谈话录》，杨冀译（北京：三联书店，2005 年 11 月）；《并行与吊诡：当知识分子遇上音乐家——萨依德与巴伦波因对谈录》，吴家恒译（台北：麦田，2006 年 7 月）。

本书收录萨义德和巴伦博伊姆自 1995 年 10 月至 2000 年 12 月有关音乐、社会、政治与文化的六篇对话录。犹太裔的巴伦博伊姆担任美国芝加哥交响乐团指挥暨德国柏林国家歌剧院音乐总监。对谈的双方均为移民，酷爱音乐，关心文化与政治，主张巴以双方应认知彼此的存在与历史，以达到和平共存的目标。六篇对话录的范围甚广，举凡文学、音乐、政治、社会……无所不包，并由两人共同的友人、卡内基音乐厅的艺术顾问古泽里米安（Ara Guzelimian）编辑、作序，是萨义德唯一与音乐人士对谈的专书。

2003 《弗洛伊德与非欧裔》（*Freud and the Non-European* [London and New York: Verso]）；《佛洛伊德与非欧裔》，易鹏译（台北：行人，2004 年 9 月）。

本书包括 2001 年 12 月 6 日萨义德应伦敦的弗洛伊德博物馆之邀所发表的演讲全文、评论家罗斯的回应，以及精神分析家博拉斯的序言和对两人的介绍。萨义德充分运用这个场合，以弗洛伊德的《摩西与一神教》为切入点，旁征博引文学、考古学、心理学与社会理论，探索此书对当今中东政治可能具有的深意。他以弗洛伊德的“摩西是埃及人”的假说，来质疑“纯粹的”身份认同这种化约、排外的说法，并主张若能肯定身份认同的复杂性，而且落实于中东的政治现实，当可为犹太人和巴勒斯坦人建立新的了解的基础。然而，由于以色列坚持建立一个排外的犹太人国家，不仅排除了更具复杂性、丰富性、包容性的历史，也为中东和平设限。

2003 《文化与抵抗：萨义德对话录》（*Culture and Resistance: Conversations with Edward W. Said* [Cambridge，Mass.: South End Press]）；《文化与抵抗——“巴勒斯坦之音”的绝响》，梁永安译（台北：立绪，2004 年 8 月）；《文化与抵抗：萨义德访谈录》，梁永安译（上海：上海译文出版社，2009 年 5 月）。

在萨义德生前最后出版的这本访谈录中，再度与巴萨米安深入对话，收录了 1999 年 2 月至 2003 年 2 月的六篇访谈，针对以巴冲突及其解决方式、恐怖主义、美伊战争、美国在阿富汗的战争等，提出个人的看法，为中东和平与民主未来描绘愿景，并强调在他的文化观中，“抵抗”的重要性。书末附录 13 张地图，标示自英国占领之下，一直到晚近的种种协议中，对巴勒斯坦的规划与宰制，清楚显示巴勒斯坦民族“人为刀俎，我为鱼肉”的艰难处境。

2004 《人文主义与民主批评》(*Humanism and Democratic Criticism* [New York: Columbia University Press])；《人文主义与民主批评》，朱生坚译（北京：新星出版社，2006 年 7 月）。

本书是作者生前最后完稿之作，于身后出版，共收录五篇文章，主体为萨义德 2000 年 1 月于哥伦比亚大学发表的三篇有关人文主义以及美国文化的演讲，其余两篇是他为心仪多年的奥尔巴哈的名著《模拟》(Erich Auerbach，*Mimesis*) 所撰写的绪论以及《作家与知识分子的公共角色》(“The Public Role of Writers and Intellectuals”)。萨义德呼吁寻求一种更民主、开放的人文主义，除了学习自己的传统以求取自知之明，同时保有自我反省与自我批评的能力，也要开阔心胸，学习其他文化传统，培养恢弘的视野。他既提倡“旧学”，呼吁重回历史语言学，也强调作家与知识分子在科技发达、人们日益相依相存的今日世界中所扮演的重要角色。

2004 《从奥斯陆到伊拉克以及路线图》(*From Oslo to Iraq and the Road Map* [New York: Pantheon Books])；《从奥斯陆到伊拉克及路线图》，唐建军译，涂险峰校（北京：生活 · 读书 · 新知三联书店，2009 年 9 月）。

本书收录萨义德自 2000 年 12 月至 2003 年 7 月在伦敦和开罗发表的 46 篇政论文章。全书分为三部分：第一部分讨论巴勒斯坦人发起的第二次“因地发打”，以及美国克林顿总统中东政策的失败；第二部分讨论美国的“9·11”事件，反恐战争，以及以色列再度入侵约旦河西岸和加沙走廊；第三部分讨论美国入侵伊拉克的这场“愚蠢战争”。全书旨在揭露以色列人对待巴勒斯坦人的真相，抨击缺乏远景与历史意识的“快餐式和平”，批评巴勒斯坦领导阶层的腐败无能，并为苦难中的巴勒斯坦人描绘愿景。

2004 《萨义德访谈集》(*Interviews with Edward W. Said*. Ed. Amritjit Singh and Bruce G. Johnson [Jackson: University Press of Mississippi])

本书自萨义德 1972 至 2001 年于各地超过 80 篇的访谈中，挑选出 25 篇（笔者 1997 年刊登于台湾《淡江评论》[*Tamkang Review*] 的访谈也在收录之列，且为篇幅最长者之一），选文迥异于 2001 年出版的《权力、政治与文化：萨义德访谈录》，是他针对特定时空下的访谈者与阅听者，进行实时的对话，内容涉及萨义德长年关切的多项议题，尤其是他的重要著作与观点，以及巴勒斯坦的过去、现在与未来，充分呈现他身为学者与公共知识分子的形象。

2005 《萨义德对话录》(*Conversations with Edward Said*. Ed. Tariq Ali [Oxford and New York: Seagull Books])

本书为萨义德与作家、批评家、制片人阿里（Tariq Ali）1994 年 6 月于萨义德的纽约公寓进行的系列对话全稿，部分内容曾剪辑为纪录片《萨义德对话录》(*A Conversation with Edward Said*)，于英国第四频道播出。两位出生于东方，却于西方居住并工作的知识分子，透过亲切与坦诚的对话，透露出萨义德的音乐热爱、文学兴趣、文化观点与政治介入，呈现他身为爱乐者、文学学者、文化评论家、政治活动者与公共知识分子的角色。

2006 《论晚期风格：反常合道的音乐与文学》（*On Late Style: Music and Literature Against the Grain* [New York: Pantheon Books]）；《论晚期风格：反本质的音乐与文学》，严嘉译（北京：生活 · 读书 · 新知三联书店，2009 年 6 月）；《论晚期风格：反常合道的音乐与文学》，彭淮栋译（台北：麦田，2010 年 3 月）。

萨义德颇受阿多诺"晚期风格"之说的启发，罹患恶疾后对此说尤感兴趣，曾多次撰写论文、发表演讲。此书为伍德根据萨义德的遗稿编辑而成，第一、第二、第五章以 1993 年于伦敦发表的诺斯克里夫勋爵讲座为基础，第三、第四、第六章原为独立之文，第七章则汇集了萨义德四则有关晚期风格的论述。全书看似片段、不完整，然而不仅表达了萨义德对个别音乐家和文学家及其晚期作品的评论，更具现了萨义德本人的晚期风格，面对生命晚期"时不我予，为时已晚"之深切体会，以及他反本质、反系统、反总体的一贯立场。

2008 《音乐的极境》（*Music at the Limits* [New York: Columbia University Press]）；《音乐的极境：萨依德音乐评论集》，彭淮栋译（台北：太阳社，2009 年 12 月）；《音乐的极境：萨义德音乐随笔》，彭淮栋译（南京：江苏文艺出版社，2012 年 6 月）。

本书搜录了萨义德自 1983 年 5 月（他心仪的钢琴大师古尔德逝世后几个月）至 2003 年 9 月（萨义德逝世前两周）所发表的 44 篇乐评，展现了这位文学与文化批评家、后殖民论述大师以及公共知识分子的另一番面貌。作者根据自己的音乐造诣与文化批评的专长，针对多位作曲家、音乐家、演奏家与演唱家，发表精辟独特的见解与感受，出入于音乐、文学、文化、历史、政治、社会之间，熔艺术与现世性于一炉，迥异于一般乐评，再次显现出其视角之多元，关怀之广阔，见解之犀利。

萨义德专书中译一览表

中译最初出版年月	中译名	原著（出版年）	译　者	出版者	备　注
1997 年 11 月	《知识分子论》	*Representations of the Intellectual: The 1993 Reith Lectures* (1994)	单德兴编译	台北：麦田，1997 年 11 月 台北：麦田，2004 年 1 月增订版 台北：麦田，2011 年 10 月经典版	· 台湾《“中国时报”》1997 开卷十大好书 · 台湾《联合报》读书人 1997 最佳书奖／文学类 · 2001 年 5 月翻译工作坊推荐／特别好译书
	《知识分子论》		单德兴编译，陆建德校	北京：生活·读书·新知三联书店，2002 年 4 月 北京：生活·读书·新知三联书店，2007 年 6 月（“萨义德作品系列”）	
1999 年 5 月	《东方学》	*Orientalism: Western Conceptions of the Orient* (1978)	王宇根	北京：生活·读书·新知三联书店，1999 年 5 月 北京：生活·读书·新知三联书店，2007 年 7 月（“萨义德作品系列”）	· 台湾《联合报》读书人 1999 最佳书奖／非文学类 · 2001 年 5 月翻译工作坊推荐／特别好译书

（续　表）

中译最初出版年月	中译名	原著（出版年）	译　者	出版者	备　注
1999 年 5 月	《东方主义》	*Orientalism: Western Conceptions of the Orient* (1978)	王志弘、王淑燕、郭菀玲、庄雅仲、游美惠、游常山合译；傅大为、廖炳惠、蔡源林校订	台北：立绪，1999 年 9 月 台北：立绪，2000 年 10 月修订版	
1999 年 8 月	《赛义德自选集》		谢少波、韩刚等译	北京：中国社会科学出版社，1999 年 8 月	
2000 年 10 月	《乡关何处：萨依德回忆录》	*Out of Place: A Memoir* (1999)	彭淮栋	台北：立绪，2000 年 10 月	· 台湾《联合报》读书人 2000 最佳书奖／非文学类 · 台湾《“中央日报”》出版与阅读版 2000 十大好书榜／翻译类 · 网络媒体《明日报》阅读版 2000 ／年度十大翻译书奖、年度最佳翻译书奖（彭淮栋） · 2001 年 5 月翻译工作坊推荐／特别好译书 · 2001 年 5 月翻译工作坊推荐／特别受推崇的译者——彭淮栋
	《格格不入：萨义德回忆录》		彭淮栋	北京：生活·读书·新知三联书店，2004 年 12 月 北京：生活·读书·新知三联书店，2005 年 2 月（“萨义德作品系列”）	
2001 年 1 月	《文化与帝国主义》	*Culture and Imperialism* (1993)	蔡源林	台北：立绪，2001 年 1 月	· 台湾《联合报》读书人 2001 最佳书奖／文学类

（续　表）

中译最初出版年月	中译名	原著（出版年）	译　者	出版者	备　注
2001 年 1 月	《文化与帝国主义》	*Culture and Imperialism* (1993)	李　琨	北京：生活·读书·新知三联书店，2003 年 10 月 北京：生活·读书·新知三联书店，2007 年 6 月 （“萨义德作品系列”）	
2002 年 6 月	《遮蔽的伊斯兰：西方媒体眼中的穆斯林世界》	*Covering Islam: How the Media and the Experts Determine How We See the Rest of the World* (1981)	阎纪宇	台北：立绪，2002 年 6 月	·台湾《联合报》读书人 2002 最佳书奖／非文学类
	《报道伊斯兰：媒体与专家如何决定我们观看世界其他地方的方式》		阎纪宇	上海：上海译文出版社，2009 年 5 月	
2003 年 6 月	《向权力说真话：赛义德和批评家的工作》	*Edward Said and the Work of the Critic: Speaking Truth to Power* (Paul A. Bové 编) (2000)	王丽亚 王逢振	北京：中国社会科学出版社，2003 年 6 月	·他人有关萨义德之评论集
2003 年 7 月	《认识萨依德：一个批判的导论》	*Edward Said: A Critical Introduction* (Valerie Kennedy 著) (2000)	邱彦彬	台北：麦田，2003 年 7 月	·他人有关萨义德之专书
	《萨义德》		李自修	南京：江苏人民出版社，2006 年 12 月	

（续 表）

中译最初出版年月	中译名	原著（出版年）	译 者	出版者	备 注
2004年8月	《文化与抵抗——“巴勒斯坦之音”的绝响》	*Culture and Resistance: Conversations with Edward W. Said* (2003)	梁永安	台北：立绪，2004年8月	·台湾《联合报》读书人2004最佳书奖/非文学类
	《文化与抵抗：萨义德访谈录》		梁永安	上海：上海译文出版社，2009年5月	
2004年9月	《弗洛伊德与非欧裔》	*Freud and the Non-European* (*Christopher Bollas* 序；Jacqueline Rose 回应)(2003)	易 鹏	台北：行人，2004年9月	·台湾《联合报》读书人2004最佳书奖推荐书单/非文学类
2005年2月	《权力、政治与文化：萨依德访谈集》	*Power, Politics, and Culture: Interviews with Edward W. Said* (Gauri Viswanathan 编)(2001)	单德兴编译	台北：麦田，2005年2月 台北：麦田，2012年1月增订版	·《网络与书》三月首选推荐/文化类（2005） ·《诚品好读》2005年度之最/重量出版 ·《诚品好读》2005出版人爱读本/今年最推荐的一本书 ·台湾《联合报》读书人2005最佳书奖推荐书单/非文学类 ·“台湾当局新闻主管部门”第三十届金鼎奖“一般图书类个人奖：最佳翻译人奖”（2006）
	《权力、政治与文化：萨义德访谈录》		单德兴编译	北京：生活·读书·新知三联书店，2006年1月 北京：生活·读书·新知三联书店，2007年6月（“萨义德作品系列”）	

（续　表）

中译最初出版年月	中译名	原著（出版年）	译　者	出版者	备　注
2005 年 11 月	《在音乐与社会中探寻：巴伦博依姆、萨义德谈话录》	*Parallels and Paradoxes: Explorations in Music and Society* (Daniel Barenboim and Edward W. Said 著；Ara Guzelimian 编）(2002)	杨麌	北京：生活·读书·新知三联书店，2005 年 11 月	
	《并行与吊诡：当知识分子遇上音乐家——萨依德与巴伦波因对谈录》		吴家恒	台北：麦田，2006 年 7 月	
2006 年 7 月	《人文主义与民主批评》	*Humanism and Democratic Criticism* (2004)	朱生坚	北京：新星出版社，2006 年 7 月	
2006 年 10 月	《最后的天空之后：巴勒斯坦人的生活》	*After the Last Sky: Palestinian Lives* (Edward W. Said 著；Jean Mohr 摄影）(1986)	金玥珏	北京：新星出版社，2006 年 10 月	
	《萨依德的流亡者之书：最后一片天空消失之后的巴勒斯坦》		梁永安	台北：立绪，2010 年 5 月	
2009 年 6 月	《论晚期风格——反本质的音乐与文学》	*On Late Style: Music and Literature Against the Grain* (2006)	严嘉	北京：生活·读书·新知三联书店，2009 年 6 月（“萨义德作品系列”）	
	《论晚期风格——反常合道的音乐与文学》		彭淮栋	台北：麦田，2010 年 3 月	

（续 表）

中译最初 出版年月	中译名	原著（出版年）	译 者	出版者	备 注
2009 年 8 月	《世界 · 文本 · 批评家》	*The World, the Text, and the Critic* (1983)	李自修	北京：生活 · 读书 · 新知三联书店，2009 年 8 月（“萨义德作品系列”）	
	《世界 · 文本 · 批评者》		薛绚	台北：立绪，2009 年 10 月	
2009 年 9 月	《从奥斯陆到伊拉克及路线图》	*From Oslo to Iraq and the Road Map* (2004)	唐建军译 涂险峰校	北京：生活 · 读书 · 新知三联书店，2009 年 9 月（“萨义德作品系列”）	
2009 年 12 月	《音乐的极境：萨依德音乐评论集》	*Music at the Limits* (2007)	彭淮栋	台北：太阳社，2009 年 12 月（随书附送精选曲 CD）	
	《音乐的极境：萨义德音乐随笔》		彭淮栋	南京：江苏文艺出版社，2012 年 6 月	
	《音乐的阐发》	*Musical Elaborations* (1991)		北京：生活 · 读书 · 新知三联书店，即将出版（“萨义德作品系列”）	
	《开始：意图与方法》	*Beginnings: Intention and Method* (1975)		北京：生活 · 读书 · 新知三联书店，即将出版（“萨义德作品系列”）	

陈雪美制表，单德兴校订。

萨义德年表大事记*

年份	岁纪	大事记
1935		11月1日出生于巴勒斯坦的西耶路撒冷，全名 Edward Wadie Said，父 Wadie “Bill” Ibrahim（美国名为 William A. Said），母 Hilda Musa，是家中长子，也是独子，下有四个妹妹，家人信奉基督教。
1941	5岁	就读开罗的吉西拉预备学校。
1942	6岁	因二次大战战事，举家迁离开罗，住于耶路撒冷北部拉马拉的避暑别墅，11月搬回开罗。
1943	7岁	吉西拉预备学校复学。
1944	8岁	开始至黎巴嫩杜尔斯威尔村避暑。
1946	10岁	就读开罗的美国子弟学校。
1947	11岁	举家告别巴勒斯坦（一直到1992年才有机会重访巴勒斯坦），迁至开罗，于耶路撒冷的圣乔治学校注册。
1948	12岁	中东战争。5月14日，以色列建国。 夏天，萨义德首次前往美国，参加缅因州的夏令营。
1949	13岁	就读开罗的维多利亚学院。
1951	15岁	遭维多利亚学院退学，赴美就读麻州的赫蒙山学校。
1953	17岁	赫蒙山学校毕业，就读普林斯顿大学，修习

* 资料来源：《知识分子论》中译增订版之《萨义德年表》（第261—264页）、《乡关何处》以及辛与约翰逊合编《萨义德访谈集》之《年表》（“Chronology,” in *Interviews with Edward W. Said*, ed. Amritjit Singh and Bruce G. Johnson [Jackson: University Press of Mississippi, 2004], pp. xxix-xxxiii）。感谢蔡雅婷小姐协助整理。

英文与历史。

1957 21 岁 获普林斯顿大学学士。获哈佛大学研究所奖学金，因走访开罗而延后一年就读。

1958 22 岁 就读哈佛大学研究所，主修文学。

1960 24 岁 获哈佛大学英文硕士学位，继续攻读博士学位。

1963 27 岁 任教于哥伦比亚大学，家人定居于贝鲁特。

1964 28 岁 获哈佛大学博士学位。

1966 30 岁 出版《康拉德与自传小说》。

1967 31 岁 6 月，第三次中东战争，亦称六日战争，以色列占领约旦河西岸和加沙走廊。

获得伊利诺大学高等研究中心 1967 至 1968 年研究奖助金。

1968 32 岁 发表第一篇政治性文章《阿拉伯人的画像》。

1969 33 岁 赴安曼与贝鲁特探视家人。

1970 34 岁 赴安曼与贝鲁特，与黎巴嫩贵格会教徒 Mariam Cortas 结婚。

1971 35 岁 父亲病逝。

1972 36 岁 1972 至 1973 年间利用研究休假待在贝鲁特，于当地的美国大学重学阿拉伯文与阿拉伯文学。

儿子 Wadie 出生。

1974 38 岁 女儿 Najla 出生。

1975 39 岁 出版《开始》。

1975 至 1976 年担任斯坦福大学行为科学高等研究中心研究员。于国会小组委员会就国际关系作证。

1976 40 岁 《开始》获哥伦比亚大学第一届特里林奖。

1977 41 岁 担任巴勒斯坦民族议会独立议员（至 1991 年止）。

晋升为哥伦比亚大学英文暨比较文学讲座教授。

1978 42 岁 出版《东方主义》。

1979 43 岁 出版《巴勒斯坦问题》、《巴勒斯坦问题与美国脉络》。

1980 44 岁 编辑《文学与社会》（1978 年英文研究学会会议论文选集）。

1981　45岁　出版《采访伊斯兰》。

1983　47岁　出版《世界·文本·批评家》。

1984　48岁　1977年以来首度出席巴勒斯坦民族议会在安曼的集会。

1986　50岁　出版《最后的天空之后》，书中照片由德裔瑞士摄影师摩尔（Jean Mohr）拍摄。

哥伦比亚大学研究室遭人闯入破坏。

1987　51岁　出席巴勒斯坦民族议会在阿尔及尔的集会。

巴勒斯坦爆发“因地发打”抗暴运动。

1988　52岁　与希钦斯（Christopher Hitchens）合编《责怪受害者》。

出席巴勒斯坦民族议会在阿尔及尔的集会。

将巴勒斯坦《原则宣言》译为英文。

1989　53岁　于阿拉伯报刊公开谴责阿拉法特。

1990　54岁　与伊格尔顿（Terry Eagleton）及詹姆逊（Fredric Jameson）共同出版《民族主义、殖民主义与文学》。

母亲病逝。

1991　55岁　出版《音乐的阐发》、《认同·权威·自由》。

9月，诊断出罹患罕见的白血病。

正式与阿拉法特决裂，辞去巴勒斯坦民族议会独立议员一职。

1992　56岁　离开故土四十五年后首度造访巴勒斯坦，也是全家首次探访该地。

荣膺哥伦比亚大学之校聘教授。

1993　57岁　出版《文化与帝国主义》。

造访开罗。

担任英国广播公司里斯系列演讲主讲人，主题为知识分子。

拒绝白宫邀请出席奥斯陆和平协议签署典礼，痛斥其为巴勒斯坦人的“凡尔赛条约”。

1994　58岁　出版《流离失所的政治》、《知识分子论》及《笔与剑》（后者由巴萨米安[David Barsamian]主访）。

5 月开始接受化疗。

1995 59 岁 出版《和平及其不满》。

1997 61 岁 第一本专书中译《知识分子论》于台湾出版（麦田）。

1998 62 岁 在母亲出生地拿撒勒的法兰克 · 辛纳屈讲堂发表演说。

当选美国现代语文学会会长。

为贝多芬歌剧《费德里欧》撰写口白，由犹太裔指挥家巴伦博伊姆（Daniel Barenboim）指挥芝加哥交响乐团演出。

夏天接受白血病实验疗法。

1999 63 岁 出版《乡关何处》。

5 月，出版 *Orientalism* 简体字中译本（生活 · 读书 · 新知三联书店）。

9 月，出版 *Orientalism* 繁体字中译本（立绪）。

藉由纪念德国文豪歌德 250 周年诞辰，与巴伦博伊姆成立东西合集工作坊（the West-Eastern Divan Workshop，典出歌德的《东西合集》）。

2000 64 岁 出版《和平进程之结束》、《流亡的省思及其他》及《萨义德读本》（后者由巴尤米 [Moustafa Bayoumi] 与鲁宾 [Andrew Rubin] 合编）。

10 月，出版《乡关何处》繁体字中译本（立绪）。

2001 65 岁 出版《权力、政治与文化》，由薇思瓦讷珊（Gauri Viswanathan）编辑。

出版《文化与帝国主义》繁体字中译本（立绪）。

2002 66 岁 出版与钢琴家暨指挥家巴伦博伊姆的对话集《并行与吊诡》。

4 月，出版《知识分子论》简体字中译本（生活 · 读书 · 新知三联书店）。

6 月，出版《遮蔽的伊斯兰》繁体字中译本（立绪）。

2003 67 岁 出版《弗洛伊德与非欧裔》，包含博拉斯（Christopher

Bollas) 的序言与罗斯（Jacqueline Rose）的回应。

出版《文化与抵抗》(由巴萨米安主访)。

9 月 25 日，病逝于纽约，骨灰依照遗愿运返阿拉伯故土，洒于象征和平与永恒的黎巴嫩雪松之间。

出处

导读萨义德

《代表·再现·论述：〈知识分子论〉导读》，原为单德兴编译：《知识分子论·绪论》（台北：麦田，1997年11月），第9—23页；简体字版易名为《译者序》，收录于单德兴编译：《知识分子论》（北京：生活·读书·新知三联书店，2002年4月），第1—12页；《知识分子论》增订版（台北：麦田，2004年1月），第9—23页；《知识分子论》经典版（台北：麦田，2011年10月），第21—36页。

《流亡·回忆·再现：〈乡关何处〉导读》，原名《流亡·回忆·再现：萨依德书写萨依德》，摘录于《自由时报》，2000年10月15日，39版；全文收录于彭淮栋译，《乡关何处：萨依德回忆录》（台北：立绪，2000年10月），第9—30页；彭淮栋译：《格格不入：萨义德回忆录》（北京：生活·读书·新知三联书店，2004年12月），第1—18页。

《报道·掩饰·揭露：〈采访伊斯兰〉导读》，原名《报道·掩饰·揭露：东／西二元对立及其不满》，收录于阎纪宇译：《遮蔽的伊斯兰：西方媒体眼中的穆斯林世界》（台北：立绪，2002年6月），第7—49页。

《对话·交流·反思：〈权力、政治与文化〉导读》，原名《对话·交流·反思：萨依德谈论萨依德》，摘录于《自由时报》，2005年2月15日至16日，47版；全文收录于薇思瓦讷珊编、单德兴编译：《权力、政治与文化：萨依德访谈集》（台北：麦田，2005年2月），第11—28页；《权力、政治与文化：萨义德访谈录》（北京：生活·读书·新知三联书店，2006年1月），第1—20页；《权力、政治与文化》增订版（台北：麦田，2012年1月），第11—28页。

《未竟之评论与具现：〈论晚期风格〉导读》，原名《未竟之评论与具现：萨依德论晚期风格》，收录于彭淮栋译：《论晚期风格：反常合道的音乐与文学》（台北：麦田，2010年3月），第7—23页；转载于《文化研究月报》，103期（2010年4月25日），<http://hermes.hrc.ntu.edu.tw/csa/journal/Content.asp?Period=103&JC_ID=190>。

论述萨义德

《代表／再现知识分子：萨义德之个案研究》，宣读于“第六届美国文学与思想研讨会”，台北：台湾“中央研究院”欧美研究所，1998年3月6日至7日；刊登于《当代》“悼念萨依德专辑”，194期（2003年10月），第24—49页。

《谁是外邦人？：析论〈弗洛伊德与非欧裔〉》，英文版“Reading Said Reading Freud: What Is a Stranger?”宣读于2004年5月20日至23日在希腊塞萨罗尼基（Thessaloniki）Aristotle University of Thessaloniki举办的“第四届欧美多族裔研究国际研讨会：民主社会里的族裔社群”（The Fourth MESEA Conference: Ethnic Communities in Demo-cratic Societies）；中文改写版刊登于《中外文学》“论悦纳异己”专辑，34卷8期（2006年1月），第25—40页。（台湾“国科会”计划NSC 92-2411-H-001-011-BG及NSC 93-2411-H-001-005-BG部分研究成果）

《摄影·叙事·介入：析论〈最后的天空之后〉》，宣读于“边缘再思：文化、伤痛、再现”学术研讨会，台中：中兴大学台湾人文研究中心，2003年3月15日；收录于李有成、冯品佳编：《管见之外：影像文化与文学研究——周英雄教授七秩寿庆论文集》（台北：书林，2010年6月），第31—68页。（台湾“国科会”计划NSC

91-2411-H-001-026-BG 及 NSC 92-2411-H-001-011-BG 部分研究成果）
《书空咄咄知谁解？：萨义德之中东和平梦想》，未发表。

访谈萨义德

《知识分子论：萨义德访谈录》，英文版 “An Interview with Edward W. Said” 刊登于 *Tamkang Review* 27.4 (Summer 1997): 583–601，收录于 Amritjit Singh and Bruce G. Johnson，eds.，*Interviews with Edward W. Said* (Jackson: UP of Mississippi，2004)，pp. 122–137；中文版摘录于台湾《“中国时报”》，1997 年 12 月 9 日至 13 日，27 版；转载于台湾《“民主中国”》，58 期（1998 年 7 月），<http://www.chinamz.org>；全文收录于单德兴编译：《知识分子论》（台北：麦田，1997 年 11 月），第 161—184 页；《对话与交流：当代中外作家、批评家访谈录》（台北：麦田，2001 年 5 月），第 357—374 页；《知识分子论》（北京：生活 · 读书 · 新知三联书店，2002 年 4 月），第 102—119 页；《知识分子论》增订版（台北：麦田，2004 年 1 月），第 161—184 页；《知识分子论》经典版（台北：麦田，2011 年 10 月），第 177—201 页。

《印度之旅及其他：再访萨义德》，刊登于《当代》，132 期（1998 年 8 月），第 108—117 页；收录于《对话与交流：当代中外作家、批评家访谈录》（台北：麦田，2001 年 5 月），第 375—385 页。

《权力 · 政治 · 文化：三访萨义德》，刊登于《当代》，174 期（2002 年 2 月），第 46—67 页；收录于薇思瓦讷珊编、单德兴编译，《权力、政治与文化》（台北：麦田，2005 年 2 月），第 629—656 页；《权力、政治与文化》（北京：生活 · 读书 · 新知三联书店，2006 年 1 月），第 608—637 页；《权力、政治与文化》增订版（台北：麦田，2012 年 1 月），第 629—656 页。

《知识分子的立场：与张大春谈萨义德》，2001 年 10 月 3 日接受 News 98 电台《张大春泡新闻》访问。

《理论的旅行：单德兴访谈录》，精简版刊登于上海《生活月刊》，34 期（2008 年 9 月），第 36—39 页。

附录

《知识分子的画像：单德兴译〈知识分子论〉经典版序》，李有成著，收录于单德兴编译：《知识分子论》经典版（台北：麦田，2011 年 10 月），第 9—20 页。

《〈知识分子论〉的中译缘起与后续》，收录于单德兴编译：《知识分子论》经典版（台北：麦田，2011 年 10 月），第 291—305 页。

《萨义德专书书目提要》，收录于单德兴编译：《知识分子论》（台北：麦田,1997 年 11 月），第 213—221 页；《知识分子论》（北京：生活 · 读书 · 新知三联书店，2002 年 4 月），第 141—147 页；《知识分子论》增订版（台北：麦田,2004 年 1 月），第 247—260 页；薇思瓦讷珊编、单德兴编译，《权力、政治与文化》（台北：麦田，2005 年 2 月），第 657—668 页；《权力、政治与文化》（北京：生活 · 读书 · 新知三联书店，2006 年 1 月），第 638—649 页；《知识分子论》经典版（台北：麦田，2011 年 10 月），第 265—283 页；《权力、政治与文化》增订版（台北：麦田，2012 年 1 月），第 657—671 页。

《萨义德年表大事记》，收录于单德兴编译：《知识分子论》增订版（台北：麦田，2004 年 1 月），第 261—264 页；薇思瓦讷珊编、单德兴编译，《权力、政治与文化》（台北：麦田，2005 年 2 月），第 669—674 页；《权力、政治与文化》（北京：生活 · 读书 · 新知三联书店，2006 年 1 月），第 650—654 页；《知识分子论》经典版（台北：麦田，2011 年 10 月），第 285—290 页；《权力、政治与文化》增订版（台北：麦田，2012 年 1 月），第 673—678 页。

索引

一画

二画

三画

四画

五画

六画

七画

八画

九画

十画

十一画

十二画

十三画

十四画

十五画

十六画

萨义德作品：

萨义德有关“知识分子”的作品：

后记：再见萨义德

回想与萨义德结缘至今，竟已有三十年之久，最初当然只是文字因缘，后来则有缘亲炙大师风采。记得第一次听到萨义德的大名是在台湾大学外文所博士班一年级，当时只觉得这个姓氏非常奇特，甚至连如何发音都没把握。以后陆陆续续读到相关著作，尤其是他在《东方主义》中对西方知识系统的挑战以及对知识、权力与再现的剖析，处处发人深省，其中有许多可运用于笔者的弱势论述与后殖民论述之研究。真正与他见面则是在 1997 年 8 月，为了《知识分子论》中译本即将在台湾出版而与他进行访谈。这些年间曾两度翻译他的作品，三度当面访谈，在研究所开设关于他的专题课程，将自己的研究、翻译与教学合而为一，实为个人学术生涯中难得之事。萨义德于 2003 年以 67 岁之龄过世，当然是学术界与公共领域的一大损失。在整理本书文稿时，往日情景历历在目，既重温旧忆，也惊悚于时光之飞逝与人事之无常。

萨义德的一些专著与重要理念，本书已有相当讨论，但因他涉猎甚广，本书为篇幅所限，无法更周全呈现，有待继续钻研。简言之，萨义德治学的特色在于以渊博的学养，清晰的架构，深入精辟的解读，优雅流畅的文字，准确传达独特的见解，不故弄玄虚，因此影响既深且广，由学术界而扩及社会大众。至于他的道德勇气与公共知识分子的角色，更让人难望项背。

笔者有幸，除了研读他的论述之外，更有机会进行翻译与访谈，因此除了学术之外，更多了一层真切的感受，套一句常用的说法，就是“读书，知人，论世”——更简单的说法，则是对这个“人”的感觉。这又主要来自萨义德三方面的印象：一是面对访谈的坦诚亲切，毫不回避，知无不言，言无不尽；二是面对恶疾的坚忍毅力，“绝不放弃”（这是父亲给他的座右铭），将生命发挥到极致；三是长期致力于争取巴勒斯坦人的权益与促进中东和平。因此，萨义德除了在学术与公共领域中可以作为众人的表率之外，在待人处世、言行举止、高瞻远瞩等方面也颇具示范作用。萨义德的知音，著名钢琴家、指挥家巴伦博伊姆，盛赞他“精研音乐、文学、哲学，并且深明政治”，是“伟大的思想家”，“为族人争取权利的斗士，无与伦比的知识分子，兼为最深层意义上的音乐家”。他的挚友，诺贝尔文学奖得主大江健三郎，多次阅读他的著作，并表示藉此“能够连续感受到萨义德的精神如何长存并发挥着作用”，“不仅仅是在读书，而是被推拥到一座崭新的剧场般的场所，自己也化为存活于更高处所的精神，体验与萨义德同在一起的感觉。”两位大师的品评洵非溢美之词。

萨义德虽已辞世七年，但世人对他的记忆并未消逝，反而随着其作品不断问世而时时唤起对他的怀念。中译本陆续在海峡两岸出版，更让人感受到他影响之深远，甚至有书评家提到若非因为他的盛名，相关的音乐著作很可能就不会在中文世界出现。除了萨义德自己的文字文本之外，他人相关的著述（包括大江健三郎在《读书人》一书中的长文《〈论晚期风格〉之思想——全面阅读萨义德》），也不时提醒世人他的存在。在影音资料方面，萨义德个人演讲和纪录片的 DVD（包括日本导演佐藤真 [Sato Makoto] 拍摄的《乡关何处：追忆萨义德》[*Out of Place: Memories of Edward Said*，2005]），他与巴伦博伊姆创立的东西合集管弦乐团 2005 年 8 月在巴勒斯坦的拉马拉演出的 CD（*Live in Ramallah*，2005）和 DVD（除了演奏会，还有德国导演斯马契尼 [Paul Smaczny] 的纪录片《知识是开始》[*Knowledge Is the Beginning*，2005，台湾上映片名为《萨义德的和平狂想曲》]）等流通于世，后者并获得多项奖项（包括 2006 年艾美奖）的肯定。该乐团致力于传播和平信息，为萨义德自认毕生最重要的工作，2009 年被享誉国际的英国《留声机》（*Gramophone*）杂志评选为全球最具启发性的乐团之一，并建置网站（www.west-easterndivan.org)，提供影音数据，发行通信，征求赞助，以期发挥更大的影响。巴伦博伊姆—萨义德基金会（the Barenboim-Said Foundation）也于2004年在西班牙和美国成立，其遗孀玛丽安 · 萨义德积极参与，在巴勒斯坦和以色列推动音乐教育，并赴欧洲、美国、北非、南美等地演出，透过音乐来促进了解、和解与和平。

至于笔者，有缘结识萨义德，并能透过翻译、访谈、导读、评论、教学、演讲、座谈等多种方式为中文世界广为引介，实为此生一大幸事。大江健三郎2009年10月访台时，手书表示欣见萨义德在台有此友人代为传扬其思想理念。其实，正如萨义德所一再强调的：文化绝非单一、纯净的，而早已交融、混杂；不同文化之间的彼此认知与和平共存至为重要；对立、冲突与武力绝非解决之道。之所以“再见萨义德”，一方面是因为哲人其萎，躯体已告别尘世；另一方面是因为透过文字、影音资料，让人深感音容宛在，不断再见到萨义德，并指引世人在学思、视野与生命境界继续开展与提升。

至盼藉由引介萨义德其人其书其言其行，让更多人能进一步体认到其文字、文学、思想与音乐的力量，为华文文化创造出更丰富多元的面貌，也让世界各文化能透过对话与交流，更加相互了解、尊重，往和解与和平之路迈进。

二〇一〇年平安夜
台北南港